高等学校广告学专业教学丛书

广告策划与创意

姜智彬 著

中国建筑工业出版社

图书在版编目（CIP）数据

广告策划与创意/姜智彬著．—北京：中国建筑工业出版社，2007
（高等学校广告学专业教学丛书）
ISBN 978-7-112-09682-4

Ⅰ．广… Ⅱ．姜… Ⅲ．广告学－高等学校－教材 Ⅳ．F713.81

中国版本图书馆CIP数据核字（2007）第185331号

    本书是广告学专业教学丛书之一。全书共分16章，具体分为绪论：基于整合营销传播的广告策划与创意、市场营销目标、广告环境调研、广告经费预算、广告战略目标、广告受众选择、广告受众心理、广告受众行为、广告定位战略、广告信息战略、广告创意执行、广告创意构思、广告创意表现、广告媒体战略、整合营销传播工具以及广告效果测定。

    本书可作为高校广告学专业教材、行业高级培训教材及广告人员继续教育教材，亦可供广大从业人员、美术及商业工作者学习、参考。

责任编辑：朱象清　李东禧　李晓陶
责任设计：赵明霞
责任校对：孟　楠

高等学校广告学专业教学丛书
广告策划与创意
姜智彬　著

*

中国建筑工业出版社出版、发行（北京西郊百万庄）
各地新华书店、建筑书店经销
北京嘉泰利德公司制版
北京云浩印刷有限责任公司印刷

*

开本：787×960毫米　1/16　印张：16¾　字数：345千字
2008年6月第一版　2013年7月第三次印刷
印数：4001—5000册　定价：**36.00**元
ISBN 978-7-112-09682-4
（16346）

版权所有　翻印必究
如有印装质量问题，可寄本社退换
（邮政编码100037）

高等学校广告学专业教学丛书编委会

主 任 委 员 尤建新　同济大学
副主任委员 张茂林　同济大学
　　　　　　　朱象清　中国建筑工业出版社
委　　　员（以姓氏笔画为序）
　　　　　　　王　健　解放日报报业集团
　　　　　　　刘　超　广东外语外贸大学
　　　　　　　严三九　华东师范大学
　　　　　　　李东禧　中国建筑工业出版社
　　　　　　　吴国欣　同济大学
　　　　　　　姜智彬　上海外国语大学
　　　　　　　黄美琴　同济大学

总　序

"理论是灰色的，生活之树常青"，理论来源于实践并随着实践的发展而发展。

伴随着经济的持续高速增长，中国的广告业发展迅猛。2006年，全国广告经营额达1573亿元，增长率达11.1%。据不完全统计，2006年底，全国共有广告经营单位14万多户，增长14.1%；广告从业人员突破100万人，增长10.6%。同期，广告业发展已经非常成熟的欧洲和北美，其广告业增长率也达到4%左右，高于这些国家的平均经济增长水平。

不仅如此，随着数字技术的渗透，广告业还出现了许多新的发展态势。数字技术已经全面融入媒体产业，新媒体大量出现，传媒版图加速扩展，传播价值链、传播渠道、接受终端、传媒接触方式等均已出现重大变化，互联网广告、手机广告市场增长势头强劲。由此导致广告赢利模式与业务形态发生变化。由于服务经济、体验经济时代的到来，人们从关心大众，转变为关心分众和小众，企业与消费者的沟通模式被不断创新。广告服务已从以广告活动为主到以为企业提供整合营销传播服务为主。

这一切已经并将继续对现行广告学理论提出新的挑战，进而推动广告学理论的丰富和发展。

广告学理论也并非被动地适应广告业实践，而是在指导和检验广告业实践的同时，又不断地从广告业实践中汲取营养，这是理论对实践的反作用和能动性的体现。

中国建筑工业出版社早在1998年就出版了全套14本的《高等学校广告学专业教学丛书暨高级培训教材》，在中国广告专业教育中发挥了重要作用。为总结近年来广告业发展的新特点、新趋势，以及广告学理论的新成果，并为科学指导广告实践而进行前瞻性的理论探索，在原来这套丛书的基础上，我们又进行了精心选题和筛选，并组织了同济大学、华东师范大学、上海外国语大学、广东外语外贸大学和解放日报报业集团的广告学理论研究、广告学教育和广告实践的资深专家进行撰写，形成了新一套《高等学校广告学专业教学丛书》。

新版丛书共8本。《广告学概论》阐述广告学的研究对象、理论体系和研究方法等基本原理，及其在广告活动各个环节的运用原则。《广告策划与创意》通过总结和分析国内外经典和最新的广告策划与创意案例，揭示广告策划与创意的一般规律。《广告设计》不仅论述了广告设计的一般程序、设计原则和设计方法，还分别阐述了不同种类媒体广告的设计与制作过程。《广告文案》在分析、鉴赏经典的和最新的广告文案的基础上，论述广告文案的特征、功能、风格及其文化背景等，并分析其写作技巧。《广告心理学》阐述了广告心理学的基本原理及其在广告策划、广告设计和媒体策略中的具体应用。《广告媒体策略》全面、系统地论述了包括新媒体在内的各类媒体的特点、广告计划及媒体组合策略。《广告经营与管理》从企业和政府层面，对广告经营与管理的内容、方法、广告法规、广告审查制度和责任等问题展开论述。《企业形象策划与管理》从全新的视角，阐述企业形象的内涵、功能和体系，并结合中外经典案例，分析企业形象策划、设计与管理的原则、方法和流程。

总体而言，新版丛书具有三大显著特点。第一，数字化思维。数字技术的发展给企业和消费者的生存方式带来了革命性的影响，广告业和广告学的方方面面不可避免地被打上数字化的烙印。因此，本丛书注重将广告学置于数字技术的背景下进行讨论，体现数字技术引发的广告业发展新特点、新趋势和广告学理论的新成果。第二，国际化视野。在中国广告市场已全面开放的大背景下，广告业的国际化和全球一体化渐成趋势，中国广告市场已成全球广告市场的一部分。有鉴于此，无论是理论阐述还是案例分析，涉及到学界还是业界，本丛书均力求展示国际化视野。第三，集成化体系。本丛书希望将基础性、操作性和前瞻性统一起来，既涵盖广告学基础理论和通用性的内容，又强调源于大师杰作和作者经验与智慧的实践性和操作性，同时还力求反映丛书所涉及的各个领域的最新发展。

随着以信息技术为代表的新技术的发展、全球市场格局和竞争态势的变化，以及消费者行为方式的变迁，广告业将会出现新的发展趋势。广告学也必将随之不断加以丰富和深化。因此，新版丛书仍然会存在一定的时代局限性。同时，也受限于作者的水平，新版丛书的不足在所难免。恳请广告学界、业界的同行专家以及广大读者提出建设性意见，以帮助作者在再版时予以改进和修订。

高等学校广告学专业教学丛书

编委会主任　尤建新

前 言

广告策划这一战略思想最早是由斯坦利·波利坦在 20 世纪 60 年代提出的。在 1986 年中国广告协会的学术讨论会上,北京广告公司的代表提出广告公司应该"以创意为中心,为客户提供全面服务"。中国广告联合总公司把这一口号进一步补充为"以策划为主导,以创意为中心,为客户提供全面服务"。中国广告协会广告公司委员会决定把"以创意为中心,以策划为主导,为客户提供全面服务"作为全国广告公司的共同发展方向。从此,策划与创意成为中国广告界关注的两大核心术语,广告策划与创意在广告活动中的地位和作用越来越受到重视。据《2006 年广告公司生态调查报告》显示,广告公司的核心业务仍然集中在"创意设计制作"、"广告策划"、"媒介广告资源开发、代理及销售"方面。但正如中国广告杂志社长兼主编张惠辛在 2006 年"中国广告与品牌大会"上所说:"当今的广告业并不缺乏规模,但是缺少尊严。缺少尊严的原因在于它的专业度不够。"中国广告界对策划和创意的理解还较多地停留在对国外广告策划与创意理论与实践的形式借鉴上,还没有真正结合现代市场整体营销理论和实践来探讨广告策划、创意的深层问题,并往往与中国传统谋术混为一谈。

丁俊杰先生在回顾 2006 年中国广告市场时,谈到 2006 年广告业失之交臂的四大发展良机。首先,2006 年,品牌成为年度核心概念和主流话语,但很多媒体和广告公司没有捕捉到这个机会。2006 年商务部推出"品牌万里行"活动,应该说政府出面,从国家战略角度将一个国家、一个民族的品牌建设提上日程是难得的机会。这对广告市场的另外两个主体,媒体和广告公司来讲也是发展的机遇,是与本土企业、本土品牌一起做大、做强的机会,但很多广告公司和媒体并没有抓住这个机会。其二,在"建设社会主义新农村"的战役中,广告缺位。广告是可以为新农村带来现代文明的,这一角色是广告在农村市场发展的巨大机会,但广告人关注度不够,没有从广告业的角度研究透,利用好。其三,创意产业建设中,广告人表现欠佳。目前来看,广告人并没有成为创意产业中的主力军。其四,对"中国元素"背后的国际化融合契机的把握尚浅,目前还只是局限在作品的符号表现层面。中国元素的提出并不是一种自我封闭,反而是国际化的表现。中国广告面临的问题是如何在国际化背景下,审视本土文化,促成中国元素与国际市场的接轨。错失这四大发展良机,不仅说明了中国广告的经营理念还有待提升,也说明广告公司策划与创意的有待提升。

自 20 世纪 90 年代以来,整合营销传播已经成为当今广告界的主流思潮,成为广告主决胜市场的有力武器。整合营销传播理论在理论界和实业界日益受到高度关注,并得到了极大的发展。基于整合营销传播的广告运动,使广告策划与创意的内涵发生了深刻变化:传统定位整合为受众价值、传统广告整合为营销传播、传统媒体整合为品牌触点、传统效果整合为投资回报……本书在传统广告策划的框架下,融入整合营销传播的思想,吸收世界上最新的广告、营销、传播、品牌等学科研究成果,吸收世界上知名广告公司先进的作业理念、作业方法与典型案例,突出现代广告策划运作的先进理念,作业流程,思维方法与作业技巧,强调现代广告策划运作的内在逻辑与实际运作体系。本书力图贯彻理论探求与实务分析相结合的原则,既注重理论的建树,学科体系的构建,又避免作经院式,学究式的所谓纯学术的研讨,希望能得到学界与业界的指导与批评。

姜智彬
2007 年 11 月于上海外国语大学

目录

第1章 绪论:基于整合营销传播的广告策划与创意　001
1.1 广告策划与创意的内涵界定　001
1.2 市场营销观念演变中的广告策划　007
1.3 整合营销传播视角下的广告策划　010
1.4 基于整合营销传播的广告策划与创意框架　013

第2章 市场营销目标　019
2.1 市场营销计划　020
2.2 市场营销目标　022
2.3 广告目标　025

第3章 广告环境调研　030
3.1 广告宏观环境调研的内容　030
3.2 广告微观环境调研的内容　032
3.3 广告环境调研的方法　034

第4章 广告经费预算　045
4.1 广告预算的理论模式　046
4.2 广告预算的内容与程序　048
4.3 广告预算的制定方法　053

第5章 广告战略目标　061
5.1 广告战略目标的内涵　061
5.2 广告战略目标的层次　065
5.3 广告战略目标的制定方法　074

第6章 广告受众选择　078
6.1 目标市场细分　078
6.2 目标受众细分　085
6.3 目标受众选择　089

第7章　广告受众心理　092
7.1　广告受众心理的双极模型　093
7.2　广告受众心理的反应模式　095
7.3　广告受众心理的说服策略　101

第8章　广告受众行为　108
8.1　广告受众的消费形态　108
8.2　广告受众的购买行为　112
8.3　广告受众的购买决策　117

第9章　广告定位战略　123
9.1　广告品牌定位的 X-YZ 宏观模型　123
9.2　广告品牌定位的 I-D-U 中观模型　129
9.3　广告品牌定位的 A-B-E 微观模型　137

第10章　广告信息战略　143
10.1　广告信息目标　144
10.2　广告信息主题　149
10.3　广告信息诉求　152

第11章　广告创意执行　158
11.1　品牌识别的广告创意执行策略　159
11.2　品牌回忆的广告创意执行策略　160
11.3　低度介入信息型的广告创意执行策略　162
11.4　低度介入转变型的广告创意执行策略　165
11.5　高度介入信息型的广告创意执行策略　166
11.6　高度介入转变型的广告创意执行策略　171

第12章　广告创意构思　174
12.1　广告创意构思的二维特点　174
12.2　广告创意构思的全程分析　179
12.3　广告创意构思的思维方法　183

第13章 广告创意表现 190
- 13.1 广告创意的表现元素 191
- 13.2 广告创意的表现方法 196
- 13.3 广告创意的表现风格 203

第14章 广告媒体战略 207
- 14.1 广告媒体的目标战略 208
- 14.2 广告媒体的到达战略 211
- 14.3 广告媒体的应用战略 217

第15章 整合营销传播工具 224
- 15.1 整合营销传播的促销工具 225
- 15.2 整合营销传播的直接营销工具 227
- 15.3 整合营销传播的公共关系工具 229
- 15.4 整合营销传播的其他工具 232

第16章 广告效果测定 239
- 16.1 广告传播效果的测定 239
- 16.2 广告心理效果的测定 248
- 16.3 广告经济效果的测定 250

参考文献 253

第 1 章 绪论：基于整合营销传播的广告策划与创意

> "伸手摘星"可能听起来有些天真，但却是我的一个热情信念；也许这个世界真该多一点这样的浪漫。
>
> ——李奥贝纳

近年来，中国广告业飞速发展，广告业营业额成倍增长。广告时代的兴起对于沟通生产和需求，刺激购买和消费，合理配置资源起到了举足轻重的作用。广告已成为企业营销的重要手段，广告策划与创意也随之成为企业所面临的重要问题。现代广告活动是一项系统工程，没有完善而周密的策划与创意，就会使整个广告活动目标不明、计划不周、行动盲目，难以取得理想的广告效果，甚至会走向初衷的反面，导致企业生产经营活动的失败。随着整合营销传播理论与实践的成熟和完善，广告策划与创意也进入了新的时代。

1.1 广告策划与创意的内涵界定

以策划和创意为中心，进行科学管理，是现代广告活动的一个重要特征。广告策划就是对广告的整体战略和策略的运筹规划。具体来说，是指对提出广告决策、广告计划以及实施广告决策、检验广告决策的全过程作预先的考虑与设想。因此，广告策划不是具体的广告业务，而是广告决策的形成过程。

1.1.1 广告策划的内涵界定

现代广告是一项系统工程，没有完善而周密的策划，就会使整个广告活动目标不明、计划不周、行动盲目，难以取得理想的广告效果，甚至会走向初衷的反面，导致企业生产经营活动的失败。因此，从这个意义上说，广告策划是广告运动的核心和灵魂。

1. 广告策划的定义

广告策划是根据广告主的营销策略，按照一定的程序对广告运动的总体战略进行前瞻性规划的活动。它以科学、客观的市场调查为基础，以富于创造性和效益性的定位策略、诉求策略、表现策略、媒介策略为核心内容，以具有可操作性的广告策划文本为直接结果，以广告运动的效果调查为终结，追求广告运动进程的合理化和广告效果的最大化。

2. 广告策划的类型

广告策划可以分为整体广告策划和单项广告策划两种。整体广告策划是对在同一广告目标统摄下的一系列广告活动的系统性预测和决策。单项广告策划是指为单个广告进行的策划。单个的广告经过策划以后，其主题会更加突出、更具诱导性。但是单个的广告策划通常是片面的，因为广告受众的购买过程是一个复杂的系统，单个广告策划很难使目标市场的消费者接近并购买促销产品。随着广告专业水平的不断提高，专业化功能的不断完善和广告代理制度的不断发展，整体广告策划已成为现代广告宣传活动的必然趋势。本书从整体广告策划的角度，认为广告战略目标应该服从于整合营销目标（第2章），在对广告环境调研（第3章）、广告经费预算（第4章）进行分析的基础上才能确定广告战略目标（第5章）。为了实现广告战略目标，必须对广告受众进行选择（第6章），并对其心理和行为进行准确把握（第7章、第8章）。在受众分析的基础上，广告策划人员才能进一步确定广告主题（第9章、第10章），开发广告表现（第11章~第13章），明确广告媒体（第14章），组合营销传播（第15章），进行效果测定（第16章）。

3. 广告策划的特征

广告策划是一项科学而严肃的工作，有着自身的内在规律，并体现出明显的特征。

（1）目的性

广告活动必须围绕一定的广告目标展开，选择适当的广告媒体，设计出新颖别致且具有吸引力的广告作品，选择恰当的时间和地点开展宣传活动，才能取得良好的效果。

（2）科学性

现代广告策划是在现代广告学原理的指导下，综合运用经济学、美学、新闻学、心理学、市场调查、统计学、文学等学科的研究成果，以较少的广告预算取得理想的传播效果，以提高企业（或品牌）的知名度、美誉度，并实现广告目标。

（3）系统性

广告策划要运用系统理论进行系统分析，从系统的整体与部分之间的相互依赖、相互制约的关系中，揭示广告策划的系统性特征和运动规律，以取得最佳的广告效果。现代广告策划从广告调研开始，根据目标市场的特点确定广告目标，在制定广告活动具体策略时，要以整体目标为出发点，使广告策划的各个环节相互衔接、密切配合，形成一个有机的统一体。

（4）效果性

任何广告运动都应该产生一定的效果，而且不能够仅仅是有效，而必须达到其至超出预期效果。不具备实效性的广告策划是对广告费用的浪费。坚持实效性原则，首先就是要重视达到策划目标的现实性与可能性，对广告主负责，从实际情况出发来决定广告策略和实施方案。同时，广告主在进行广告投入的时候，也必须坚持实效性原则，不仅考虑广告目标和营销目标，也考虑自身的投入实力，不要强行要求制定自身能力所达不到的效果。

1.1.2 广告创意的内涵界定

艺术派广告大师威廉·伯恩巴克（William Bernbach）称"广告创意是赋予广告生命和灵魂的活动"，他曾幽默地打了一个比喻："一个化学家不必花费太多，就可以用化学物质堆砌成人体，但它还不是真正的人，它还没有被赋予生命力；同样，一个广告如果没有创意就不称其为广告，只有创意，才赋予广告以精神和生命力。"可见他把创意提到了至高无上的地位。科学派广告大师大卫·奥格威也一再强调，"没有好的创意，广告充其量是二流作品"。"若是你的广告的基础不是上乘的创意，它必遭失败"。

1. 广告创意的定义

广告创意就是广告人在广告调查的基础上，根据广告商品的特性和广告客体的心理特征，对表现广告主题所进行的想像、加工、组合和创造等一系列艺术构思。这种对表现广告主题的艺术构思，能使商品潜在的现实美（性能、品质、包装、服务等）升华为消费者能感受到的具体而形象有趣的思维活动，其根本任务是为广告提供具有最佳吸引力的美好意境，抓住消费者的注意力，使之发生兴趣，最后能说服消费者采取购买行动。

2. 广告创意的类型

广告创意可以分为全程广告创意（大创意）和图文广告创意（小创意）两种。全程广告创意观从"广告是一门科学"这一观点出发，认为广告活动中涉及创造性领域的所有环节都可称之为创意，比如广告战略创意、广告战术创意、广告主题创意、语言创意、插图创意、色彩创意、版面设计创意等。如果把广告运动的流程分为主题期①、发展期②、文本期、发布期，图1-1就揭示了广告运动的全程创意观。

图1-1的右半部阐释了创意贯穿于广告运动的全程创意观点。从广告业务接洽之时（图中的0点），广告人便已开始其创意的接力和长征。创意与运动是广告人行为中的一虚一实，犹如一张纸的正反面那样密不可分。这可以用来说明广告业无形的脑力劳动与有形的体力劳动为什么都是广告成果的必要条件。图1-1的左半部表达了另一个相关的创意观念，即营销活动与生产活动在经营中之密不可分，创意的

---

① 主题期大致涵盖了调研、市场细分、定位和形成主题等内容。
② 发展期属整体企划阶段，广告人从可行性、有效性方面对主题作进一步论证，对主题作系统化的扩充和格式化，安排具体的和各类别的广告制作。

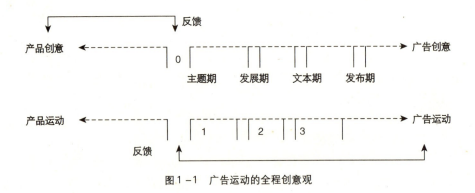

图1-1 广告运动的全程创意观

外延扩到产品运动之中。同时我们还能看到在这两个流程的初始点,反馈是怎样对广义上的创意人员起到推动作用的。

图文广告创意观是从"广告是一门艺术"这一观点出发,认为广告创意是单纯指广告艺术创作,主要是指广告文案或画面的表现创作。下面这则小故事最能说明小创意的内涵。

古时候,有一次举行绘画比赛,画家们云集京城。主考官临场出的题目是"踏花归来马蹄香"。这句话的意思是,有人骑马去赏花,归来后连马蹄都散发出花香。画家们绞尽脑汁,都想寻求最好的角度来表现主题。有的画了许多花瓣儿,在"花"上下功夫;有的画个跃马扬鞭者,打"马"的主意;有的画了一只马蹄,想在"蹄"上做文章。主考官看了都不中意。正在焦急的时候,看到有位画家的画面上只画了几只蝴蝶绕着马蹄翩跹起舞,巧妙含蓄地把"香"字表现出来了。主考官喜出望外,连声赞叹:"好画!"

"艺术派"创意哲学的观点是:广告的本质是艺术。"广告在基本上是说服……而说服的发生并不是科学,而是艺术"(伯恩巴克语)。因此广告创意的着眼点应该是"怎么说"(即广告表现),而不是"说什么"(广告内容)。而"科学论"创意哲学的观点是:广告是一门科学,不能仅凭"感觉",用惯常的"艺术观"来进行广告创作。广告创意的最终目的是产生"实效"(即引发购买行为),而不仅仅是"有效"(即只引起消费者注意)。因此,广告创意不仅仅包括表现创意,还应包括对广告所有环节的创意,广告创意应该是一个系统工程,而不仅局限于某一环节。由于章节安排的缘故,本书采用的是小创意观,认为广告创意包括创意概念、创意构思与创意表现(图1-2),并在第11章~第13章中对创意执行、创意构思与创意表现等广告创意三要素进行分析(表1-1)。

广告创意三要素例析　　　　　　表1-1

广告主	创意执行	创意构思	创意表现
流浪动物之家基金会	养狗要长长久久	养狗像结婚,是一辈子的事	狗新娘、项圈戒指、人狗结婚宣誓

续表

广告主	创意执行	创意构思	创意表现
VW GOLF R32 系列	速度快	超车更快了（别人的车子都变短了）	大巴士、消防车、水泥车、货运车、拖板车（都变短了）
Wallis 女装系列	让你有吸引力	致命的吸引力	割草机割到人、列车长撞到头
Autao 防虫液	蚊虫叮咬不到	蚊虫要改吃素了	蚊虫必须改变它们的饮食习惯了
Polo 自排车	Polo 自排车	左脚无用武之地了	左脚的鞋子被人遗弃，荒郊野外，四处都是

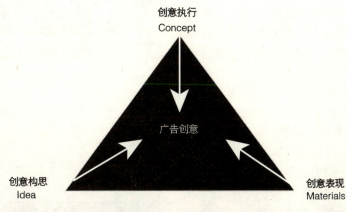

图 1-2 广告创意三要素

3. 广告创意的特征

关联性、原创性和震撼性（Relevance、Originality、Impact，简称 ROI）是伯恩巴克创立的一种实用的广告创意指南，也是图文广告创意的主要特征。

（1）关联性

关联性是指广告创意必须与广告商品、消费者、竞争者相关联，必须要和促进销售相关联。詹姆斯·韦伯·扬说："在每种产品与某些消费者之间都有其各自相关联的特性，这种相关联的特性就可能导致创意"。找到产品特点与消费者需求的交叉点，是形成广告创意的重要前提。

（2）原创性

原创力要求广告创意要突破常规、出人意料、与众不同，没有原创力，广告就缺乏吸引力和生命力。广告创意必须具有原创性，体现出与众不同及别出心裁的新视角、新理念，才能引人注意，唤起人们的欲望，引发购买行为。

（3）震撼性

震撼性要求广告创意能够深入到人性的深处，冲击消费者的心灵。没有震撼性，广告就难以给人留下深刻印象。

同时实现"关联"、"原创"和"震撼"是优秀广告创意的要求，因此必须明确解决下列五个基本问题：广告的目的是什么？广告的对象是谁？品牌有什么特别的个性？何种媒体最合适？受众的突破口或切入点在哪里？ROI 论的成功之作是伯恩巴克为金龟车创作的"次品"广告（图1-3），他首先深入工厂找到了广告与商品的相关性"这是一辆诚实的车子"；然后又充分发挥原创力，出人意料地说"这是一辆不合理的车子"；并以车门某处有肉眼不易发现的微伤的"次品车"画面出现，消费者深受震撼。这则广告以"柠檬"（Lemon 俚语，意为不合格被剔除的产品）为标题，画面是一辆看不出任何瑕疵的金龟车。那么，为什么说它是"柠檬"呢？广告文案写道："这部车子没有赶上装船，因为某个零件需要更换。你可能不会发现那个零件的问题，但是我们的品质管理人员却能检查出来。在工厂里有 3389 人只负责一件事，就是在金龟车生产的每一道过程严格检验。每天生产线上有 3000 个员工，而我们的品质管理人员却超过了生产人员。任何避震器都要测试，任何雨刷都要检查……最后的检验更是慎重严格。每部车经过 189 个检查点，在刹车检查中就有一辆不合格。因此，我们剔除'柠檬'，而你得到好车。"金龟汽车"蛋壳"篇（图1-4）和金龟汽车"遗嘱"篇（图1-5）也是伯恩巴克 ROI 创意论的成功之作。

金龟汽车"蛋壳"篇的广告标题是"某种外形很难再改良"。广告文案是这样的：问任何一只母鸡都知道，你实在无法再设计出比鸡蛋更具功能的外形，对金龟车来说也如此。别以为我们没有试过（事实上金龟车改变将近 3000 次），但是我们不能改变基本的外观设计，就

图1-3 金龟汽车"柠檬"篇

图1-4 金龟汽车"蛋壳"篇

像蛋形是它内容物最合适的包装。因此，内部才是我们改变的地方，如马力加强而不耗油，一档增加齿轮同步器，改善暖气，诸如此类的事。结果我们的车体可容纳4个大人和他们的行李。1加仑可跑大约32英里，1组轮胎可跑4万英里。当然，我们也在外形上做了一些改变，如按钮门把，这一点就强过鸡蛋。

这则金龟汽车的电视广告近乎完美，所以它成为历代广告人学习的典范。大卫·奥格威说这则广告是他"见过的最幽默的广告"。广告影片讲述的故事

图1-5　金龟汽车"遗嘱"篇

是一位亿万富翁通过遗嘱把1000亿的财产留给了拥有一部金龟车、持"省一分钱就是赚一分钱"想法的侄子；而对于那些不知道一块钱价值的亲属，他的遗嘱上写到："我只留给他们一块钱"。对于他的那位座右铭是"花、花、花"的事业伙伴，他说"我给他留的是零、零、零"。这个电视广告片通过幽默和夸张的表现，在当时崇尚奢华的美国社会，阐述了金龟车所倡导的一种全新的克勤克俭精神，获得了巨大的成功。

1.2　市场营销观念演变中的广告策划

广告策划活动的存在不是孤立的，其生存和发展被置于市场营销这一更大的范畴之中。广告策划是随着市场营销观念的演变进化而不断丰富、深化的。近一个世纪来市场营销观念经历了六次方向性变化，即生产观念、推销观念、市场营销观念、生态学营销观念、社会营销观念、大市场营销观念，并导致了不同类型的广告策划活动。

1.2.1　生产观念下的广告策划

生产观念出现于19世纪末20世纪初，是指企业活动以生产为中心或以生产为导向，其营销的着眼点是产品。这种观念是在物资短缺、需求旺盛、社会产品供不应求的"卖方市场"条件下产生的。生产观念支配下的广告设计也是纯粹表现自我

的。比如20世纪20年代，美国福特汽车最初的产品是T形车，它依靠低成本、大批量、低价称霸汽车市场，它的颜色全是黑色，车形固定。当时它的广告"顾客可以想要他们喜欢的任何颜色的汽车，但是福特汽车只有黑色一种"就强烈地体现出生产观念，而忽略了顾客的需求。生产观念支配下的广告公司没有全方位地策划，只是提供广告活动中单项的服务，通常只向人们展示企业厂门或大楼的画面、生产设备或流水线的镜头，再加上厂址、法人代表姓名、联系电话等。

1.2.2 推销观念下的广告策划

推销观念出现在20世纪30年代到第二次世界大战结束，是社会产品向"买方市场"转化的过程中产生的。随着科学技术的进步和社会生产力的发展，社会产品供给数量和品种明显增加，市场逐步出现供大于求的现象。面对竞争加剧的市场，企业从注重生产和产品转向注重销售，用各种方式将已有的产品大量推销出去。如美国皮尔斯堡公司将广告口号从生产观念下的"本公司旨在制造面粉"改为"本公司旨在推销面粉"。推销观念大大提高了促销的地位，从而广泛而明显地强化了企业的广告意识，提高了广告的投资，促进了专业广告公司的出现和广告工作的职业化。广告策划采用对比性、竞争性、理性诉求的广告方式来详细介绍产品的特点，突出产品间的差异。

1.2.3 市场营销观念下的广告策划

市场营销观念出现在20世纪50年代至60年代，是一种以消费者需求为中心的观念，要求生产适应市场，从"以产定销"向"以销定产"转变。这种观念下广告策划的中心是满足顾客需求，争取受众心智。同时，各种暗喻、联想、点到即止、寓理于情等设计定位成为广告表现的主要趋势。市场营销观念下的广告策划也越来越强调消费者的主体地位，广告策划也越来越依赖市场调研，并以此为先导，认准市场，准确把握消费需求。

1.2.4 生态学营销观念下的广告策划

生态学营销观念出现在20世纪70年代，其特点为：生产消费者需要的，又是企业所擅长的。生态学观念的核心是主张产销的动态结合，其基本论点是：企业如同生物有机一样，必须遵循"适者生存"的原则，积极与生存的环境相协调，以适应市场环境求得生存和发展，以实现动态平衡。加强市场研究，充分发挥企业自身特色和优势，扬长避短追求最优效果，是生态学营销观念下广告策划的中心，其核心内涵是：确定产品在消费者心中与众不同的位置，并通过消费者对定位的认同获得稳定的消费群体。如威廉·伯恩巴克为德国大众（Volkswagen）金龟车的广告策划（图1-6），并没有把车子照片拍得很漂亮去宣传甲壳虫车特有的质量，而是宣传甲壳虫车的小，其标题是：想想小的好处（Think Small），从而寻找到了企业位置。

我们的小轿车并没有多少新奇之处。

20个学生恐怕挤不下。

加油站的那伙计也不想搭理它。

对于它的外形，从来没有人拿正眼瞧它一下。

事实上，连驾驶我们这种廉价小轿车的人们也没有仔细想过：

1加仑汽油可行驶27英里。

5品脱的汽油顶得上5夸脱（注：1品脱=1/2夸脱，这里意指耗油量仅为其他汽车的一半，难怪加油站的那伙计也不想搭理它）。

从来不需要防冻剂。

一副轮胎可以行驶40000英里。

我们为你精打细算，你也觉得习以为常，这便是你根本没去想它的原因。

只有当你能在那狭小的停车点泊车时，当你去更换那小面值的保险卡时，当你去支付那小数额的维修费时，当你开着这金龟车去以旧换新时。你才想起了小的好处。

图1-6 大众金龟车的广告

1.2.5　社会营销观念下的广告策划

社会营销观念形成于20世纪70年代后期，是指企业营销活动中必须承担社会责任，其特点是：生产符合消费者、企业、社会利益的产品。生态环境、能源、人口等社会问题促使市场营销观念进一步改变，企业开始提出：生产产品不能仅仅满足一部分消费者一时的需求，而要考虑符合消费者长远利益和社会整体利益，这一阶段的广告策划更完善、更科学、更多样。主要体现在绿色广告策划悄然兴起、公司形象及全球性广告策划盛行、公益广告策划普遍增多、广告策划与文化的相互影响等方面。

1.2.6　大市场营销观念下的广告策划

大市场营销观念形成于20世纪80年代，其特点是：积极主动地开拓市场。它是以整个大局为中心的观念，它认为企业不应消极顺从、适应外部环境和消费者需求，而应借助政治力量和公共关系，主动地影响外部环境，开拓市场。因此，大市场营销观念有两个显著的方面就是权力和公共关系。因此，广告策划极力宣传是得到权威机构和政府部门的认可、特许、推荐等，利用消费者对这些机构的信任打开市场扩展业务。权力是大市场营销中一种强推的策略，短时间内若获得某些权力的支持便可以打开某一市场。而公共关系则是一个拉的策略，公共关系强调的是社会舆论作用，舆论的形成需要较长时间的努力才能起作用，像细雨一样润物无声。所以，广告策划中突出企业的舆论效果，比如参加社会公益活动、帮助救灾、公民道德宣传活动等，一方面获得政府的继续支持与信任，另一方面在公众心中形成良好印象。

1.3 整合营销传播视角下的广告策划

策划就是创造性地整合资源。整合营销传播（Integrated Marketing Communication，简称IMC）就是一个组织创造性地联合、协调资源的努力，它主张把一切企业的营销和传播活动，如广告、促销、公关、新闻、自销、包装、产品开发等进行一体化的整合重组，让消费者从不同的媒介渠道获得对某一个品牌的一致信息，以增强品牌诉求的一致性和完整性，对信息资源实行统一配置、统一使用，提高资源的利用率。整合营销传播理论是对传统市场营销理论的一次颠覆，在20世纪末引发了一系列的营销与广告观念变革。

1.3.1 整合营销传播的定义

整合营销传播以消费者为核心重组企业行为和市场行为，综合协调的使用各种形式的传播方式，以统一的传播形象，传递一致的品牌信息。整合营销传播较为权威的定义[①]是：

整合营销传播是发展和实施针对现有和潜在客户的各种劝说性沟通计划的长期过程。整合营销传播的目的是对特定沟通受众的行为实际影响或直接作用。整合营销传播认为现有或潜在客户与产品或服务之间发生的一切有益品牌或公司的接触，都可能是将来信息的传递渠道。进一步说，整合营销传播运用与现有或潜在的客户有关并可能为其接受的一切沟通形式。总之，整合营销传播的过程是从现有或潜在客户出发，反过来选择和界定劝说性沟通计划所采用的形式和方法。

整合营销的目的在于最终影响或直接影响目标消费群的行为。整合营销传播将所有顾客或潜在消费者可能了解品牌的方法都看作潜在的信息传播渠道，并充分利用所有顾客或潜在消费者所能够接受的传播方法。整合营销传播要求所有品牌的传播媒介和传播信息都传递一致的信息。另外，整合营销传播过程进一步使得营销者必然以顾客或潜在消费者作为决定的出发点，他们以此决定传播信息和传播渠道和媒介的类型，以作到最好地告知、说服消费者并引致消费者行动。

---

① 这个定义是1993年由舒尔茨教授所在的美国西北大学麦迪尔学院营销沟通课程教师共同提出，舒尔茨曾经引用并对此表示认同。然而在其最新著作中，他认为这个定义"在本质上是战略，在执行上是战术"。因此又提出了一个新的定义，强调"整合营销传播是业务的战略过程"。

1.3.2 整合营销传播的特征

整合营销传播具有五个关键特征（表1-2），这五大关键特征为整合营销传播的实践提供了学术基础。这些特征都是独立的，因此列表顺序与接下来的讨论顺序和各个特征的重要性之间没有必然联系。

IMC 的五大关键特征　　　　　　　　　　　　　　表 1-2

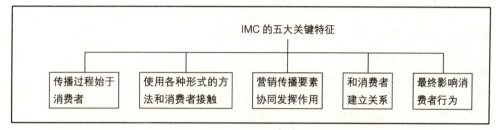

1. 传播过程始于消费者

整合营销传播的首要关键特征是传播过程应该开始于顾客或潜在消费者，然后再回到品牌传播者，以决定采用什么形式的信息和媒介来告知、说服和引致顾客或潜在消费者采取对传播者所代表品牌有利的行动。整合营销传播方法在确定传播方法和传播工具上没有采取由内而外（从企业直接到消费者）的方式，而是采取了始于消费者的由外而内的方式，来决定哪些才是能够为消费者的信息需求提供最好服务并激发他们购买动机的传播方式。

2. 传播方法接触消费者

"接触"这个词在这里用来代表任何信息媒介，它能够为目标消费群所接触并以一种令人愉悦的方式展示品牌。整合营销传播不拘泥于使用任何单一的传播方式（如大众媒介广告），而是使用任何可能的媒介和接触方法来将品牌信息发送给目标消费者。直邮广告、体育和娱乐活动赞助、在其他品牌的包装上做广告、在T恤上印标志、店内展示以及网络标语广告都是与现有和潜在消费者接触的一些方法。整合营销传播的最终目标是有效地使用任何可行的接触方法，使信息有效地到达目标消费者。

3. 传播要素协同消费者

整合营销传播要求营销传播要素协同发挥作用。一个品牌的分类传播要素（广告、卖点标记、销售促进、活动赞助等）必须代表相同的品牌信息，并通过不同的信息渠道或接触方法传递一致的信息。换句话说，一个品牌的营销传播必须"用一个声音说话"。信息和媒介的协调对树立一个有力而统一的品牌形象并使消费者倾向于采取购买行动极为关键。如果所有的传播要素没有被很好地整合起来，会导致重复性努力；更为糟糕的是，也许会向消费者传递相反的品牌信息。用一个声音说话或者说是协同作用，都要求为品牌选择一个独特的定位描述。定位描述一方面包括一个品牌所要代表的目标市场的想法，另一方面包括通过各种媒介渠道向消费者传递的一致信息。

4. 传播努力关系消费者

所谓的关系就是品牌和消费者之间持久的联系。成功的关系能够引起消费者的重复购买甚至是对品牌的忠诚。关系的建立是现代市场营销的关键，而整合营销传播又是建立关系的关键。建立持久的顾客联系会比寻找新顾客给企业带来更多的利润。留住老顾客的价值被比作是一个"漏桶"，以下这段引用可以让我们更进一步了解其中的涵义：

公司可以被比作成一个漏桶，在桶底部的漏洞中流失消费者的同时，企业又会努力地在桶的顶部加入新的消费者。因此，如果企业能够补上漏洞，即使是部分补上，这个桶也会相对满一些。这样一来，即便增加的新消费者数量减少了，也能够保证企业获得相同水平的利润。留住已在桶里的顾客成本更低而利润更高。精明的商人认识到，争取一个新顾客的费用是留住一个老顾客费用的 5~10 倍。他们还认识到，在已有消费者的基础上再增加一个很小的百分比便能够使利润加倍。

5. 传播目标影响消费者

营销传播不能仅仅影响消费者对品牌的认知度或加强消费者对品牌的态度，更为重要的是，成功的 IMC 应该得到消费者行为方面的回应。换句话说，营销传播的目标是让消费者采取相应的行动。衡量一个整合营销传播项目最终的标准是看它是否能影响消费者的行为，但是，希望每个传播方面的努力都能影响行为的想法过于单纯而又不切实际。一般说来，在购买一个新品牌之前，消费者必须知道该品牌，了解它能给自身带来的利益以及对该品牌有一个积极正面的态度。要做到以上这些，那么在销售产品之前进行传播方面的努力是十分必要的。但是，最终一个成功的营销传播项目要做到的不仅仅是鼓励消费者喜欢或至少熟悉一个品牌的存在。这也部分地解释了销售促进和直接营销与其他营销传播方式相比广受重用的原因。

1.3.3 整合营销传播的运作

整合营销传播的采用使传统的营销传播发生了一些基本的变化，其中重要的变化之一是降低了对大众传媒广告的依赖性。整合营销传播的主要目的是有效地接触顾客和潜在消费者，而媒介广告通常并不是实现这个目标最有效、最经济的方法①。由于客户需求种类和数量的增加，提供更加多样化的综合服务对营销传播提供商来说显得越来越重要，但是几乎没有营销传播服务提供者具有如此广范围的技能，因为它包括从计划到执行的各种营销传播形式②。一些前瞻的广告代理公司已经开始

---

① 直邮、许可电子邮件、专业兴趣杂志、有线电视和活动赞助通常是一些比大众媒介广告更经济而又更有效的接触方法。如今，随着许多组织都拥有大量的、能及时更新的有关消费者的数据，定位信息显得尤其切实可行。但是，这并不意味着媒介广告不重要或是应该摒弃。实际上，关键点在于，遇到实际问题的时候应该认真考虑使用哪种传播方法，而不是本能地把媒介广告作为解决问题的方式。

② 企业品牌经理经常使用外部代理机构或专业化的服务公司来辅助自己处理各种各样的营销传播问题，其中包括广告代理机构、公关公司、促销机构、直接广告公司和特殊活动营销人员。但整合需要所有传播项目的紧密配合，当不同的专业化服务各自独立操作的时候，这一点就变得很困难。

扩展自身业务，除了广告以外，还涉足促销辅助、公共关系、直接营销和事件营销支持等。但要真正实现整合营销传播，广告公司的文化理念和策划导向仍需深度调整。

整合营销传播视角下的广告策划，应明确整合营销传播工具的作用及其组合方式。在"忠诚—反应—成本—目标"矩阵（图1-7）中形象地显示了整合营销传播工具的整体安排与运作步骤。首先，整合营销传播从消费者分析环节入手，明确对公司品牌有好感或购买意向的顾客群体，这有助于确定针对不同群体的营销传播方式。其次，整合营销传播需要知道品牌现状和消费者关注点的距离有多远。消费者从对某一品牌毫无了解到经常购买的距离越大，相应广告宣传的工作量就越大。这种工作越困难，广告活动的费用当然也就越大。同样，将要进行的某一营销传播的整合程度越高，其花费当然也就越高。最后一点是，检视所有可以利用的营销传播工具和它们可能取得的传播效果。本书第14章将对整合传播工具进行系统介绍。

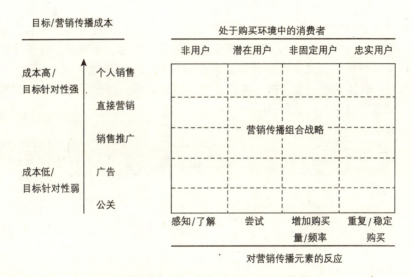

图1-7 "忠诚—反应—成本—目标"矩阵

1.4 基于整合营销传播的广告策划与创意框架

基于整合营销传播的广告策划与创意的思路有两种：一种是循序渐进、垂直深入的方式；一种是核心突破、枝节辐射的方式。两种方式在思维模式和切入点上略有差异，但对整个策划的形成，却殊途同归。第一种思路强调的是对市场和数据的分析，通过研究策划对象、确定广告目标、形成广告策略、进行媒体组合并测定广告效果。它的最大优点是基础扎实细密、依据充分、策划完整、富有层次、科学性和逻辑性都很强,但也具有教条式的缺陷。第二种思路舍弃了循序渐进的做法,策划人员在深思熟虑之际,产生一个突如其来的异常强烈的策略,这个策略就构成了整个策划的核心。运用这种策划方法进行策划,往往是在实现了核心突破之后,再由此发展和延伸。主要有两个方面:一面是从实证和数据中分析验证,看看这一突如其来的核心策略是否具有充分依据;另一面则不断丰富和完善它,通过发展创意策略,使之全面系统,从而使策划全面、科学、合理。它的最大优点是,便于抓住核心,切中要害,在策划中往往极具创造性和独特性,具有相当的个性魅力。缺点是随机性强,不易把握。运用什么样的方法进行策划,对广告策划而言并没有一个僵硬不变的要求。一般来说,一个完整的、系统的广告策划,在运作中大多采取循序渐进的模式。这是因为市场环境和产品竞争复杂多变,即便是一个确定的广告策略,在对既定目标对象的传播中,也面临着多样选择和多方干扰,而经验和直觉虽然非常宝贵,但是其所包含的容量往往有限,因此必须依赖大量市场分析研究之后,才能够得出比较恰当的结论。核心突破的方式往往是运用在一些局部性策划或具体细部策划中。策划人员在进行具体策划时,大多已经对整体有了一定的把握,或者此前已经建立了相关的经验,因而对局部问题的产生,会很快形成一种全面的思维观照,从而引发具有针对性的策略。需要注意的是,任何一个策划,在最终的完善和形成中,两种模式会或多或少地相互兼容,从中也可以看出两者之间的互补性。本书从整体广告策划的角度,按照循序渐进的策划思路,提出了基于整合营销传播的广告策划与创意框架(图1-8)。

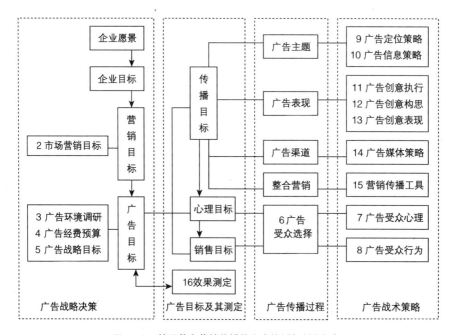

图1-8 基于整合营销传播的广告策划与创意框架

为理解基于整合营销传播的广告策划与创意框架，将进一步分析基于整合营销传播的广告策划与创意的总体模式、战略决策模式、传播过程模式、制作表现模式与销售效果模式。

1.4.1　基于整合营销传播的广告策划与创意的总体模式

在"广告主、广告代理商、广告媒体"的运作链条上，基于整合营销传播的广告策划与创意展开了"分析—制定策略—执行"的总体运作过程。广告运作是一个动态的过程，是一个业务展开环环相扣的过程。在这个运作过程中，广告主、代理商、广告媒体将会表现出各自鲜明的功能和充分的配合（图1-9）。

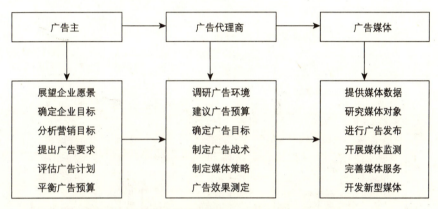

图1-9　基于整合营销传播的广告策划与创意的总体模式

1.4.2　基于整合营销传播的广告策划与创意的战略决策模式

基于整合营销传播的广告策划与创意的战略决策如图1-10所示：

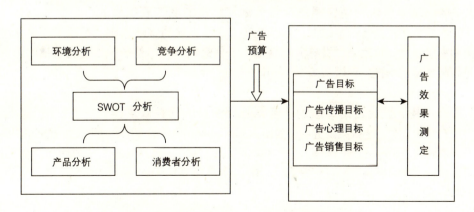

图1-10　基于整合营销传播的广告策划与创意的战略决策

SWOT 分析的目的是确认组织的当前战略,明确其优势(Strengths)、劣势(Weakness)、机会(Opportunities)和威胁(Threats),并解决以下问题:
1. 在产品和企业现有的条件下,如何最优化地运用自己的优势条件?
2. 为了更好地对新出现的竞争作出反应,必须对产品或服务采取哪些调整?
3. 与以上两个问题相配合,必须采取哪些广告行动?

1.4.3 基于整合营销传播的广告策划与创意的传播过程模式

基于整合营销传播的广告策划与创意的传播过程模式见图 1-11。

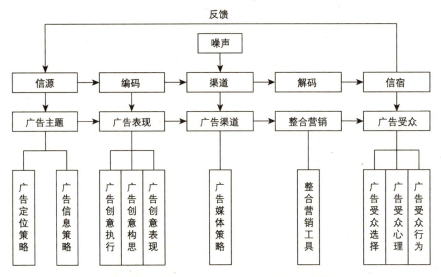

图 1-11 基于整合营销传播的广告策划与创意的传播过程模式

1.4.4 基于整合营销传播的广告策划与创意的制作表现模式

在明确的广告目标基础上,可以发展出广告表现的策略原则。而这一原则又将分别引领综合促销战略,引导大众媒体广告创意的展开。基于整合营销传播的广告策划与创意的制作表现模式如图 1-12。

1.4.5 基于整合营销传播的广告策划与创意的销售效果模式

在众多广告销售效果研究中,美国 A.C. Nielsen 公司的 STAS 法[1]致力于短期广告效果的研究。STAS(Short-term Advertising Strength)是测量由广告效果所产生的、可以立即影响销售量增加的一种指标,表 1-3 总结了 Nielsen 公司的研究成果[2]。

---

[1] 参见:Gerarad J. Tellis, Effective Advertising – understanding When, How and why Advertising Works.
[2] 转引自:王瞳,传播学视野下的广告效果整合研究初探,四川大学 2006 年传播学硕士论文,指导老师:吴建。

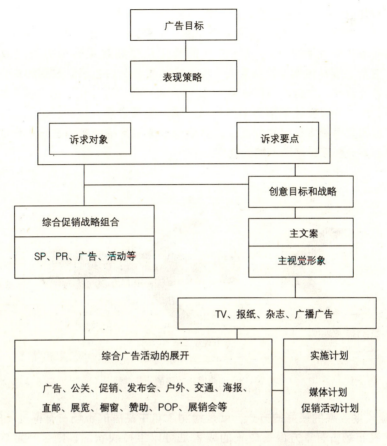

图 1-12 基于整合营销传播的广告策划与创意的制作表现模式

不同情况下促销活动和广告活动对销售量影响的比较　　表 1-3

单独使用促销工具	促销与广告同时使用	单独使用广告工具	促销与广告同时使用
降低1%的价格则增加3.5%的销售量	降低1%的价格则增加6%的销售量	增加1%的广告投入则增加0.2%的销售量	增加1%的广告投入则增进1.6%的销售量

　　从中可以发现，在广告活动与促销活动两者共同作用下，可以对销售量产生强有力的效果；广告活动与促销活动共同使用的结果很明显地大于两者分别使用同时对销售量所产生的效果。广告活动和促销活动两者共同产生的作用称为共生作用(Synergy)①。当广告与促销活动共同使用时，短期广告效果不断增强，不断促进消费者购买该产品，产品的销售量不断增加。由于广告活动及促销活动两者同时使用可以产生共生作用，所以我们将这种作用应用在执行和计划上。相类似地，广告活

---

① J·Haskins, A Kendrick (1993), Successful Advertising Research Methods, NTC Business Books, 1993.

动亦可以与其他营销手段相结合，总称为"整合营销传播"。

在短期广告效果（即正的 STAS 差异值）的基础上，通过连续使用广告媒体，持续提高品牌的认可程度，可以把广告的作用从短期效果转变为长期效果（图1-13）。在此，要从传播学的角度把广告传播效果分为广告表现效果和广告媒介效果。广告表现效果（广告的原稿效果），是指广告剔除媒介作用后由广告原稿本身带来的效果，即广告原稿达到预先制定的认知率、显著程度、理解度、记忆率、唤起兴趣、形成印象等具体目标的程度。广告媒介效果，是指纯粹由发布广告的媒介本身的不同和媒介强度带来的不同的效果。

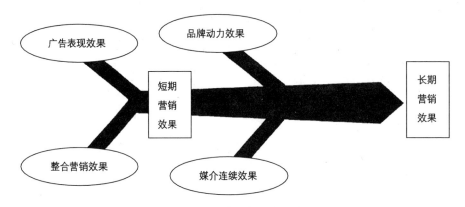

图1-13　广告营销效果的箭头模型

测量长期效果的最好的方式，就是检测1年中品牌的市场占有率进展的情形，如果品牌在市场占有率方面是成长的或者是可以维持现状的，则可断定这个广告活动是长期有效的。长期广告效果需要媒体的连续性。媒体连续性配合正的 STAS 值所产生的效果，会使该品牌的短期销售量不断增加，这种方式能使广告品牌的市场占有率持续扩大，至少在面对激烈竞争的压力下，仍能维持品牌现有的市场占有率。

品牌内部动力，就是指消费者使用品牌的经验，以及以前的广告所建立的附加价值而产生的力量。消费者使用品牌后得到的某种经验，譬如说该产品的特点与价值，是一种通过使用带来的成功的认同的感觉。当消费者再次看见该品牌的广告后，认同感促使其产生再次购买的行为。这就是品牌内部动力所产生的效果。品牌的内部动力代表着该品牌得以持久不衰的特质。品牌的持久性是因为内部动力而产生的结果，这种动力需要广告主努力维持并使其成长。

第2章 市场营销目标

当你在作交易时,首先考虑的不应该是赚取金钱,而是要获得人心。

——孟昭春

营销目标作为企业战略的基石和重要组成部分,对企业市场营销行为起着决定性的指导作用,其实现程度关系到企业的生存与发展。企业的营销目标决定着广告目标,广告目标是为营销目标服务的。制定广告目标的过程就是将营销目标转化为广告目标的过程。要实现这一转化,首先就要了解销售额的提高来自哪种购买行为,广告主期望通过促进、强化或改变目标消费者的哪种购买行为来提高销售额;其次,还要搞清通过广告沟通什么信息,或通过引起目标受众的何种反应,才能导致这种所期望的行为。本章在分析三种营销计划的基础上,阐述营销目标的时间/途径矩阵,并对广告目标进行分析(图2-1)。

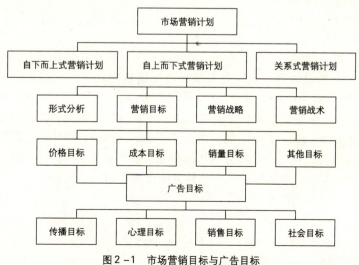

图2-1 市场营销目标与广告目标

2.1 市场营销计划

市场营销计划是所有赢利性组织的核心计划之一，用以回答公司经营的三个基本问题：我们现在在哪里（对现状进行分析）、我们想到哪里去（形成公司的战略方向和目标）、我们怎样到那里（选择战略和营销组合）。营销计划对企业的广告规划有着深远的影响，它有助于管理者分析并改进公司的所有运作活动，包括营销和广告活动；它支配着广告在营销组合中的作用，使广告活动得以更好地实施和控制，并保持其持续性。营销计划书还能确保广告预算得到最有效的分配。成功的企业绝不把广告计划与营销割裂开来，两者都是取得成功的关键基石。市场营销计划有三种类型：自上而下式营销、自下而上式营销和关系营销。现将从这三种市场营销模式的分析中解释营销计划与营销目标的关系。

2.1.1 自上而下式营销

传统的自上而下式营销（Top-down Marketing）计划是最常见的策划模式，符合大多数企业所采用的分层制度，一般适用于计划推出全新产品的企业。自上而下式计划有4个主要组成部分：形势分析、营销目标、营销战略和营销战术（或行动纲领）。

1. 形势分析

形势分析（Situation Analysis）部分对企业的现行状态以及造成此状态的原因进行客观实际的陈述，列举所有涉及企业沿革、成长、产品与服务、销量、市场占有率、竞争状况、目前的市场、分销体系、以往广告活动、营销调查结果、企业潜能、优点与弱点以及其他任何相关内容的客观事实。历史数据一旦收集完成，工作重心便转移到公司无法控制的由外在关键因素（如政治、经济、社会、技术或商业环境因素）决定的潜在威胁或机会上。

2. 营销目标

营销目标（Marketing Objective）是企业市场活动所要达到的总体要求，它包括市场开拓目标、利润目标、销售增长率目标和市场占有率目标等。营销目标源自企业目标，可分为总体需求满足式目标和具体销售定向式目标。需要满足式目标（Need-satisfying Objective）使管理者对企业职能的认识从生产产品或服务转变为满足目标市场需要，还使企业具备了更宽的眼界来认识自己的业务。销售定向式目标（Sales-target Objective）是一定时期内要实现的、具体的、量化的、现实的营销目标。销售定向式目标可以用几种方式加以表示：销售总量；以产品、细分市场、顾客类型计算的销售量；总的或某一产品种类的市场份额；总的或某一产品种类的销售量增长率；总毛利或产品品种毛利[①]。

[①] 广告目标源于营销目标。广告活动目标则是以独有的方式促成营销目标的实现。广告战略目标和营销目标的共同之处是开拓市场，增加销量，增长利润。

3. 营销战略

营销战略（Marketing Strategy）说明企业计划如何满足自己的营销目标。营销战略一般包括3个步骤：（1）自定具体的目标市场；（2）确定战略定位；（3）为各目标市场制定出相应的营销组合。企业的营销战略对其广告有着重大的影响，它决定着广告在营销组合中的地位和使用量，以及创意的推动力和所采用的媒介。

4. 营销战术

企业目标为自己指明想要到达的目的地；战略则指明计划选择的路线；而战术（Tactic，又叫行动纲领，Action Program）则明确将在内部和外部采取的具体的短期行为，如谁来执行和何时开始等。广告战役在营销战术的天地中展开，而战术是自下而上式营销的关键。

2.1.2 自下而上式营销

美国著名营销学家杰克·特劳特在他的代表作《营销革命》中提出一种崭新的营销理论——"自下而上的营销（Bottom up Marketing）"，这就是逆向营销。在他看来，真正的营销法则应该抛弃那些大而无当的战略，从起点开始发掘并制定出一个实用的战术，围绕这一战术建构起相应的战略。按照这一理论，战略应当自下而上地反向制定，即先找到在局部市场行之有效的战术，在局部战术成功之后，依据成功战术扩张成为总体战略，然后再用战略推动各个局部的战术展开。

科特勒（Kotler）在自己的营销新论中把"逆向营销"解构为6个要素。逆向产品设计、逆向定价、逆向广告、逆向推广、逆向通道与逆向区隔。逆向营销组合改变了传统营销4Ps（产品、价格、通路和促销）的运作模式，取而代之的是4Cs（顾客消费评价、顾客成本、便利和沟通）的运作模式，从反向使企业营销得以实施。

2.1.3 关系营销

如今，许多广告主正逐渐发现建立品牌资产的关键在于发展与顾客之间的互相依赖、互相满足的关系。对于受市场驱动的企业而言，企业压倒一切的目的就是培养愉快而忠诚的顾客，因为顾客，而非产品，才是企业的命脉。这种认识使得众多企业纷纷由以往简单的交易性营销转向关系营销（Relationship Marketing）——即在企业与顾客和其他利益相关者之间建立、保持并巩固一种长远的关系，进而实现信息及其他共同价值的相互交换。

从丧失老顾客的代价、争取新客户的代价和忠实顾客的价值都十分巨大的角度，企业必须重视培养并经营精选顾客与其他利益相关者（Stakeholder）——即员工、影响中心、持股人、金融团体和新闻界的忠诚。科特勒和阿姆斯特朗（Armstrong）认为，企业可与其利益相关者视双方的共同需求而形成5个层次的关系。

市场营销的五种关系层次　　　　　　　　　　　　　　　表 2-1

关系层次	关系名称	关系描述
1	基本交易关系	企业出售完产品后,不再有任何形式的后续活动
2	反馈式关系	企业售出产品后,鼓励顾客在遇到麻烦时打电话给他们
3	责任关系	销售人员在产品售出后不久给顾客打电话,落实产品是否符合顾客的期望,询问是否有任何产品改进建议或不满的地方
4	前摄关系	销售人员或企业的其他人员定期拜访顾客,向他们提出更先进的产品使用方法或新产品信息
5	伙伴关系	企业一直与顾客(或其他利益相关者)共同寻求获取更好价值的途径

不同的利益相关者希望建立不同形式的关系,有些顾客事实上只想维持交易关系。利益相关者越多,营销者越难以与每位利益相关者建立广泛的人际关系。关系营销所表现的顾客与品牌之间的密切关系,包含着心理关系、人际关系以及象征关系,它既可以由品牌广告来建立,也可以由人际传播来建立。这种对关系营销的理解,与整合营销传播的指向十分吻合。根据美国西北大学教授丹·舒尔茨的理论,整合营销传播是实现关系营销的基础。

整合营销传播指企业或品牌通过发展与协调战略传播活动,使自己借助各种媒介或其他接触方式与员工、顾客、其他利益相关者以及普通公众建立建设性的关系,从而建立和加强与他们之间互利关系的过程。

2.2　市场营销目标

市场营销目标的终极表现就是利润。如果把市场营销目标用实现利润的三种途径和三种时间期限来表示,那么就得到了一个关于潜在销售目标的 3×3 矩阵(表 2-2)。

营销目标的时间/途径矩阵　　　　　　　　　　　　　　　表 2-2

	提高销售价格	降低成本	增加销售量
即期	广告:证实推介型销售价格较高是合理的	广告:无(即期成本增加)	广告:使用直接反应广告、零售广告或分类广告
一年期	广告:增大呈上升趋势的价格弹性及降低呈下降趋势的价格弹性(因此增加品牌资产)	广告:用广告代替部分电话促销;减少中间商促销("推动"策略)	广告:采用媒体广告
长期	广告:保护"品牌资产"并因此提高平均销售价格	广告:用经验曲线降低单位成本	广告:捍卫已经达到的销售率

2.2.1　销售价格的总体目标

提高产品或服务的售价可以使每单位产品或服务的利润率比以前更高,这样就可以增加利润。只要以较高价格售出的产品或服务的单位数量不下降太多,总利润额就会增加。销售价格"弹性"是通过价格途径实现利润的一个重要方面。下面我们来考虑即期、一年期或长期的广告（包括类似于广告的沟通）的价格目标。

1. 即期的价格目标

就短期而言，广告可以用来解释一个高的销售价格或证实其合理性，比如介绍一种昂贵的新产品，或大幅提高一种现有产品价格时就是这样。例如，伯爵（Piaget）手表的广告就宣称伯爵表是"世界上价格最高的手表"。公用事业公司急剧提高价格并试图通过广告向顾客解释为什么必须要提高产品价格，结果，它在提高了产品价格的同时并没有失去顾客或损失销售量。

2. 一年期价格目标

广告的主要营销目标在于提高产品的售价，更准确地说是以两种特别的方式来影响它的需求价格弹性①（Price Elasticity of Demand）。在一年期这个计划期内，广告与价格相关的总体目标是增加品牌的上升弹性和降低它的下降弹性。换句话说，当我们降低品牌的价格进行促销时，它的销量应该急剧上升（高的上升弹性），因为广告给我们的品牌赋予了高的感知价值（Perceived Value），因此降价增加了它对于顾客的价值。同时，我们的品牌对于竞争对手的折价促销应相对地不受影响，这就意味着当竞争对手对其品牌进行促销时，我们的销量不应下降得太多（低的下降弹性）。当竞争者进行降价或促销时，如果我们的销量下降了，那么我们的品牌，尽管在上升弹性上是有价值的，却在下降弹性上不具备足够的独特性（Unique）。这表明还有一些其他的品牌，当它们降价时顾客认为其物有所值，所以它们非常容易取替我们的品牌。在一年的计划时期内，欲实现增加上升价格弹性和减少下降价格弹性的广告目标，可以在每一轮广告轰炸之后再辅以促销，以产生"锯齿效应"。

3. 长期价格目标

广告的长期目标应该是，巩固和保护品牌资产。品牌资产是品牌的"财产价值"，反映出这个品牌相对于特定产品种类的平均售价的长期平均销售价格。通过公司形象广告，可以实现企业的"价值"。在品牌的层面上，品牌相对于竞争品牌的广告花费与其长期品牌资产非常相关，而且这种效果是因果关系的结果，因为是广告引起了品牌资产，而不是品牌资产引起了广告。总体来说，广告做得好的品牌在消费者看来是物有所值的。

2.2.2 成本目标

广告沟通可以对利润作出贡献的第二种途径是降低加工或者营销品牌的成本。如果可以降低产品的单位成本，那么代表单位销售价格和单位成本之间差距的单位毛利就会提高，即使产量保持不变，总利润也将会增加。

---

① 需求价格弹性指的是价格变化带来的品牌销售量的变化。价格是按照产品类别中的相对价格来定义的，即与该产品类别中所有品牌的平均价格相对的该品牌的售价。价格弹性分为"上升"弹性和"下降"弹性，前者指品牌降价使其销量上升多少，而后者指品牌涨价使其销量下降多少。因为我们正在考虑相对价格，所以它们在这里是指竞争品牌减价或折扣等促销手段对品牌销量的影响。

1. 即期成本目标

广告在短期内均是成本，所以立刻降低成本是不可能的。事实上，由于必须支付广告的费用，因此销售品牌的单位成本会立刻增加，所以成本是提高的。但是，广告是可以通过造就大量消费，从而导致规模生产和规模经济的方式来降低成本的。

2. 一年期成本目标

广告的千人成本是很低的，相对于其他营销手段，广告降低了销售的成本。广告也可以通过为随后的人员销售创造良好的潜在顾客的方式来降低销售成本。使用直接反应广告通常就是出于这种目的——与通过冷冰冰的电话进行人员销售获得的潜在顾客相比，它的成本要低得多。广告还可以通过减少现行的经销商促销花费来降低在杂货铺和小商店销售的快速消费品的销售成本。生产商可以非常成功地采用一种"拉动"战略将产品介绍给消费者，以使零售商必须库存生产商的新产品。

3. 长期成本目标

从较长期来看，大的销售额使得企业可以获得生产上的规模效益，而且可能也使企业从营销产品的经验中获得规模经济。这就转化为更低的平均单位成本。广告通过促进销售额可以更加快速地使企业沿着经验曲线[①]下行。因此当每单位的销售价格保持不变时，利润就会增加。

2.2.3 销售量目标

广告沟通最普遍的营销目标是增加或维持销售量（销售率）。按照前面所给出的利润等式，在销售价格和成本保持不变的情况下，销售量的增加将会产生更高的总利润。

1. 即期销售量目标

在许多情况下广告活动是用来立即增加销售量的，直接反应广告就是一个明显的例子。但是还有许多其他的例子，如零售广告、分类广告和特殊活动广告（例如针对电影或即将来临的一场音乐会），都以销售量的立刻增加作为目标。政治活动广告，为了影响以投票者的"数量"来计量的投票行为，也可以视为使用广告来立刻达到量的目标。

2. 一年期销售量目标

广告预算绝大多数是按照一年期来制定的，并以这一年的预期销售量为基础。广告用于产生、支持或者"保证"这一年里既定的销售量（更加准确地说是既定的销售比例）。新产品发布时，销售量目标可以联系快速销售比例而确定；维持现有产

---

① 经验曲线也叫学习曲线（Learning Curve），代表在不同生产量下的长期成本的变动。经验曲线在营销上的意义是随着公司经验的增加，公司将变得更有效率进而导致成本的降低。（参见：菲利普·科特勒《营销学原理》第五版，第 378 页）然而，应该注意到，规模经济和经验经济在许多产业中是很难表现的。对于今天的绝大多数工业品和消费品类别来说，早期进入市场的品牌的平均成本都很高昂。

品则可以维持销售比例;"重新定位"产品则可以增加销售比例。广告(消费者或者消费者"拉动")可以被用来鼓励公司的销售人员更多地"推动"向零售商或者直接向企业用户和消费者的销售量。尽管这是一种间接的方法,但是通过广告能够增加这一年的销售量,从而对利润作出贡献。

3. 长期销售量目标

一项调查表明,如果在一年的时间段内分析广告和销售的关系,而不是仅仅在短期内对其进行分析(短期指的是每月或更短的时间内进行的分析),所测得的广告弹性(测量到的销售量对广告的反应)更大。广告最常见的长期目的是防御性(Defensive)。因为大多数产品类别的销售状况是持平或略微下降的,所以广告的主要作用是维持或增强现有顾客的忠诚度,以避免在没有广告的时候出现销售或市场份额下降的情况。这样从竞争的角度考虑,广告就被视为保险:它是品牌为了留在市场中必须支付的开支。因此针对已经树立起来的品牌,广告被视为一种"弱的力量",因为它主要是帮助维持现有用户而不是吸引新的顾客。虽然广告可能是一种"弱的市场力量",但是相对于人员销售、直接营销以及营销沟通的其他形式而言,它是非常廉价的。

2.3 广告目标

虽然"没有比用销售额来衡量广告和促销活动更复杂、更困难、更矛盾的事了"(Frank Bass,1960),但销售额无疑是广告活动的终极目标。但"确定广告促销与销售额之间精确的关系,好比大海捞针"(David Asker 和 James Carman,1960)。而且,销售额并非广告促销活动的惟一目的,了解、兴趣、观念的改变和其他一些沟通目标同样重要。这些沟通目标不仅是短期销售的基础,而且在较长时间内影响着品牌的长期销售(图2-2)。

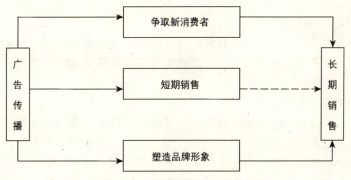

图2-2 广告传播与销售目标的关系

2.3.1 营销目标与广告目标

营销目标与广告目标都是企业战略目标的重要组成部分,两者相辅相成,为企业整体目标的实现提供保障,但二者又有着很大的差异。

1. 目标指向不同

营销目标一般是根据企业的销售额或者销售利润来界定的,可以用具体的金额数据来表示;而广告目标主要是以对目标受众所传播的商品信息以及传播的效果来界定的,可以用品牌在消费者中的知名度、认同度等来表示。广告仅仅是影响营销目标实现的多种因素中的一种。营销目标的实现不仅受广告活动影响,而且还要受到产品质量、价格、销售渠道、人员推销、市场条件等诸多因素的影响。广告可以促成销售目标的实现,但广告本身并不能直接达到销售目的,它只是促进销售的一种重要手段。

2. 时间周期不同

营销目标的时间周期是确定的,通常是以某一特定时间区间为衡量标准,可以是一年或一季度。营销目标是否完成只能看这一年或一个季度的营销业绩,对于之前或将来的销售业绩都不能统计在内。广告目标的时间周期相对要复杂一些。有些广告的效果是即时的,特别是低价格的日常消费品,如方便食品、洗涤品等,只要大量投放广告,短期内品牌知名度和认同度就会提升,产品销售也会相应打开局面。但对于大部分广告,特别是贵重品、耐用品,广告是具有延时效应的,今年投放的广告,其影响可能要到一两年后显现,对营销目标具有长期性、迁延性的影响。

3. 结果表现不同

营销目标是有形结果,可以用具体的指标说明,如销售单位、销售额、利润等;而广告沟通目标的结果则是无形的,以具体的数字来测定广告效果是非常困难的,因为涉及消费者的认同度转变、购买心理变化等本身很难度量的因素。广告不仅可以推动促销,促成营销目标的实现,而且还可以通过信息传播提高产品知名度,树立品牌形象。这些在短期内或许并不能立即反映在营销指标上,但对企业的营销有好处。

2.3.2 广告销售目标

很多广告主认为广告活动具有实际意义的目标应该是销售额。他们坚持认为量化的投入必然要产生量化的产出,所以对支出采用投资收益率等财务分析方法是顺理成章的。

1. 广告销售目标的狭隘

以销售目标作为广告活动的目标有一定缺点,因为市场销售业绩不好是各方因素共同作用的结果,它包括产品设计和质量、包装、分销和定价等。广告使得消费者认知并对品牌产生兴趣,但是他们不一定立即购买,原因可能是缺货或价格太昂贵,正如图 2-3 所示,销售额是个多变量的函数,而不仅仅受广告和促销活动的影响。

另一方面,以销售额为目标常常要限定一个期限,但是许多专家指出,广告促销活动的影响存在一个时滞效应,当期投入并不能马上见效。广告可以提高产品知名度,使消费者产生兴趣甚至是喜好该产品,但他们并不一定马上购买。时滞使销

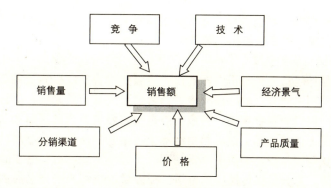

图2-3 影响销售额的因素

售额作为广告与促销活动的目标和衡量尺度变得更加困难。再者,以销售额为目标无助于规划和改善广告活动,广告公司更需要一些来自于客户的直观描述和具体要求,如希望采用何种传媒(组合)、目标受众是谁、想获得什么样的反响等。一般来说很难用 ROI 等财务分析的方法来评估广告活动的成效,这样可能会使整体营销目标与广告和促销活动的具体目标产生混淆。作者更倾向于使用传播目标作为广告活动的战略目标(见第5章),并适当参考销售额,来综合评价广告活动。

2. 广告销售目标的意义

销售额可以作为评价广告活动有效性的一个重要因素。以销售额为广告的具体目标在某些情形下还是适用的,如一些直接的、功利性的广告活动意在赢得潜在消费者的迅速反应,在短期内实现销售额大幅上升。以获取直接反应为目标的广告也可以用销售额来评价其有效性的。有些直接邮寄广告、报刊广告和电视广告就属于这一类型。消费者通过邮购或拨打免费电话来购买,所以以销售额多少作为广告主的目标和评价尺度是合理的。例如,目标和评价尺度可以设定为电视广告每一次播放后的订货量。以单一媒体广告方式,迅速的反馈使得以销售额作为目标和评价尺度成为现实的和可能的。

零售业的广告也是以获取消费者直接反应为目的的一种广告,它更多关注的是广告支出,特别是当销售额提高时。特殊促销目的广告促销效果可以通过商场的客流量和零售额的变化来评价促销活动的有效性。但是当一部分广告促销支出被用来塑造企业形象,提高声誉,并产生长远影响时,销售额就不适合作为具体目标和评价因素。在一些公司,当广告是主要的促销手段,其他因素相对固定不变时销售额也可作为广告目标。例如,包装产品的市场日趋成熟,厂商们有着相同的分销渠道、相对稳定的价格和促销预算,以及同质的产品,使得广告和促销活动成为品牌营销和占有市场的关键策略,所以此时可以暂不考虑其他因素的影响,仅以销售额为参照物。当销售额下降时,要重新考虑产品的定位。

2.3.3 广告沟通目标

一些公司充分认识到以销售额为目标的弊端,也认识到整合营销传播的主要目的是沟通，所以广告计划也应建立在沟通的具体目标（广告心理目标）基础之上，获取品牌的认知度、美誉度和唤起购买欲。

1. 广告沟通目标的意义

广告沟通目标的意义来自于广告受众的层级式广告反应模式（图2-4）。如果没有广告的媒体到达和受众的心理反应，销售效果又从何而来呢？广告活动中传播的作用和影响力好似一座金字塔，在最底层是使消费者对产品了解和认知，第二层是进一步从情感上认同商品，然后再拾级而上。最初的层级是金字塔的基座，要比最高层——尝试购买、重复购买更经常使用，更容易实现。因此潜在的目标消费者的比例逐级下降。整合营销传播应用传播的反应层次模型来确定品牌的具体促销目标。促销计划的制定者应注意到金字塔中各层级内部和逐级上升时的阻力，如果了解和认知层次的潜在消费者较少，则传播的具体目标应以之为重点；如果金字塔中存在较大的向上阻力，喜欢和偏爱层级的潜在消费者较少，则应适当改变目标市场中品牌的形象，使更多的消费者付诸行动。

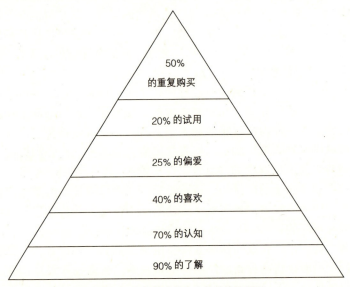

图2-4 金字塔式的广告传播效果模型

2. 广告沟通目标的局限

并非所有的营销经理和广告经理都赞同沟通的具体目标，其中的缘由是很难将销售目标描述为一个具体的沟通目标，而且，沟通目标本身就难以测定。但是从某种角度来看，却又必须将销售目标贯彻到沟通目标中，例如，市场整体营销的目标是销售额增长10%，促销计划的制定者要想方设法在其具体目标中加以体现。关于具体目标可能的描述是：

（1）提高目标市场中对产品、品牌有特殊爱好或能从中获益匪浅的消费者数量的百分比；

(2) 提高偏爱本品牌的目标受众量;
(3) 鼓励本产品的消费者更频繁地消费本产品;
(4) 吸引那些未使用过本品的潜在消费者尝试使用。

在一定条件下,通过对行业的分析,营销计划的制定者可能更加全面深入地明确以沟通为具体目标和以销售额为目标之间的联系和区别,并制定出基于沟通目标、融合销售目标的综合广告目标。本书第5章将对广告目标进行详细论述。

第3章 广告环境调研

道听而途说，德之弃也。

——孔子

广告环境是指企业在其中开展广告活动并受之影响和冲击的不可控的社会因素。广告环境的范围主要包括两大部分：企业内部环境和企业外部环境。企业内部环境主要包括企业的经营管理状况分析、企业经济效益分析、企业形象分析、产品分析、企业经营实力分析、物资供应情况分析等；分析企业内部资料的目的是为了结合企业外部环境资料的分析结果，弄清企业现状，确定自己的优势和劣势，以便作出正确的广告决策。企业外部环境资料根据其对企业广告活动影响的方式和程度，又可分为微观广告环境和宏观广告环境。研究广告外部环境的目的在于通过对广告外部环境变化的观察来把握企业开展广告活动所面临的现状及其发展趋势，以制定正确的广告策略，实现广告目标。本章介绍广告宏观环境调研的内容、广告微观环境调研的内容和广告环境调研的方法（图3-1）。

3.1 广告宏观环境调研的内容

宏观广告环境是指影响那些微观广告环境中所有行动者的较大的社会力量，包括人口、经济、科技、法律、社会文化和生态与可持续发展等环境。

3.1.1 人口环境

在人口因素中，应重点关注人口数量及其增长、人口的地理分布、人口的年龄分布、人口的收入分布等；除此而外，人口的职业、性别、婚姻、学历等分布特点，对制定广告战略也很有意义。特别值得注意的是，人口因素是变化的，在考察上述因素时，静态描述是重要的，但更重要的是考察其变化趋势。尤其重要的，要注意在多个因素的交叉分析中发现对广告战略有意义的信息。

3.1.2 经济环境

经济环境是指企业开展广告活动所面临的社会经济条件及其运行状况和发展趋势,其中最主要的指标是社会购买力,而社会购买力又与居民的收支、储蓄和信贷以及物价等因素密切相关。所以企业不仅要研究消费者的收入状况、支出模式及储蓄和信贷情况的变化等几个方面,还要研究经济的宏观指标,如货币流通、就业水平、资源状况等问题。

3.1.3 科技环境

科学技术对经济发展和人类生活的影响越来越重要,科技革命的发展对于企业的广告活动也有着巨大影响,这主要体现在以下几方面:科学发现、技术发明与采用、扩散的速度正在加快;科技革命使大部分产品生命周期又明显缩短的趋势;科技革命极大地促进了经济的增长;科技的发展导致了消费方式和生活方式的变革。

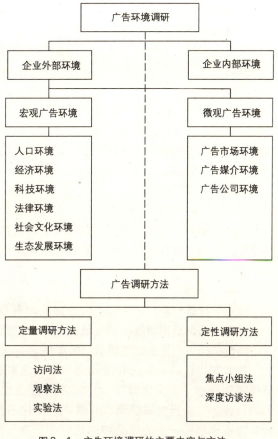

图3-1 广告环境调研的主要内容与方法

3.1.4 法律环境

广告的法律环境是指国家委托工商行政管理局制定的广告管理法规,以及国家各级管理机构所制定和实施的各种类似法律性质的社会行为规范。它具有权威性、概括性、规范性等特点。已经颁布的相关法律法规有:《中华人民共和国广告法》、《广告管理条例》、《中华人民共和国专利法》、《中华人民共和国商标法》、《物价管理条例》、《中华人民共和国经济合同法》、《中华人民共和国环境保护法》等。企业必须了解、遵守这些法律法规,在法律允许的范围内开展广告活动。

3.1.5 社会文化环境

文化有广义与狭义之分。广义的文化包括人类创造的所有物质文明与精神文明的总和。狭义的文化主要是指人类群体在世代相传过程中所形成的、影响人们行为的价值观念、宗教信仰、伦理道德、风俗习惯等。

1. 价值观念

价值观念就是人们关于客观对象意义的总观点、总看法。作为整个社会的价值观念是人与自然、人与人、人与社会的关系的集中反映，对个体行为具有规范性。价值观念对人们行为的影响是深层的，是难以改变的。

2. 宗教信仰

宗教信仰与价值观念的主要不同在于宗教信仰在价值观念体系之中又加入了很多行为规范，如服饰、饮食、婚丧嫁娶等，具有很大的约束力。因此对于广告者来说就必须研究各种宗教信仰的规范，在尊重人们宗教信仰的前提下，用恰当的广告策略来满足各种宗教信仰人们的需要。

3. 伦理道德

伦理道德是调整人们之间以及个人与社会之间的关系的行为规范的总和。它是一种无形的精神力量，起着调整人际关系、维持社会生活秩序的作用。道德约束虽然不像法律约束那样有力，但在褒善抑恶和对人们行为的激励方面的作用往往又超过了法律。

4. 风俗习惯

传统节日是一种风俗习惯。每个民族都有自己的传统节日。我国的春节，西方的圣诞节，都是日用消费品销售最大的节日，而且随着生活水平的提高和习俗的变迁，消费结构也在发生着潜移默化的变化。

社会文化在群体之间有所差别，根据这些差别可以进一步细分为对广告战略有指导意见的"亚文化群"。但文化并不是直接的行为，但它确实又深刻地影响着人的行为，它是行为深层涌动的潜流。文化不仅对行为的动机有较大的影响，对行为过程也起着一定的规范和制约作用。基于上述特点，文化识别常常具有较大的模糊性与渐进变化性。对广告战略而言，要"知其静"和"知其变"：知其静可以使战略准确地把握文化特征；知其变就是要把握趋势，因势利导，适时调整广告战略。

3.1.6 生态与可持续发展环境

目前，基于人口、自然资源与生态环境的可持续发展问题已成为人类面临的最严峻的挑战。对企业来说，能够在广告理念中加进企业的社会责任内容还很不够，应把人类面临的持续发展的挑战作为人类的最大需要，作为企业应率先树立生态与可持续发展的理念，并将其体现在企业的广告之中，这样，就可以在生态保护方面较之竞争者更会得到顾客和公众的拥护，从而建立竞争优势。

3.2 广告微观环境调研的内容

广告微观环境是指广告环境中那些直接影响企业广告活动的各种行动者，如广告市场、广告媒介、广告公司等。

3.2.1 广告市场调研

广告的市场调研是指调研广告诉求对象、目标市场、产品及竞争者。对于所要进行广告宣传的商品来说，广告的市场调研是广告策划、主题确定和广告表现的基础，是形成广告策划和创意人员对产品与市场概念找到市场感觉的关键。其内容主要包括：

1. 广告对象的基本特征，即广告主产品的目标市场资料。它包括广告对象的年龄、性别、职业、收入状况、生活方式、购买习惯、文化程度、价值观念和审美意识，以及广告对象分布的状况等。

2. 产品特点，即进行产品分析。包括产品的优点、特色及产品给消费者所带来的利益。

3. 广告主商品目前的市场特征。主要包括：目前广告主商品的知名度、好感程度、品牌和企业在消费者心目中已形成的印象和概念等有关心理特征。

4. 竞争状况。包括竞争者的广告内容、广告费用、分销渠道、价格水平、顾客构成、产品优势与劣势、广告与促销的配合等。其中广告费用一般属于企业的重要商业秘密，在绝大多数情况下只能估算。

5. 营销组合情况。包括广告主的产品策略、价格策略、分销渠道策略，以及各种促销方法的使用情况等。

3.2.2 广告媒体调研

在广告活动中，由于媒体费用要占到总费用的80%左右，因此，媒体调研是广告调研的重要组成部分。以下有关媒体调研的内容在调研中应特别注意。

1. 事前对媒体资料的核实和补充，特别是对某一特定地区或特定消费对象的媒体接受的具体情况进行确定。如接受某一特定媒体的心理特征。

2. 进行媒体的比较，确定其相对效果性。如确定在某一地区的电视上进行广告，那么，中央电视台、地方电视台、有线电视台和卫星转播台对广告对象的影响有多大是需要认真调研研究的。

3. 要达到某些传播指标，实行怎样的媒体组合能使广告效果最好。

4. 对广告过程中媒体实施情况的监测调研。一本杂志号称发行12万册，其实际发行量又是多少呢？

5. 媒体实际传播效果调研。在广告的事中和事后必须对此有一个概念，以利于为下一轮广告汲取经验和教训。

3.2.3 广告公司调研

广告公司是一个独立的商业机构，它接受广告主的委托、代理广告主的各类广告业务。广告公司的能力和服务水平直接影响了企业广告的成败。选择一个优秀的广告公司，除了考虑和评估其经营业绩、声誉、规模、管理、人才结构和素质、创意水平、成功案例、收取费用高低等因素外，还要考虑广告公司与本公司有无合作经历，经历如何，与竞争对手有无合作经历等因素。如果经过上述调研与评估仍然无法确定合作伙伴，那么，可能就需要以"比案"或"比稿"的方式来进行选择。所谓"比稿"或"比案"，也即由广告主准备一份详尽的评价表或问卷请竞争的代理商填写，根据评卷的结果淘汰部分广告公司。但这种比稿式的筛选方式常常受到一些有实力的广告公司的抵制，它们一方面担心广告主通过比稿来糅合各广告公司的创造优点，然后变成自己的成果，而最后的结果是没有一家广告公司入选；另一方面，比稿本身是对广告公司的不尊重，并且比稿的经费对于广告公司来讲也数目不菲。倘若没有入选，就白白地付出了劳动与金钱（一般会获得一定的补偿）。因此，广告主在选择广告公司时，比稿是不得已的做法，但在我国目前仍是一种常见方式。

3.3 广告环境调研的方法

由于广告环境调研所面临的调研对象非常复杂，因此进行广告调研通常要根据调研对象的性质和特点及研究目的需要而采取不同的调研方式。

3.3.1 广告环境调研的抽样设计

实施广告调研，首先应进行抽样设计。抽样设计主要回答两个问题：一是调研样本的大小；二是抽样方法的选择。一般而言，调研样本越大，调研结果越准确，但往往调研费用也越高，取得资料的时间也较长。在广告调研中，除了对小型母体或有特殊要求的调研之外，通常没有必要调研全部或大部分样本。如果抽样的程序正确，抽出的样本具有代表性，那么即使抽取较少量的样本，一般也能取得可靠的调研结果。抽样的方法要依据广告调研目标、样本代表性、抽样成本和时间等决定。

1. 概率抽样

即在母体中按随机原则抽取样本进行调研观察，用所得的样本数据推断母体的方法。它又分为：

（1）简单随机抽样。它是按随机原则直接从母体中抽取部分单位进行调研，保证母体中每个单位被抽中的机会相等。常用直接抽选法、抽签法和随机数字表法来抽取具体单位。这种方法适用于母体小，且母体内部个体差异不大的情况。

（2）分层随机抽样。即将母体按某种分类标准（例如收入）分成若干层，然后从各层中随机抽取一部分个体作为样本。例如：对某地区1000家百货商店按规模大小分层，其中大型100家，中型200家，小型700家。若商店样本数定为40，则各层应抽样本数分别为4、8、28。

在调研母体很大且母体内部个体差异较大时，采用分层随机抽样可以避免简单随机抽样过于集中于某个地区或某种特性，从而提高样本的代表性和普遍性。

（3）分群随机抽样。即将母体按调研地区分成若干群体，以随机抽样法选取群体，并对群体内部个体进行普查的方法。分群随机抽样与分层随机抽样的区别是：分层随机抽样要求所分各层之间有差异性，分层内部的个体具有相同性；而分群随机抽样则要求各群体之间具有相同性，每一群体内部的个体具有差异性。

分群随机抽样是在简单随机抽样的基础上发展起来的。采用简单随机抽样有时会因为样本单位过于分散而提高调研费用，或者因为得不到整个母体名单而使调研不能正常进行，而分群随机抽样则能弥补这方面的缺陷。

2．非概率抽样

非概率抽样是按随机原则抽取样本，故不具有统计推断的功能，不能计算样本的代表性程度。但这种方法以牺牲部分程度的准确性为代价换来了实际操作的可行性，因而亦具有相当的实用价值。尤其是在对调研的母体不甚了解，或是母体太庞大和复杂时，常需采用非概率抽样法抽取样本。

（1）任意抽样。即样本的选择完全依据调研员的方便而定，故又称便利抽样。例如，在广告牌前向驻足者作面谈调研。这种方法通常用于试调研，正式调研中很少使用。

（2）判断抽样。即调研者根据主观判断而选出有代表性的样本。如果调研样本不多，可用此方法抽样。缺点是样本选择有时会由于主观判断偏差而引起抽样偏差。

（3）配额抽样。即按一定的标准规定不同特性群体（如职业）的样本配额，然后由调研人员主观抽取配额内样本的方法。配额抽样实质上是一种分层判断抽样。它与分层随机抽样的相同之处在于都要对调研的母体按特性进行分层；所不同的是对于层内的抽样方法，一是按随机抽样，一是按主观判断抽样。配额抽样实施简单，节省费用，而且所抽出的样本不侧重于某一层或地区。实际运用时，只要抽样设计完善，调研方法得当，调研结果的可信度和效益均会较高。

在实践中，大多数广告调研都采用非概率抽样。原因在于调研组织者不知道产品或竞争产品的确定母体；产品使用者（调研对象）通常极为分散，尤其是面向全国销售的产品更是如此；调研较多的样本有可能降低误差；偏差的大小和性质能够进行判断和估计；取得资料的成本较低。最后，通常也是直接原因，广告主或调研组织者愿意损失部分可信度换取概率抽样所需的大量费用。

3.3.2 广告环境调研的调研方法

广告调研的基本方法可以分为定量和定性两种类型，其中定量研究的方法包括访问法、观察法和实验法；定性研究的基本方法包括提问技术和详细提问技术等。一般说来，定量研究方法能给出较好的统计意义的结果，定性研究方法能为广告主提供有关市场、消费者或产品的总体印象。

1．定量研究方法

定量研究方法是通过精确而科学的方法，采集、分析从大样本量中获得的信息，经过计算机分析，来统计数据结果的调研。

（1）访问法。访问法是指通过询问的方式向被调研者收集资料的方法。采用访问法进行调研，调研者可以将所要了解的问题直接向被调研者提出，以其回答作为资料的依据；也可以把所需收集的资料事先设计成问卷，利用问卷向被调研者询问。

前者在广告定位调研、广告事前调研中使用较多,后者在广告媒体调研、广告效果评价中广泛采用。

按照调研者同被调研者之间接触方式不同,访问法可分为面谈调研、邮寄调研、电话调研、消费者固定样本调研和网络调研五种方式。

1) 面谈调研即调研员当面访问被调研者,询问与广告活动有关的问题。面谈调研的优点是:能当面听取被调研者的意见,并观察其反应;使用问卷的回收率很高。调研员可从被调研者的生活条件推测其经济情况,进而判断回答问题的真实程度。其缺点是:调研费用支出大;较难对调研员的工作进行控制;调研结果易受调研员工作态度和技术熟练程度的影响。面谈调研有个别面谈和小组面谈两种形式。

2) 邮寄调研是将设计好的调研问卷邮寄给被调研者,请其按要求填写后寄回。邮寄调研的优点是:调研的区域广,凡通邮的地区都可被定为调研对象;样本的数目较多,费用支出较少;被调研者有充裕的时间作答,答案也不受调研员倾向性意见的影响。其缺点是:回收率很低,一般在15%左右,且答卷人可能不是目标被调研者;获得资料的时间较长;所获得的资料可能不具有客观性,被调研者常因看到问卷后面的问题而更改前面的答案。

3) 电话调研是依据抽样规定或样本范围,借助电话询问被调研者意见。此方法适合访问一些不易接触到的被调研者。其优点是:能在较短的时间内调研多数样本,且费用支出较低。缺点是:母体不完整;不易取得被调研者的合作;无法询问较复杂的问题。

4) 消费者固定样本调研是把随机抽样选定的消费者样本固定下来,每当调研时就将问卷交给消费者,让其按要求填写,再由调研员定期收回。优点是:回收率高;答案较为完整和详细;易取得被调研者的合作。缺点是:调研时间长,费用支出较大;有时发生样本变动,影响代表性。

5) 网络调研是调研公司将设计好的调研问卷发布在国际互联网上,利用国际互联网这种新型媒体来进行调研。利用国际互联网进行问卷调研,其优点是费用较低、覆盖地区广、时效性很强;缺点是目标消费群的针对性差,也不易取得被调研者的合作。

(2) 观察法。观察法是指通过肉眼或仪器观察被调研者的活动来取得资料的方法。采用观察法进行调研,调研者同被调研者不发生接触,被调研者的活动不受外在因素的影响,因而取得的资料具有较高的准确性和可靠性。但是,观察法只能观察被调研者的表面行为,不能了解其内在心理因素的变化,因此有时需要作较长时间的反复观察,才能得到调研结果。观察法一般分为直接观察法和仪器观察法。

1) 直接观察法是调研人员直接到现场察看以收集有关资料。例如,调研者到零售商店观察产品的货架,了解不同品牌产品的摆放、数量、价格、广告张贴等,企业可根据这些资料决定广告产品在市场上的位置。另外,此法也可用于视听率的调研,具体如下:广告主可以委托家庭中某一成员充当调研员,来记录家族的视听情况,即观察节目开始时有几个人在收看,中间有几人退出,播映广告时是否也在收看，并一一予以记录。其调研结果可以为其他视听率调研结果提供参考。

2）仪器观察法是利用收音机、录像机、照相机、监视器、扫描仪等进行调研观察。主要包括皮肤电气反射实验、瞬间显露测验、视向测验、记忆鼓测验、透视镜研究法、UPC法等。下面介绍皮肤电气反射实验、透视镜研究法、UPC法等方法。

①皮肤电气反射实验。又称测谎仪法、电位法。其原理为当人们看广告时，心中会受到某些冲击，即某种程度的兴奋和感动。随着人的感情的变化，人体出汗情况也会发生相应的变化，因此可以通过对人体出汗情况的测定来描述人的感情的变化。这种方法最大的价值就是被测试者无法控制的或无意识的反应能够被作为客观的反应记录下来。但由于各人出汗情况不同，因此需要事先分别测定其体质，以避免偏差。同时需要辅以其他测定方法，以确定其所受冲击是好的冲击还是坏的冲击。这种方法不仅可以用于文案测试，而且可以用于广告效果的测定。

②透视镜研究法。透视镜研究法，就是在一间特别设计的房间墙壁上镶上一面极大的镜子，从这间特别设计的房间来看是一面镜子，但从毗邻房间来看，却只是一块玻璃而已，能够看到这个房间的内部。利用这种特别设计房间的原因在于，测试时尽量不要让被测试者有被测试的意识，可以在自然状态下观察被测试者。在该测试室的另一方有一间准备室，室内桌上堆满了杂志，请被测试者进入准备室以备询问。被测试者在等待询问时，通常为了解闷会翻阅杂志。此时，其如何阅读，阅读哪一页，视线情形如何，都要由透视镜后的主持测试人员加以详细记录。然后，针对被测试者所读的内容或看过的广告当面询问。本法与使用仪器测试相比，由于是非强制性测试，且限制条件少，是一种很接近正常状态下的测试，因而能获得令人信赖的资料。

③瞳孔计测验。人的瞳孔受到光的刺激时会缩小，受到黑暗的刺激时则张大，由此可知越是对人有趣的事物（也就越是会一直凝视），越会使瞳孔张大。可以用机械将瞳孔伸缩情况测出并加以统计，以测定瞳孔张大与趣味反应之间的关系。该法一般用于广告效果的测定。

④集体反应测定。用键盘回答代替问卷回答。答毕立即用电子计算机统计出集体回答的结果。该法可用于广告一般意见测定。

⑤节目分析法。节目分析测验，是指节目播映前，测验视听者对节目或广告喜好的反应。方法如下：让被调研者视听所播映的节目，当被调研者感到节目或广告能够引起注意或有趣时按绿钮，一直有趣就一直按；感到节目和广告不引人注意或无趣时按红钮；两者皆否时不按钮。就这样一直记录下去。统计结果时，可以用参加测试的全体人员的合计值来表示，也可以采用每个被测者的记录来表示结果。这种测定，可以测出节目中视听者最感兴趣的场面，但无法了解其感兴趣的原因。因此为了获得其感兴趣的理由，必须在测试结束后对节目内容加以讨论，以听取被测试者对节目喜好反应的原因。这种方法一般用于广告效果的测定。

⑥UPC法。是通过运用产品代码标签使观察变得更简便。UPC可以用10个数字分辨一系列的线条，通过用色彩扫描仪阅读代码，商店就能告诉你哪个产品在卖和

卖多少。UPC标签不仅在检索柜台上保证准确性和速度,并随时存储控制;它还能告诉商店和制造商如何评价多种营销计划,以及广告媒体及促销活动的准确资料。扫描资料非常详细,且量大。现在,借助于个人电脑和新软件的开发,营销和广告经理可以很方便地对数据、资料进行筛选和处理,从而发现一个产品对不同的竞争者在不同的地点运用不同的广告和促销策略有何差别,并写出报告。

⑦痕迹观察法。即调研人员不直接观察被调研者的行为,而是观察行为发生后的痕迹。例如,为调研媒体传播效果,可以在几种媒体上刊登广告,并附上意见回条,顾客凭回条购买商品可优惠。企业根据回条的数量和内容就可判断出哪种媒体能更好地把商品信息传递给消费者。

在广告调研实践中,观察法的使用常受到限制,原因主要是费用太高,而且效果有限。例如,在上述仪器观察的事例中,调研本身只能给出统计意义上的结果,而无法说明顾客对某一路牌广告反应冷淡的原因。因此,还需要配合使用深度访谈等定性方法来作进一步的研究。

(3) 实验法。实验法是指通过实验对比来取得资料的方法。实验法的应用范围很广,任何一种产品在改变品质、包装、价格、广告及陈列方法时,都可先用实验法进行小规模的实验性测试,以调研市场的反应。广告调研常用的实验方法有销售地区实验法、广告信息实验法和媒体效果实验法。销售地区实验法是找出两个在人口、收入、销售类型等方面近似的细分市场,将广告在其中的一个市场上推出。然后对比观察市场的反应。该法主要用于广告执行调研。广告信息实验法是在同一市场或几个市场上推出信息不同的广告,然后比较实验结果,从中确定最有吸引力的广告信息。媒体效果实验法是在两个相似的测试市场上使用不同类型或程度的媒体推广,在其他因素不变的情况下,分别测定态度、视听率、知名度等,以评价媒体的传播效果。

从理论上讲,采用实验法所取得的调研结果应该同自然科学实验一样精确,但实际并非如此。在广告实验期间,众多的不可控因素,如消费者的偏好、竞争者的策略等,都有可能影响实验对象,进而影响到实验效果。另外,实验调研获得资料的时间较长,费用也较高,所以,实验法的应用也受到了一定的限制。

2. 定性研究方法

定性调研是由小样本为基础的探索性调研。它很大程度上依赖于调研者的主观认识和个人解释,也意味着调研结果没有经过量化。定性调研的目的是对问题的定位或原因提供比较深层的理解,从而找寻处理问题的途径。定性调研的方法,比较常用的有两种:焦点小组访谈法和深度访谈法。

(1) 焦点小组访谈法。也称详细提问技术,起源于精神病医生所用的群体疗法。小组由 8~12 个目标群体的典型代表组成,在一个经过训练的主持人指导下进行讨论。这种方法可以用于需要初步理解和深入了解的几乎所有情况,例如了解消费者对某类产品的认识、偏好及行为,获取对新产品概念的印象,对广告创意、广告脚本进行测试等。请看案例:女性信用卡焦点访谈小组指南。

1. 解释焦点访谈小组规则（10~20分钟）
（1）没有正确答案——只要说出你自己的观点。
（2）要倾听别人发言。
（3）这里有录音、录像设备，请不要介意。
（4）请一个一个发言，以免我漏掉你们的意见。
（5）如果对我们探讨的话题了解不多，没关系——这对我们也很重要。
（6）不要害怕和别人不同，我们不要求人人持有同样的观点。
（7）还有问题吗？

2. 了解信用卡的历史（15分钟）
（1）你知道有几种主要的信用卡？你使用哪种？什么时候开始？
（2）你使用信用卡的目的是什么？你是如何得到它们的？
（3）你最常用的是什么卡？为什么？
（4）申请某些信用卡是否比较困难？如果有，是哪些卡？
（5）你目前的信用卡使用感觉如何？拥有一张信用卡后，你的消费习惯是否有所改变？如何改变？
（6）假如你拥有了一张女性信用卡，别人对你的看法是否会改变？怎样改变？

3. 出示广告设计（25分钟）
（1）出示第一种广告，让她们写下第一反应。讨论：
——为什么这样反应？你喜欢它哪里，不喜欢它哪里？
——你会被它吸引吗？为什么？哪里吸引了你？
——你会停下来仔细阅读吗？为什么？
（2）出示第二种广告，重复上述讨论。
（3）出示第三种广告，重复讨论。
（4）出示所有的广告设计。讨论：
——这些广告中，哪一个最吸引你的注意，为什么？
——哪一种最不引起你的注意，为什么？

4. 展示宣传册与赠品（25分钟）
（1）出示第一种宣传册和赠品，让她们写下自己的第一反应。讨论：
——为什么是这种反应？
——你特别喜欢赠品的什么地方，特别不喜欢什么地方？为什么？
——你理解赠品的含义吗？
——你会为这种赠品而申请信用卡吗？为什么？
——你会考虑使用这种信用卡吗？为什么？
——你将用这张女性信用卡取代现在的卡吗？
——你会向朋友推荐这张卡吗？为什么？
——你在多大程度上会使用这种卡？为什么会？为什么不会？
（2）出示第二种宣传册，重复上述讨论。

（3）出示第三种宣传册，重复上述讨论。
（4）出示所有的宣传册和赠品。讨论：
—最佳赠品是什么？为什么？
—考虑到赠品，你会选择这种信用卡吗？为什么？

5. 信用卡设计（15分钟）
（1）出示第一种信用卡设计，让她们写下自己的第一反应。讨论：
—为什么是这种反应？
—设计中你最喜欢的是什么？不喜欢的是什么？
—设计中是否有什么东西让你在使用的时候感到不舒服？为什么？
（2）出示第二种信用卡设计，重复上述讨论。
（3）出示第三种信用卡设计，重复上述讨论。
（4）出示所有设计。讨论：
—如果市场上出现这些卡，你会选择哪一种？
—你确定不会选择哪一种？为什么？

　　焦点小组的优点在于可以让市场人员得到消费者有血有肉的直接感受，亲眼观察他对各种观念的反应，用自己的语言讨论生产商和竞争对手的产品，而不是阅读计算机打印出来的含有浩瀚数字和报表的文件。而且，这种方式比一对一的交谈更具激发性，能够让参与者之间发生互动，得到更加深入的思考结果。同时，焦点访谈的缺点也很明显：彼此陌生的人们在单调乏味的测试室里很容易感到僵硬冷漠，难以进行开诚布公的交谈；优秀的主持人比较少，过于咄咄逼人会让人产生压力，感到必须说一些令他满意的结果，而玩深沉的风格又让人觉得像一个骗子；另外一些价格比较高的产品的访谈，则很难在中产阶级里面找到一定数量的参与者。

　　（2）深度访谈法。主要用于对问题的理解和深层了解的探索性研究，它在市场调研，包括广告调研中的应用越来越广泛。深度访谈法可以用于详细了解被调研者的想法及其复杂行为背后的动机或原因；还可以用于对某些特殊商品（如香水等带有感情色彩的商品）、某些专业人士（如美容师）的调研，以获取消费者有关潜在动机、信念、态度和感情等方面的资料。在广告调研中应用这种方法，可以获得比较全面的资料，能够了解一些复杂和抽象的问题，并且获得的资料可信度较高。在深度访谈法的过程中，面谈者会用到很多心理学上的投射法来了解人的深层心理，比较常用的有6种方法（表3-1）。

深度访谈的6种方法　　　　　　　　　　表3-1

方法	操作方式
词语联想法	是非常实用和有效的方法。面谈者读一个词给受访者，要他说出头脑中出现的第一个事物。一般是快速的念出一连串的词语，不让心理防御机制有时间发挥作用。通常消费者会给出一个同义词或者反义词。例如企业要给一种新的牛奶起名，可能会测试消费者对以下词语的反应：健康、新鲜、强壮、美味、浓郁、自然

续表

方法	操作方式
句子完成法	这种方法是给出一个具体的有限制的剧情,让消费者去完成。通常可以和词语联想法一起使用。比如,受访者被要求完成下列句子: 百盛公司是…… 在百盛公司购物的人是…… 我不明白百盛公司为什么不…… 自从有了百盛公司以后……
漫画测试法	画一幅连环画,一个人物的话框中有对话,另一个则没有,受访者要完成所缺少的那句对白。例如如有这样一幅画:一个5岁的小女孩说,"我家附近开了一家麦当劳,爸爸昨天带我去吃的,可好吃了。"旁边一个10岁的小男孩说,"……"
照片归类法	给受访者展示不同社会阶层、性格和类型的人群,让他们把这些人和特定的品牌联系起来。例如通过展示80张照片,消费者认为喝喜力啤酒的人是比较时尚和富有的;喝嘉仕伯的人则比较中产,有教养;而力波则是蓝领工人的啤酒
画图法	给消费者展示一组图片,让他们写下自己的感受。例如雷达公司想要了解为什么蟑螂喷雾剂比灭虫碟卖得好。就给出一组妇女和蟑螂搏斗的图片,让她们写下自己的感受。这些收入不高的妇女普遍把蟑螂描写成男性,说它们就像生活中的男人一样,"只有想吃的时候才回来。"这些无助的人把喷杀蟑螂,然后看着它们死去当作一种安慰,并从中获得了一种控制权。这种感觉是灭虫碟无法提供的
叙述故事法	让消费者用自己的语言讲述经历。例如一家连裤袜公司在调研中发现,妇女普遍认为穿连裤袜很不方便,只是不得不穿。但他们认为这不是妇女真正的想法。公司要求这些女人回家以后,把杂志上她们认为和连裤袜有关的照片剪下来,一周后再回到测试室。结果发现,有人带来了溢出的冰淇淋的照片,暗示连裤袜脱线时的愤怒;有人带来了美丽女子和水果的照片;有人带来了伊丽莎白女王的照片。通过讨论,她们终于承认在访谈中所否认的真实想法,即连裤袜让她们变的年轻漂亮,具有吸引力
第三人称法	不直接问"你",而用"你的邻居"、"其他人"来代替,以回避让人感到尴尬的问题。例如关于早餐营养。可以问"为什么很多人给家人准备的早餐总是营养不均衡?"

深度访谈法的优点在于消除了群体压力,让人感到自己想法的重要性,从而说出更诚实的信息,而不是群体容易接受的话。但是,相对焦点访谈,它的缺点在于成本较高;主持人体力消耗很大,无法完成一天超过4~5人的数量;而且,委托方也很难作到在镜子后面观看几个小时冗长的对话。

3. 定量研究方法与定性研究方法的比较

定量研究方法与定性研究方法各有优缺点,在实际应用中要根据调研目的与条件灵活使用。表3-2对两种研究方法进行了比较。

定量调研和定性调研比较　　　　　　　　　　表3-2

比较纬度	定性调研	定量调研
样本	小	大
问题的类型	探测性	有限的探测性
执行人员	需要特殊技巧	不需太多特殊技巧

续表

比较纬度	定性调研	定量调研
受访者类型	大致相同	不太相同
需要硬件	录音机、录像机、投影机、特殊仪器	问卷、计算机
对调研者的培训	心理学、社会学、消费者行为学、营销学、市场学	统计学、决策模型、计算机程序设计、营销学、市场调研
研究类型	试探性的	说明性的、因果性的

为掌握实际广告调研技能，请看别克新款轿车上市调研综合案例。

1. 背景

别克即将推出一款新型家庭轿车，相对于普通轿车而言，具有更好的操控性和绚丽外表，希望卖给追求时尚和速度感的运动人士。

2. 调研目的

（1）了解上海、北京、广州消费者对家庭轿车的看法，喜爱程度。

（2）他们对于不同汽车广告的态度。

（3）他们对别克S轿车创意表现的态度。

3. 调研方法

（1）确定目标消费群，通过电话调研（筛选性问卷）得到定量调研数据（600人）。

（2）邮寄创意测试问卷，得到参加第二阶段调研的消费者（400人）对创意的观点。

（3）评估问卷，撰写调研报告（本文略）。

4. 筛选性调研问卷

你好，我是北京零点调研公司。我们正在进行一项家庭轿车的调研，希望了解一下您的观点。我们不向您推销任何东西，我的问题只占用您几分钟。

（1）首先，您是男性/女性户主吗？

A. 是，继续　　　　　　　B. 不是，请求适当的人谈话，或者再约下次打来

（2）您或家中的成员有没有在广告公司或者市场调研公司工作，或者在一家汽车生产厂家工作？

A. 有，谢谢，结束　　　　B. 没有，继续

（3）请问您目前家庭里拥有汽车吗？

A. 有，请问是什么牌子？　B. 没有

（4）请问您或家人在未来一年内有购买汽车的计划吗？

A. 有　　　　　　　　　　B. 没有

（5）假设您计划购买汽车，以下因素，请从1~10分别打分，1表示非常不重要，10表示非常重要。

外观时尚_____　　内饰精美_____　　进口品牌_____

空间宽敞_____　　销售人员热情_____　　试驾驶感觉好_____

动力强_____　　　　维修网点多_____　　促销_____
驾驶舒适_____　　　朋友说好_____　　　价格便宜_____
安全_____　　　　　广告_____

(6) 请问您的性别?
A. 男　　　　　　B. 女

(7) 请问您的年龄?
A. 23~30 岁　　B. 31~40 岁　　C. 41~50 岁　　D. 51~60 岁
E. 60 岁以上

(8) 您的教育程度?
A. 高中/技校　　B. 大专　　　C. 大学　　　　D. 研究生或以上

(9) 您目前……
A. 单身　　　　B. 已婚　　　C. 离异/丧偶　　D. 拒绝回答

(10) 您的家庭年收入
A. 5~8 万　　　B. 8~12 万　　C. 12~15 万　　D. 15~20 万
E. 20 万以上　　F. 拒绝回答

谢谢，您的回答对我们非常重要，我们想邀请您参加第二阶段关于新款轿车的创意调研。我们将邮寄包裹给您，里面有一宽轿车的创意表现，希望您能够填写其中的问题，并将其寄回。邮件中附有 50 元钱，以感谢您的时间和提供给我们的观点。您愿意帮助我们完成这项计划吗?

　　A. 愿意，询问对方的地址，姓名，邮编　　B. 不愿意，谢谢，结束采访

　　经过第一阶段对上海、北京、广州共 600 人的电话调研，筛选出 400 名参加第二阶段调研的消费者。

5. 邮寄创意测试

内容为别克 S 轿车的三种创意方向，包括名字、广告语、户外灯箱和电视广告脚本。消费者被要求看完三款创意以后填写以下问卷:

(1) 请问关于产品名，您最喜欢的是哪一个?
A. 飞度　　　　B. 黑豹　　　C. 骏弛

(2) 关于产品名，您最不喜欢哪一个?
A. 飞度　　　　B. 黑豹　　　C. 骏弛

(3) 关于广告语，您最喜欢哪一句?
A. 别克 S，随心所欲　　B. 别克 S，风行我心　　C. 别克 S，世界无限

(4) 关于广告语，您最不喜欢哪一句?
A. 别克 S，随心所欲　　B. 别克 S，风行我心　　C. 别克 S，世界无限

(5) 关于户外灯箱，您最喜欢哪一款?
A. 都市篇　　　　　　B. 沙漠篇　　　　　　C. 海洋篇

(6) 关于户外灯箱，您最不喜欢哪一款?
A. 都市篇　　　　　　B. 沙漠篇　　　　　　C. 海洋篇

（7）关于电视脚本，您最喜欢哪一款？
A. 都市篇　　　　　　B. 沙漠篇　　　　　　C. 海洋篇

（8）您最喜欢它的原因是？
A. 故事情节　　　B. 画面和色彩　　　C. 人物　　　D. 不知道

（9）您最不喜欢的是哪一款？
A. 都市篇　　　　B. 沙漠篇　　　　C. 海洋篇

（10）您不喜欢的原因是？
A. 故事情节　　　B. 画面和色彩　　　C. 人物　　　D. 不知道

（11）通过创意脚本和车辆照片，您觉得这款汽车在多大程度上符合下面的词汇描述，请从1~5分别打分（1代表非常不同意，5代表非常同意）。

有趣的_____　　　高科技的_____　　　优雅的_____
时髦的_____　　　高档的_____　　　廉价的_____
传统的_____　　　独特的_____　　　昂贵的_____

（12）您觉得开这宽车的人是哪种类型的？
A. 时尚前卫的　　B. 自我的　　C. 与众不同的　　D. 普通的
E. 不知道

（13）您觉得自己会考虑购买它吗？
A. 非常愿意　　B. 有点愿意　　C. 不太愿意　　D. 非常不愿意

（14）您觉得驾驶这辆轿车，最有可能和谁在一起？
A. 家人　　　B. 朋友　　　C. 工作伙伴　　　D. 自己
E. 其他

（15）您认为这款车的价格大概在多少？
A. 18万　　　B. 22万　　　C. 28万　　　D. 30万以上
E. 不知道

（16）在看完这些创意和照片后，您认为这款车最吸引您的地方在哪里？从1~5分别打分。

外观时尚_____　　　　　　广告醒目_____
品牌值得信赖_____　　　　质量可靠_____
个性十足，气质不凡_____

（17）在您最近看的汽车广告里，您喜欢的是哪一条？
A. 帕萨特　　　B. 别克　　　C. 奥迪　　　D. 瑞虎
E. 凯迪拉克　　F. POLO　　　G. 蒙迪欧　　H. 天籁
I. 其他（　　）　J. 没有

第4章 广告经费预算

现在很难找到一种"低成本的,足以影响许多人的方式。"
——大卫·贝尔(David Bell)

广告预算是广告主和广告企业对广告运动所需总费用的计划和估算,它规定了在特定的广告阶段,为完成特定的营销目标而从事广告运动所需要经费总额以及使用要求,包括广告主投入广告活动的资金费用的使用计划与控制计划。作为使用计划,广告预算是以货币形式说明的广告计划;作为控制计划,它又是以财务状况决定执行的规模和进程。良好的广告预算,可以有效控制广告规模,评价广告效果,规划经费使用,提高广告效益,以促成广告活动的预期效果。本章在介绍三种广告预算理论模式的基础上,分析广告预算的内容、程序与方法(图4-1)。

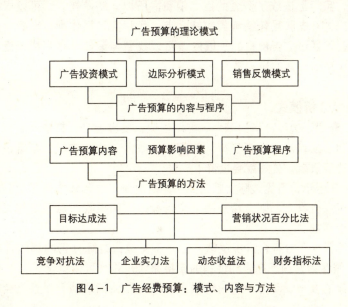

图4-1 广告经费预算:模式、内容与方法

4.1 广告预算的理论模式

从经济和销售反馈两个角度,广告预算的理论模式可分为广告投资模式、边际分析模式和销售反馈模式。

4.1.1 广告投资模式

美国广告学专家肯尼思·朗曼（Kenneth Longman）经过长期的研究,创建了一个广告投资模式（图4-2）。朗曼指出,任何品牌的商品或服务做广告,其广告效果只能是在临界（Threshold,不做广告时的销售额）和最大销售额之间的某个数值。

根据朗曼模式,即使没有任何广告,也会有一定销售额,朗曼把这个销售额定义为临界,同时,由于企业

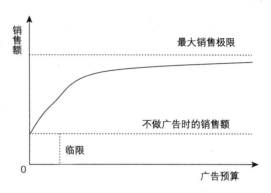

图4-2 销售额与广告预算的关系

的生产规模、管理水平、市场状况、营销策略等诸多因素的影响,决定了存在一个销售最大极限。现实的销售额只能在这两者之间。在临界与最大销售极限之间,广告与销售是一种正比关系,具有推动销售的直接效果。

在朗曼看来,广告主和广告公司应该追求的是以最少的广告投资,取得最大的销售业绩。当广告开支达到一定水平以后,继续追加再大的广告支出,所取得的效果也很有限,实际上造成了资金的巨大浪费。所以,朗曼提议,可以根据利润分析来确定最少广告开支和最佳销售额的结合点。尽管实际操作中,准确找到这个最佳点难度很大,但通过广告预算的手段应该可以找到与最佳点尽可能接近的点。这也就充分体现了广告预算的重要意义。

4.1.2 边际分析模式

图4-3介绍了边际分析的概念。当广告促销支出上升,销售和利润也随之逐渐上升,但是到了顶点后便逐渐下降。利润=总收入-广告支出,根据这种理论,只要产生正的边际贡献,公司就会投资于广告。

如图4-3所示,最优边际贡献在点A,在此处,边际成本等于边际收益。如果广告支出大于广告收入,则会相应降低广告投入,如果收入总额增加,广告预算的总额也会相应增加。

尽管边际分析十分符合直观逻辑,但并不完美,边际分析的局限性在于其两个前提：(1) 假设销售额是广告和促销的直接原因,并且可以量化。(2) 广告和促销是公司销售额的惟一驱动力。用销售额衡量广告和促销活动有以偏概全之嫌,或者

图 4-3 广告预算的边际分析

说太难以准确衡量，而无法操作。而第二个假设完全忽视了其他的因素和组合，如价格、产品、分销、环境等。而这些往往直接关系到公司成败。

4.1.3 销售反馈模式

图 4-4 中当广告和促销持续上升时，为什么销售额的上升速度减缓甚至下降了呢？这就是众所关心的销售曲线问题。销售曲线有两种：一种是下凹的，一种是 S 形的（图 4-4）。

1. 下凹形销售额曲线

广告预算的影响遵循边际收益递减的微观经济法则，即当销售额在持续上升时，边际销售额的变化却是递减的，其逻辑是具有购买欲望的人都会在早期付诸购买行动；越是到后来，尽管广告促销支出增加，具有购买欲的人却在减少，付诸行动的人就更少了，也就是说广告促销的支出的影响力是递减的（图 4-4A）所示。

2. S 形销售额曲线

如图 4-4B 所示，在阶段 A，广告促销活动的初始阶段，销售额较低，增长缓慢，

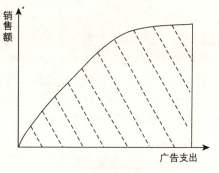

图 4-4 广告销售反应模型 A
（下凹形销售额曲线）

广告促销的影响较小，属于打基础的阶段；在阶段 B，随着不断增加广告促销投入，销售额得到大幅度提高，增长速度很快，广告促销的影响力很大，属于迅速发展期；在阶段 C，即销售额仍在持续增加并维持在一个较高层次，但是增长速度缓慢甚至停滞，广告促销的影响力很低。S 形销售曲线说明，初始阶段的广告促销投入对于销售额来说毫无意义，另一个极端是在 C 阶段，大笔的广告投入也对销售额影响甚微，阶段 B 是最佳广告投资期。销售额反应模型的局限性在于应用，销售额自身的局限、测量基准等问题在这个模型中同样存在。

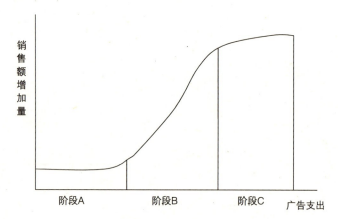

图4-4 广告销售反应模型B（S形销售额曲线）

4.2 广告预算的内容与程序

广告预算的内容是指广告活动中需要的各种费用，不同类型的企业或广告活动，其广告预算内容也各不相同。广告预算的多少，受市场要素、产品要素、销售要素、竞争要素和媒体要素的影响。本节还介绍了广告预算编制的一般程序。

4.2.1 广告预算的基本内容

对于究竟哪些开支应该列入广告预算，业界和学界并未统一认识，美国《印刷品》杂志曾运用三色表单分类法（白表、灰表、黑表）区别表示的方法列表界定了广告经费的内容。这种方法实施性强，划分也较为确切。表4-1中白色单子是可以支出的广告费；灰色单子是考虑是否支出的广告费；黑色单子是不得支出的广告费。此法划分十分明确，但在应用时却又显得过于繁杂。此外，可以支出的广告费项目的多少，是根据企业经营性的广告活动范围来决定的，而考虑是否支出的广告费与不得支出的广告费的项目，究竟哪些应列入、哪些不应列入企业广告费开支，则应根据企业处理广告促销和公共关系宣传的习惯和规定来定。因此，本表在实际运用中不够简捷和灵活。

广告预算内容的三色表单分类法　　　　　　　　表4-1

分类			主要费用项目
白表	必须作为广告费用结算的费用项目	时间、空间媒介及其他广告费用	一般报纸、一般杂志、行业报纸、农业报纸、行业杂志、剧场广告、室外广告、店内广告、新产品、宣传小册子、人名录、直接邮寄广告、报纸及标签（可用于广告的地方，如陈列窗）、商品目录、面向消费者和商店的机关杂志、电影、幻灯、出口广告、特约经销广告、用于通信或陈列的广告复制、广播、电视、用于其他广告目的的一切印刷品

续表

分类		主要费用项目	
白表	必须作为广告费用结算的费用项目	管理费	广告部门有关人员的工资、广告部门办公用品易耗品和备用品费、付给广告代理业和广告制作者以及顾问的手续费和佣金、为广告部门工作的推销员的各项费用、广告部门工作人员的广告业务差旅费
		制作费	有关美术设计、印刷、制版、纸型、电气版、照相、广播、电视等方面的制作费，包括设计（只设计广告部分）以及其他费用
		杂费	广告材料的运送费（包括邮费及其他投递费）、陈列窗的装修服务费、涉及白表的各项杂费
灰表	可作为也可不作为广告费结算的费用项目		样品费、推销表演费、商品展览会费、挨户访问劝诱费、房租水电费、广告部门的存货减价处理费、电话费、广告部门其他各项经费、推销员推销用的公司杂志费、宣传汽车费、加价费、有关广告的协会和团体费、推销员用于广告的皮包费、工厂和事务所的合同费、推销员使用的商品目录费、研究及调查费、对销售店的协助支付的广告折扣
黑表	绝对不能作为广告结算的费用项目		奉送费、邀请游览费、商品陈列所的目录、给慈善、宗教、互助组织的捐献品费、纸盒费、标签费、商品说明书费、包装新闻宣传员的酬金、除广告部门外使用的消耗费、价格表制作费、推销员的名片费、分发给工厂人员的机关杂志费、陈列室租费、推销会议费、推销用样品费、工作人员生活福利活动费、娱乐费

4.2.2 广告预算的影响因素

在确定广告预算的内容之后，接着需要考察的是哪些要素能够影响广告预算的制定。只有比较清楚地认知这些要素的影响，并将其列入需要参考的参数，这样建立在充分的信息采集和分析基础之上的广告预算才能够作到科学、合理，并在实际的广告运动中发挥基础保障作用。一般而言，设定广告费用预算时应该考虑到如下五个要素。

1. 市场要素

目标市场的范围、大小及潜力会对广告费用的投放产生直接的影响。另外，目标市场的性质及区域分散程度影响着广告预算。在集中的区域做广告，效益必然高，投入自然少；反之亦然。再次，目标市场中品牌占有率也是制定广告预算需要考量的因素。一般情况下，维持一个品牌的市场占有率自然要比扩大市场占有率投入要少①。

2. 产品要素

产品要素对广告预算制定的影响包括两个方面：产品生命周期中所处地位和消费者品牌忠诚度。最初提出产品的生命周期的是美国广告研究者 J. W. 弗雷斯塔（J. W. Forrester），他借鉴了产业动力学的理论，提出投放市场的产品要经过研发

---

① 一般来说，发展一名新客户所需费用是维持一名老客户所需费用的6倍。

期、进入期、成长期、成熟期、衰退期五个阶段①。产品的不同生命周期阶段,对广告的要求不一样,对广告费用的投入也相应不一样②(图4-5)。

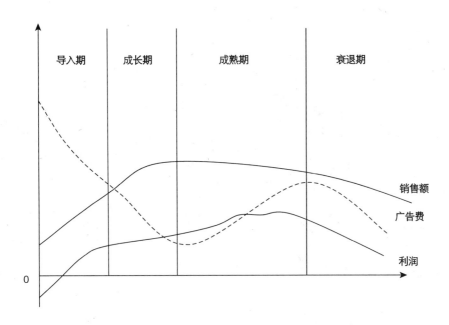

图4-5 广告预算与产品生命周期

消费者的品牌忠诚度对广告预算的制定也至关重要。客户忠诚度高,需要的广告费投入就少一些。反之,则需要大量的广告费去提高客户的忠诚度。

3. 销售要素

预定销售目标(销售额及利润)是确定广告预算的基础。产品的销售和产品的广告是相辅相成的关系。可以说,广告最终就是为产品的销售服务的③,并通过产品的销售来检验广告的效果。所以,广告预算的制定必须紧密配合企业的销售来展开。销售目标定得越高,需要的广告费投入就越大,否则销售目标必然无法实现,当然这里还要考虑到市场的实际状况,并不是说广告投入越多越好,过分饱和的广告只能是浪费。

---

① 美国纳尔逊调查公司通过对四十多年的统计数据的分析,得出结论:要确保新产品的销售额达到同行业的平均水平,其广告费的投入至少是同行业水平的1.5~2倍,这一法则也被叫做"派肯法则"(Peckham's Law)。

② 参见:广告——有关生长动力的问题,哈佛商务研究卷372号,第104页,1959(3,4)。

③ 广告有长期目标和短期目标。广告的短期目标,强调直接与销售挂钩,广告直接为销售服务;但作为广告的长期目标,则着眼于建立长期的品牌形象,这就必然和产品销售之间无法紧密合拍。与此相应的是,作为广告主在设定广告预算时,优先考虑短期还是长期,这两者的关系如何处理,也是一个难题。对这个难题处理方式不同,也影响到广告费投入的差异。

4. 竞争要素

目标市场的竞争程度也是影响广告预算的重要因素。目标市场的竞争程度包括竞争者的数量以及竞争对手的实力。当竞争对手很多时，企业要脱颖而出，就要加大广告费用的投放。如果实力强劲的竞争对手加大广告费的投入，力图在竞争中压倒己方，企业只能相应地追加广告预算，加大广告宣传力度，保持自身的市场占有率。

5. 媒体要素

媒体要素包括媒体使用形式与媒体变化情况。不同的广告发布媒介，广告制作和发布的费用差别很大。相同的媒体，所需的广告费用的支出差别也很大。就电视而言，不同的时间段收费差别就很大，报纸和杂志的不同版面收费也有差别。

4.2.3 广告预算的编制程序

广告预算的编制程序不是统一的，也是不必要统一的，主要包括以下步骤：

1. 广告预算调研

确定广告预算首先要分析上一年度的销售情况、分析历年来本企业产品的销售周期性，从中找出本企业销售活动的规律性，以预测下一年度销售情况并进而确定广告费用分配。广告预算的调查研究对象一般至少包括以下几个方面：

(1) 目标市场的大小及潜力；
(2) 目标市场的性质及区域分散程度；
(3) 目标市场的竞争关系、品牌忠诚度；
(4) 企业营销战略与广告目标的关系、产品的竞争手段；
(5) 广告的媒介形式；
(6) 企业预期的销售额及销售利润；
(7) 企业财力的承受能力；
(8) 产品生命周期及变化情况。

2. 确定广告投资量

通过分析企业整体营销目标计划与市场环境，特别是分析影响广告费投放的诸要素对广告运作的可能影响，提出需要考虑的主要参考因素，确定广告投资总额的计算方法和依据。

3. 制定广告总预算

确定一个年度的广告经营的总体分配方案，按季度、月度将广告费中的固定开支分配下来。

4. 制定广告的分类预算

在总预算指导下，将总预算确定的广告费用具体分配到不同产品、地区及媒介上。

5. 拟定控制与评估标准

必须确定每笔广告支出所要达到的效果，以及对每一时期每一项广告开支的记录方法,以确保广告运动能够取得预期的效果。当然,拟定控制与评估标准是非常困难的工作,也没有固定模式。美国全美广告客户协会的《广告预算监督文件——制定预算前应考虑的问题》(表4-2)尽管不是控制与评价广告预算方案是否合理的检查材料,但这个文件较全面地列举了作为制定广告预算应关注的因素以及流程控制,所以对于广告预算的控制和评估仍具有较大的参考价值。

全美广告客户协会的《广告预算监督文件——制定预算前应考虑的问题》　　表4-2

1. 企业目标	7)对市场、广告之消费者调查
(1)企业的最终目标如何?短期与长期目标各如何?	4. 广告目标
	(1)广告目标是否确定?
(2)为了达到目标,行销活动之功能是否已决定?	(2)是否慎重分析广告目标并检讨其结果?
2. 行销目标	(3)是否考虑下列单位广告作业趋势?
(1)所决定之基本行销战略是否业经认可?	1)广告部门情形
(2)是否做成了商品行销计划?	2)广告代理部门情形
(3)在行销计划中广告所扮演的角色,是否业已决定?	3)广告媒体情形
	4)广告制作部门情形
3. 现状分析	5)广告调查情形
(1)国家经济之展望如何?	(4)广告计划是否包括以下各项
(2)企业有关资料	1)战略
1)销售情形	2)主题
2)所投下之资本	3)广告表现
3)新产品	4)媒体选择
(3)竞争企业之情报	5. 广告预算
1)销售情形	(1)是否对广告费用各项目予以明确的定义及认可,对有关部门之不明费目如广告部门、促销部门、公关部门,是否作充分的说明
2)市场占有率	
3)所投下之资本	
4)所投下广告费情形	(2)对广告预算之责任分担,是否明确?
5)广告主题、广告表现与媒体运用	1)广告部门内之分担
6)新产品	2)广告代理业之分担
(4)企业内部资料	(3)经认可之预算总额界限与认可部门是否明确?
1)商品别、市场别、销售利润计划之估计	
2)包括新产品在内的所有商品之销售目标及销售预测	(4)基本广告预算表的形式是否业已决定?预算是否细分成以下各项?
3)流通政策及实绩	1)商品别
4)商品别、市场别、媒体别广告实绩	2)市场别
5)商品品质、价格、占有率、利润率、推销重点	3)媒体别
	4)费用别(媒体、制作、调查、杂费、机动费)
6)广告预算对广告实效之评价	

6. 设置预留机动经费

广告预算中除确定固定开支外,还应对一定比例的机动开支作出预算,此为预留机动经费。同时还应界定预留金的投入条件、时机及效果评估办法。

4.3 广告预算的制定方法

广告预算的制定有两种基本思路：自上而下的思路与自下而上的思路（图4-6）。自上而下的思路就是先制定预算总额然后向下一级分配,这些预算是事前制定的,并没有什么真正的理论根据。这种方法简单实用,但会导致预算分配与广告促销目标和广告战略相脱节。自下而上的思路是充分考虑公司的传播目标和主要的任务,一方面要求考虑到广告促销的具体目标,另一方面要考虑广告促销手段的组合,使一列广告促销组合与促销的具体目标相互匹配、相互促进,这是一个互动的过程。预算就是在这种循序渐进的过程中制定、分配、实施的。同时应明确的是：公司运用不只一种方法制定预算,制定预算的方法因公司规模和复杂程度而不同。

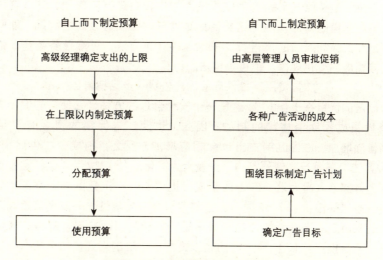

图4-6　广告预算制定的两种思路

本节介绍广告预算的制定营销状况百分比法、目标达成法、动态收益法、竞争对抗法、企业实力法和财务指标法。

4.3.1 营销状况百分比法

营销状况百分比法主要根据营销情况和营销需要,按照一定的百分比来确定广告预算,包括销售百分比法、利润百分比法和销售单位法。

1. 销售百分比法

销售百分比法是以一定时期内销售额或利润额与广告费用之间的比率来预算广

告费用的方法。其具体运算程序是，企业根据自身在特定阶段内销售总额的预测，把广告费用的投入确定为销售额一定百分比，就可以预算出下一阶段的广告费用的投入量。销售百分比法的计算公式为：

$$广告费用 = 销售总额 \times 广告费用与销售额的百分比 \qquad 4.1$$

销售百分比法可以根据销售额、利润额的不同计算标准细分为历史百分比法、预测百分比法和折衷百分比法。历史百分比法，一般是根据历史上的平均销售额或上年度的销售额加以计算的。预测百分比法，一般是根据下年度的预测销售额加以计算的。折衷百分比法，是以上两法的结果加以折衷计算出来的。

2. 盈利百分比法

盈利百分比法是根据一定期限内的利润总额的大小来预算广告费的一种方法。这里的利润可以是上一年度已经实现的利润，也可以是计划年度预计达到的利润；可以按毛利计算，也可以按纯利计算。盈利百分比法的计算公式为：

$$广告费用 = 利润总额 \times 广告费用与利润额的百分比 \qquad 4.2$$

3. 销售单位法

销售单位法是按照一个销售单位所投入的广告费进行广告预算的。这种方法尤其适合于薄利多销的商品，因为这类商品销售快，但没有较高的利润，能够较为精确地预算出商品被均摊后的广告费。采取这种计算方法，可掌握各类商品的广告费用开支及其相应的变化规律。销售单位法的计算公式为：

$$广告费用 = 每件产品的广告费 \times 产品销售数 \qquad 4.3$$

百分比法的优点在于：(1) 这是一个安全合理的方法，它使广告促销支出受到以前的销售额或预期销售额的制约。因此，也使广告促销的资金有了足够的保障——销售额增加，广告促销支出也会相应增加；反之，则减少广告促销的支出。(2) 这种方法简单易行，使预算的工作量大为简化。(3) 按百分比制定预算十分稳定，只要销售额不大起大落，广告促销支出也始终在一定范围内上下浮动。但百分比法也有一些局限性：(1) 依据销售额制定预算有局限性——以销售量确定广告和促销活动的支出是本末倒置的。广告促销是销售额的因而非果，应将广告促销作为一种支出而不是投资。(2) 稳定性问题。赞同百分法的人说，如果所有公司都用相同的百分比，市场将实现均衡稳定，但是一旦有人使用不同的百分比怎么办？这种方法的根本问题在于它过于保守稳健，即使内部发生了重大变革或竞争对手改变策略，公司也不会在销售策略上发生大的变化。实际上，一个积极进取的公司应勇于在广告促销上投入更多的资金。(3) 有可能导致资金使用分配不当。如果广告促销是市场营销的重要内容，如S形销售额曲线所示，在阶段B投入更多会得到加速的回报，反之则失之甚多。越是成功的产品，越需要高额的预算以充分展示其竞争优势。(4) 新产品推出的局限。因为新产品没有任何历史数据可循，尤其那些极富创造性或预期销售额难于捉摸的新产品。(5) 预算与销售额是否相关——销售额下降，削减广告促销预算，而预算下降，销售额又在回落，如此循环形成连锁反应。相反，一些公司越是在困境中，越是增加广告预算，从而使公司起死回生，销售额和市场份额都同步回升。采用预期销售额的百分比制定预算,是对当期销售额百分比法局限性的一种改进。但随之而来的是有关预期的问题,如景气周期、不可控因素等,这些都极大地影响了销售额百分比法的有效性和实用性。

4.3.2 目标达成法

目标达成法是根据广告目标而规定的广告预算方法。确定目标和制定预算应保持同步,这要比确定目标后才制定预算更切合实际。图4-7显示了目标达成法的具体步骤。

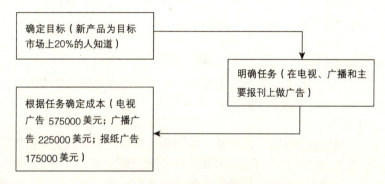

图4-7 目标达成法的步骤

目标和任务法的主要优势在于预算是以目标为依据,越贴近市场,越可能采取有针对性的战略,并贯彻到制定预算的每个步骤中。这种方法的局限性在于,如何确定哪些任务是必要的和每项任务的成本。例如,为了使目标市场上50%的人知道,应采取哪些措施,每种措施的成本是多少。即使有时清楚应采取哪些措施,如在"试用"层级上采取样品试用的方法,这种方法的成本一般也很难估测,如果存在过去的经验数据,事情可能会简单一些,但对于新产品则无从下手,所以这种方法在制定某些新产品或采取一些创造新型手段或举措时,很难制定预算。这也是为什么很多经理仍然使用前面所介绍的自上而下的方法。目标达成法根据所依据的目标和计算方法的不同,又细分为销售目标法、传播目标法和系统目标法。

1. 销售目标法

这种方法是以销售额或市场占有率为广告目标来制定广告预算的一种方法。也就是说依据设定的广告目标来拟定广告活动范围、内容、媒体、频率、时期等,再依此计算出每项所必需的广告费用。销售目标法,可以根据广告活动的具体情况而分为实验性和非实验性两种方法进行。实验性销售目标法能够较好把握市场占有率和广告费用占有率之间的因果关系,可较准确地计算出下期市场占有率及其所需要的广告费用。

2. 传播目标法

这种方法是以广告信息传播过程中的各阶段为目标来制定广告预算的一种方法。它是以传播过程的知名—了解—确信—行为几个阶段为目标来具体确定广告预算的。

因为广告费与销售额的关系,是通过消费者对广告信息的反应过程与深浅程度表现出来的。因此,传播目标法较销售目标法更科学。传播目标法为一种中间目标,将各种媒体计划与销售额、市场占有率以及利润额等目标有机地连接起来,因而能够更科学地反映出广告费用与广告效果的关系,利用现代化的数学模式和计量分析方法已能很好地解决两者之间的关系。

3. 系统目标法

系统目标法是采用系统分析和运筹学的方法,将系统的目标范围扩展到整个企业的生产经营活动之中,也就是说把与广告、销售密切相关的生产、财务等因素一并纳入广告预算所应考虑的范围之内,加以系统分析和定量分析,从而使广告预算更合理、更科学、更完善。

4.3.3 动态收益法

动态收益法根据广告收益递增广告预算、根据销售收益递减广告预算或根据弹性比例匹配法则来动态地确定广告预算。

1. 广告收益递增法

广告收益递增法是一种动态的计算广告费用的方法,即按照企业销售额的增加比例而增加广告费用投入比例的一种方法。这种方法是浮定比率法的一种形式。企业的营销目标是促进产品销售。随着企业营销目标的实施,产品的销售额就会有所增长。销售额增加了,广告费的投入也会增加。两者比照递增。广告收益递增法的特点是使用方便,易于把握。其基本原则是企业的广告费用按照企业销售额的增加而增加。从理论模式上分析,如果某家企业的销售额较之上一年度提高了一倍,那么广告的投资额相应地也要增加一倍。当广告投资增加一倍时,销售总额也应该增长一倍。

2. 销售收益递减法

销售收益递减法和广告收益递增法恰好相对照。由于销售收益有时差性变化的特点,所以此种方法也称为销售收益时差递减法。就企业产品销售发展阶段来看,任何产品都不可能永远处在销售旺季,都有其销售的最高点,当此种产品达到高峰后,其销售总额就会减少。如果产品处于供不应求阶段,可以采取广告收益递增法计算广告费用的话,那么当市场的产品需求量处于饱和状态时,就需要运用销售收益递减法来确定计算广告费用。由于销售额的增加与广告费用的增长不可能完全成正比,这种情况下,就可采用广告费用递减法,把市场处于饱和状态产品的广告费用支出限制在最佳销售额以下。采用此法,关键在于企业是否审时度势,有效利用广告收益递减法进行广告预算。

3. 弹性比例匹配法

弹性比例匹配法则是根据广告对价格弹性来调整现行广告预算的。如果现阶段的市场对广告比价格折扣的反应更强,那么,企业在下一期将会在广告上比价格折扣花费更多;但是如果市场更容易对价格折扣作出反应,企业则应在价格折扣上花费更多。企业可以通过市场测试的方法来估计广告弹性和价格弹性，或者采用更普遍的做法，即对过去的广告与价格和弹性作回归分析。通过建立起两种弹性与广告占销售额比例、单位利润和市场状况之间的精确公式，企业可以对广告预算作出精确的调节。弹性比例匹配法的优点在于：第一，同销售额比例法一样，该方法基于公司以往的行为，有一定的规律性。第二，该方法着眼于对公司现行的营销状况进行调节。公司经常需要决定是否需要对下一期的广告预算进行增减，或是维持不变，这些变化通常不会是激进的，因此可以小心翼翼地探索。第三，对现行预算的小幅调节可以帮助公司逐渐接近，甚至达到理想的广告水平。第四，提供销售折扣是增加销售额的有效方法，并且通常被作为增加广告预算可替代的选择，当营销经理已经知道市场对广告和价格的反应情况，并在这一前提下设定广告预算的话，就可以用更为科学的方法来应付这些压力。这一方法的不利之处主要是，对广告和价格弹性的估计通常是困难的，甚至是主观的。

4.3.4 竞争对抗法

竞争对抗法是根据竞争对手的广告活动来制定广告预算的方法。竞争对抗法主要有市场占有率法和增减百分比法。

1. 市场占有率法

市场占有率法是根据竞争对手的广告费用与市场占有率的比例来确定本企业产品市场占有率所需广告费用的预算方法。其计算公式为：

$$\text{广告费用} = \frac{\text{对手广告费}}{\text{对手市场占有率}} \times \text{本企业预期市场占有率} \qquad 4.4$$

2. 竞争比照法

竞争比照法是企业根据其主要竞争对手的广告费支出水平来确定本企业保持市场占有率所需相应的广告费用的预算方法。其计算公式为：

$$\text{广告费用} = \text{本企业上年广告费} \times (\pm \text{竞争对手广告费增减率}) \qquad 4.5$$

一般来讲，企业应尽可能保持同竞争对手差不多的广告费用水平。这是因为一方面企业虽然不愿使自己的广告费低于其竞争对手，否则就有可能由于广告宣传量的差异而使企业处于不利的竞争地位；另一方面，企业一般也不想使自己的广告费用过多地超出其竞争对手。双方增加广告费用所产生的效应，都有可能相互抵消。因此，企业一般采用广告费与竞争对手保持平衡，避免过多地刺激竞争对手。竞争对抗法的好处在于这个百分比是行业内部集体智慧的结晶，并充分考虑到竞争者的策略。最小的投入保证了公司相对稳定的市场地位，但是却可能导致公司不思进取。竞争对抗法也有很大的局限性：第一，它忽视了广告和促销是用来解决公司特定问题，实现其特殊目标的重要功能。第二，它假设公司有相似的支出，就会产生相同的效果，这种假设忽视了创意和媒体的作用——相同的资金投入，不同的创意和媒体选择，效果可能大不一样。进一步讲，它忽视了公司的竞争优势。同时，竞争对抗法以竞争者的数据为制定预算的依据，却无视市场状况变化和竞争者策略的重大变化，竞争者将增加或削减预算更不为公司所知，公司也就无从改进广告策略。

4.3.5 企业实力法

这种预算方法是根据企业财力和营销情况而定的广告预算方法。主要有全力投入法和平均投入法、任意投入法三种预算方法。

1. 全力投入法

全力投入法是根据企业的财力，将广告资金一次全力投入的预算方法。企业在作广告预算时，根据企业财力能拨多少钱做广告，就拿出多少钱做广告。这种方法能够保证资金在"量入为出"的前提下进行适度的调整。如广告费在某个活动阶段相对地集中使用，而在有些阶段则可以相对减少使用，使广告活动尽可能具有完整性。这种方法适合于必须进行广告宣传，而又没有必要进行长期规划的中小企业。

2. 平均投入法

平均投入法是根据企业财力，将广告资金分阶段等量投入的预算方法。如每月平均投资多少，或每季度平均投资多少等。采用这种做法的企业主要是资金不足，也可能是先要看看广告的实际效果再作决定。这种方法较适应于资金不足，而又有必要进行一定期限广告宣传的企业。

3. 任意投入法

任意投入法是以一时期的广告费用为基数，根据企业财力和市场需要增减费用的广告预算方法。常见的做法是广告主只支付广告活动的启动资金即第一阶段的广告资金，后续资金要看第一阶段的广告促销效果，再考虑投不投入资金或投多少资金。采用这种预算方法通常由企业高层领导人决定下一时期的广告费用。这种方法较适合于没有必要进行长期广告规划的中小企业。

4.3.6 财务指标法

财务指标法是根据企业的财务状况来确定广告预算的方法，包括利润最大法、投资收益率法和支出计划法。

1. 利润最大法

利润最大法是指企业在制定预算时会选择一个理想的促销预算水平以求达到利润的最大化。使用这种方法时，公司需要知道销售反应函数。销售反应函数描述的是销售量与不同水平的广告或销售促进的关系（图4-8）。

如果我们从销售收入中减去所有的变动成本，如材料成本和销售佣金，便可以得到每一广告水平下的毛利润，净利润还要从毛利中减去固定费用，如广告和管理费用。假定图4-8的曲线是某一品牌的毛利——利润曲线，该曲线反映了毛利随着每一美元广告费用的变化而变化。假设点A、B、C分别在广告费用为100万、200万和300万时分别出现，那么在这种情况下，哪一点是理想的呢？很明显在点A之下或点C之上的广告水平都是无益的，因为这一广告水平无助于提高利润，处于两点之间的某一处才是合适的广告水平。毛利曲线在点A与点B之间上升幅度十分陡

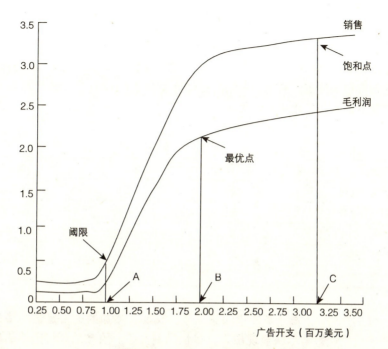

图 4-8 S 形的广告反应曲线

峭,然后增幅开始减少变得较为平缓。在 B 点之前,公司在广告上每花 1 美元所得到的收入将超过 1 美元,在 B 点公司在广告上的费用达到收支平衡,在 B 点之后所花的 1 美元的收入将低于 1 美元,所以无论公司打算如何确定其预算,最佳的广告水平应在点 B,即 200 万美元的广告费用。处于这一点时,公司从广告中所获的回报最大,因此,该点被称为理想广告水平或理想广告密度。

利润最大法的主要局限是它要求有反应函数的知识,这一函数很难精确地确定。该方法的另一局限在于它在技术上的短期导向性,广告所带来的回报并不会在短期内全部获得。特别值得注意的是,新产品推广是一项面向未来的重要投资,广告对于新产品推广是十分重要的,而未来回报的总额是不可预见的,至少不会立即得知,那么使用利润最大法应该对广告所带来的长期收入进行折现,或者应该与其他方法同时使用。

2. 投资收益率法

在百分比法下,销售额意味着广告促销活动的成效。但他们的因果关系正好相反——正是广告促销的活动促进或阻碍着销售。在边际分析和 S 曲线的模型中,广告和促销将导致销售额的上升;在 ROI 预算制定法下,广告和促销是一种理性投资,如同厂商和设备投资一样具有预期回报率。但现实是,很难评估促销活动的真正回报——到底使销售额上升多少?没有销售额具体上升的数据,也就无法计算 ROI,这就是这种方法乏人问津的原因。

3. 支出计划法

在推出新产品的头几个月,为了使消费者充分了解产品、提高产品声誉并尝试使用，需要大笔的广告促销投入。新产品广告支出的比例与该产品的全部销售额之比平均高达3/3。为了决定到底需要多少支出，一些公司采用支出计划法，主导思想是预计新产品2~3年内可能的收入和成本，以预期回报率为基础。这种方法有助于决定广告和促销的投资。在一个三年的支付计划（表4-3）中，该产品第一二年会亏损，在第三年年底开始扭亏为盈。

支出计划法　　　　　　　　　　　　　表4-3

	第一年	第二年	第三年
产品销售额	15.0	35.5	60.75
利润贡献（利润率50%）	7.5	17.75	30.38
广告和促销支出	15.0	10.5	8.50
利润（亏损）	(7.5)	7.25	21.88
累计赢利或亏损	(7.5)	(0.25)	21.63

第一年的广告投入高于第二年和第三年，反映了追加的支出是很必要的，它可促使广告和促销的影响尽快显现出来，尽快见到实效。预算是公司行动的原则，公司推出新产品，一般要设定一个期限——到时必须看到实效。最后，应指出开拓市场要比保有市场份额更为艰难，这也是广告和促销活动在前一二年要高一些的原由。

第5章 广告战略目标

我们生活的真正目的,便是透过创意和点子,为客户塑造商誉并不断开创销售佳绩。

——李奥贝纳

广告目标是广告主根据企业发展战略及企业资源所拟定的希望通过广告实现的目标。广告目标是广告策划的出发点和归结点,广告策划的各项工作均是围绕广告目标展开的。因为广告战略目标决定了广告计划的发展,决定了广告活动的全部有形要素,所以运用科学合理的方法确立广告战略目标,就成为广告活动中具有全局意义的重要内容。本章对广告战略目标的特性、作用与影响因素进行分析,并依据广告战略目标的层次,提出不同的管理方案,最后总结了三种重要的广告战略目标的制定方法(图5-1)。

5.1 广告战略目标的内涵

广告战略目标,指在某一特定时空内广告对特定受传者所要完成的特定传播任务。广告是一种大众传播方式,沟通的目的就是通过向受众传递有关广告产品的特

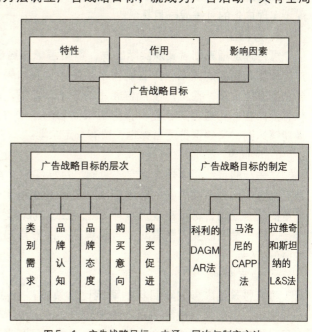

图5-1 广告战略目标:内涵、层次与制定方法

性、益处、品牌形象等信息，使其能够在产生购买行为前就对广告产品形成一种良好的心理倾向。

5.1.1 广告战略目标的特性

广告战略目标直接体现广告主的营销目标以及营销思想。一般来说，成功的广告战略目标应具备下列一些基本特性。

1. 精确性

广告战略目标是指广告活动所要达到的目的，着重揭示行为、活动方向。但广告战略目标必须通过广告指标来精确地反映出广告所引起的消费者的反应变化程度。如某企业广告战略目标是扩大销售、增加利润，其广告指标就应在数量上有具体规定，比如销售额增长20%，利润增长18%。没有具体指标的广告战略目标虽有指导性，但流于空泛，不便操作。

2. 单一性

广告战略目标要尽可能单一。但广告活动经常出现多元目标，这种多元目标并立现象，极容易造成多元目标之间，特别是总目标和分目标之间的对立和矛盾。譬如旨在扩大市场和旨在维持一定水平利润的目标之间就存在着矛盾。前者是以提高市场占有率为目标，其广告投资额就必然增加一定的比例，那么有可能利润下降。如果把上述两个目标都作为广告活动的目标，这势必引起目标之间的对立。因此，在多元目标条件下，策划者要对各种目标进行科学分析，删除无法实现的目标，并按照目标的重要程度，依次列出实现目标的先后顺序，分别通过不同的广告战略，逐步实现广告的系统战略目标。

3. 可行性

可行性是指策划者要从实际出发，慎重考虑主客观环境条件的限制，其中包括广告预算与媒体的关系，广告制作水平等因素。如果目标定得太高，不能完成，广告主会有挫折感，甚至产生广告无用的想法。当然，广告战略目标也不能过低，那样有损广告主利益，又不能发挥广告策划者的主动性。因此，确定目标要合理。既要能够达到，又要保持适当弹性，留有一定余地。

4. 时间性

广告战略目标必须规定其完成时间。目标实现期限随广告战略目标的大小、难易可大可小，大多数广告的时间期限都是从几个月到一年。一般来说，提高品牌知名度的广告战略目标可在较短的时间内，通过向目标受众广泛、反复地宣传来实现。但是，由于需要改变消费者对广告品牌已有的形象知觉，产品重新定位就需要较长的时间。

5. 稳定性

稳定性是指广告战略目标的确定比较慎重，一旦确定下来，就不能随意变动。一般来说，确定广告战略目标，应有统一的长远的安排，要保持目标的相对稳定。一旦目标确定，就不能朝令夕改，任意调整。只有当内外环境发生重大变化时，不调整广告战略目标可能影响到企业的生存，策划者才可以及时调整目标以适应形势的变化。

5.1.2 广告战略目标的作用

广告战略目标实际上就是广告主通过广告活动所要实现的战略意图，是广告主营销思想的直接表现。广告战略目标的作用具体体现在以下五个方面：

1. 广告战略目标可以作为评判标准

广告战略目标在企业决策者作出策略性决定时起到辅助参考作用。例如，当企业决策者面对三个各具特色的媒介计划感到难以取舍时，便可比照业已设定的广告战略目标中的各项具体内容来衡量每一个媒介计划是否切实可行，是否切合市场的实际情况。

2. 广告战略目标可以作为对广告效果进行评估的方式和依据

对广告活动的效果进行评价，是广告主日益关注的问题。进行效果评价必须有一定的依据，广告战略目标的确立就可以很好地起到这一作用。当然，这就要求广告战略目标不但要明确、可以测定，而且还要能够化成一系列的具体目标，以指导某一具体的广告工作步骤。只有这样，在广告活动结束后，才能够将广告活动的结果同广告战略目标相比较，对广告活动的效果作出一个准确的评价。

3. 广告战略目标的设定可以促进广告活动的协调和沟通

这种协调体现在两个方面：其一，通过设定广告战略目标，可以促使企业内部各个职能部门为实现既定的广告战略目标而相互配合、协调一致，从而使企业内部各个职能部门作为一个有机的整体为实现明确的、既定的广告战略目标而共同努力；其二，广告主还必须同各类广告主体，如广告公司、广告制作单位、广告媒介单位、广告研究机构等，相互配合以保证广告活动的顺利进行。

除此之外，广告主还必须协调其同政府有关部门、竞争对手企业、公众利益组织等的关系。所以，在广告活动的整个运作过程中，从始至终都需要做协调工作。协调工作的目的，是确保所有涉及广告活动的单位或个人，都能够相互配合地工作，所以这一协调必须有一个明确的宗旨。不同单位或某些人之间在进行工作时有了分歧，应当以这个宗旨为基础，调整各自的工作，以符合这一宗旨的要求。

广告战略目标的确立，就为广告活动中的协调工作提供了这样一个宗旨。凡是有助于广告战略目标实现的计划、行动，就应该坚决执行；凡是同广告战略目标要求有偏差的，就应该进行适当的调整。以广告战略目标为宗旨进行协调，才有可能保证涉及广告工作的所有单位和个人可以有条不紊地协同工作。

4. 广告战略目标的设定，有利于形成有关人员的共识

广告战略目标的设定，可以使参与设定目标的人员在充分讨论企业的营销状况、市场竞争状况、品牌特点等因素的基础上，加深对企业自身综合情况的了解；同时，对于经过大家反复研讨、争论、达成共识而产生的广告战略目标能有深层次理解，

为企业下一阶段的营销战略以及广告运动的实施打下坚实的基础，这点应该说尤为重要。

5. 广告战略目标的设定，有利于企业的预算平衡和财务控制

广告战略是企业战略的重要组成部分，广告战略目标也是决定企业或品牌能否成功的关键因素之一。科学、合理、可行的广告战略目标的设定是企业预期赢利水平的主要保证。同时，广告费用开支占了企业财务开支的很大比重，没有广告战略目标或广告战略目标设定不当的结果是：要么广告费用投入太少，影响整个企业的营销战略；要么广告费用开支太大，并不能产生预期效益；从而影响企业财务平衡，甚至能够拖垮企业。这样的例子是很多的。如某企业为投标中央电视台黄金广告时段，付出巨额资金，尽管投标成功，取得了中央电视台黄金广告时段的播出权，但却无法取得与投资相应的广告效应，从而使企业陷入困境。

相反，恰当的广告战略目标量入为出，广告费用的投入和企业的营销状况紧密相连，非但不会给企业造成沉重的负担，反而能对企业的营销起巨大的推动作用。

5.1.3 广告战略目标的影响因素

制定广告战略目标需要系统地分析与广告战略目标有关的因素。影响广告战略目标制定的因素主要包括企业经营战略、商品供求状况及生命周期、市场环境、广告对象等。

1. 企业经营战略

经营战略不同，广告战略目标也不同。经营战略决定了广告战略目标。如经营战略是长期渗透战略，那么广告战略目标就要有长期目标和为了实现长期目标而制定的各相应阶段的短期目标，采用持久的广告手段和多种广告形式宣传企业和产品形象。如经营战略是集中式战略，广告战略目标则可采用短期目标、多种形式宣传产品的特点、好处，广告战略目标短期内即可实现。

2. 商品供求状况及生命周期

商品处于不同情况下，广告战略目标是不同的。商品的供求状况一般有三类：即供不应求，供过于求，供求平衡。在商品供不应求条件下，一般应把目标定在进一步巩固企业与品牌形象上。在供过于求的情况下，应针对产品滞销的主要原因来确定广告战略目标。在供求平衡情况下，广告一般把目标定在产品的促销上。

在商品的生命周期的不同阶段，广告战略目标也有所不同。在商品成长期，广告战略目标主要在产品信息传播上。在商品成熟期，保证商品的位置不被夺走，保证已有的市场份额是广告的主要目标。而在商品衰退期，广告的目标是延长产品的衰退。

3. 市场环境

处在不同市场环境下，广告战略目标不同。处在纯粹垄断市场情况下，进行广告宣传，目标比较特别。处在寡头垄断的市场情况下，广告为品牌定位是个关键问

题。广告战略目标一般应围绕品牌定位而确定。处在垄断性竞争市场情况下，市场定位空隙大，具有分散性特点。广告战略目标主要放在提高企业或商品知名度、熟悉感上。处在纯粹竞争市场情况下，人员推销占重要位置，广告推销主要是辅助人员推销，广告战略目标可定在辅助推销上。

4. 广告对象

广告对象是影响广告战略目标确定的重要因素。广告并不是决定商品销售的惟一因素，因此从广告对象因素来考虑确定广告战略目标，较为合理的做法是以产品的认知度、广告的回想率、品牌的知名度和消费者行为态度的转变作为广告活动的目标。关于广告是如何影响广告对象的问题，很多人进行过研究，比较有影响的有科利的广告传播四个阶段理论（知名、了解、信服、行动），莱维和斯坦纳从知名到行动发展模式，沃恩的层级模式。其中，科利提出并由他人不断丰富的"达尔玛法"，为根据广告对象制定广告战略目标提供了一个科学合理的思路。

5.2 广告战略目标的层次

从广告沟通与受众反应的角度，广告战略目标[①]可分为五个层次：类别需求（Category Need）、品牌认知（Brand Awareness）、品牌态度（Brand Attitude）、品牌购买意向（Brand Purchase Intention）、购买促进（Purchase Facilitation），其战略管理方案见表5-1。

广告战略目标的层次、涵义与解决方案　　　　　表5-1

广告战略目标的层次	广告战略目标的内涵	广告战略目标的管理方案
类别需求	购买者承认这个类别的产品和服务对于消除或者缩短所感知到的当前动机状态与理想动机状态之间的差距是必须的	如果存在，可以将之忽略； 如果潜在，必须提到它； 如果针对的是新类别用户，必须销售它
品牌认知	购买者在产品类别中确认（认出或忆起）出品牌的能力，这种确认细节的程度足以产生购买行为	如果决策是在购买现场作出的，则为品牌识别； 如果决策是在购买之前作出的，则为品牌回忆； 如果合理，则为二者
品牌态度	购买者关于品牌满足其相关动机的实际能力的评价。（这种评价的基础是购买者对这个品牌效用的信念，以及他对这些效用和某些情感重要性的看法，这种看法与其动机相关联）	如果不知道，则创造态度； 如果相当赞成，则增强态度； 如果极端赞成，则维持态度； 如果态度温和但没有增加的可能，则调整态度； 如果持负面态度，则改变态度

---

① 广告心理目标可以整体或者部分地由任何形式的营销沟通来引发，这些营销沟通的方式包括：广告、类似于广告的活动、促销活动，以及人员销售展示，因此它们应称作"营销沟通目标"。在"大广告"的背景之下，本文将之成为"广告心理目标"。

续表

广告战略 目标的层次	广告战略目标的内涵	广告战略目标的管理方案
品牌购买意向	购买者购买品牌或者采取其他购买相关的行为的自我指令	在低风险品牌的广告中假定有它的存在；使它在所有其他的广告和促销中产品产生
购买促进	购买者对其他营销因素将不会阻碍或抑制购买的一种把握	如果不存在有关4P的问题，则忽略它；如果有问题则将它融入广告活动中

5.2.1 类别需求及其管理方案

1. 类别需求的定义

类别需求指的是顾客对此类别（的产品或服务）的接纳是必不可少的，这种必须性体现在这个类别的产品或服务可以消除或者满足所感知到的当前动机状态和理想动机状态之间的差距。因此类别需求在产品或服务与顾客动机之间需要一种由广告客户建立起来的感知到的联系。

（1）顾客动机。当潜在顾客拥有八种基本的购买动机中的任意一种时，就会有意购买产品或服务。由于这些购买动机也是品牌可以联系的可能动机（通过品牌态度的沟通效果），所以我们将在讨论选择品牌态度的部分再进行详细地分析。简单地说，这八种动机就是排除问题、避免问题、不完全满足、解决与避免问题相结合，以及正常排除（所有这些是行动的负面动机），还有感官满足、智力刺激或者控制、社会认同（所有这些都是行动的正面动机）。当产生其中之一的动机而且顾客将这一类普通的产品或服务类别作为满足动机的一种方法时，类别需求就产生了。

（2）基本需求。通过在产品（或服务类别）与一种相关的动机之间成功地建立起一种顾客可以接受的联系（信念），广告客户就可以刺激顾客的基本需求，也就是说，对产品或服务类别总体的需求。类别需求是引发基本需求的沟通效果。但是要注意，类别需求连同它的市场结果，即基本需求，适用于这个类别中的所有品牌。为了刺激二级需求或者选择需求，广告客户还必须影响品牌层面的沟通效果：品牌认知、品牌态度和品牌购买意向。

2. 类别需求的管理选择方案

在消费者购买某个类别中的某一品牌之前，他对这个类别的需求必须充分表现出来。也就是说，潜在顾客必须出现在这类别产品或服务的"市场"中。然而，类别需求并不总是一种沟通目标，存在三种可选择的方案（表5-2）。

类别需求的管理选择方案　　　　　　　　　　表5-2

购买者的状态	广告战略目标管理方案
类别需求已经存在	可以将忽略类别需求作为广告或促销的目标
潜在的类别需求	必须提到类别需求，才能唤醒购买者先前已建立的需求
无类别需求或类别需求弱	必须使用类别沟通效果来"销售"类别需求

(1) 第一种方案是忽略类别需求。对于频繁购买型产品或服务以及一个类别用户（BL、FBS、OBS 或 OBL）的目标受众——类别需求就不是一种广告心理目标，因此可以忽略掉。对于这类产品的频繁购买型顾客而言，可以假设类别需求已经存在，因此在广告沟通和促销中就不必提及了。

(2) 第二种选择方案是提醒购买者产生类别需求。其类别需求是一种目标，即提醒潜在购买者产生一种潜在的或者已经忘却了（但是从前这种类别需求已经确立）的类别需求。提醒方案主要用于那些非频繁购买型的产品类别。

(3) 第三种选择方案是"销售"类别需求。当类别需求还没有在潜在顾客的脑海中建立起来（就像针对某类产品的新用户时那样），广告沟通活动（通常附带有促销活动的支持）就必须"销售"类别需求。"销售类别需求"不仅要针对类别，而且要针对品牌。如在家用传真机还不普及的时候，广告心理目标不仅要唤起消费者对家用传真机的类别需求，而且要把广告品牌传达给广告受众。

5.2.2 品牌认知及其管理方案

1. 品牌认知的定义

品牌认知①是顾客在产品类别中足够详细地确认（认出或回忆起）品牌的能力，这种能力足以产生购买行为（针对扮演的是决策参与者而不是顾客的角色时，这种定义可以简单地改为，顾客足够详细地确认品牌的能力，这种能力足以分别产生提议、推荐、选择或者采用品牌的效果）。

作为广告心理目标的品牌认知取决于购买决策是如何"作出的"。顾客所要认知的内容取决于购买决策是否要求有品牌识别和品牌回忆。品牌识别和品牌回忆都要求顾客在脑海中与他所了解到的类别需求之间有一种联系，这可以通过图示加以说明（图5-2）。

品牌认知到类别需求的关系图示——显示了品牌识别（路径1）、品牌回忆（路径2）以及由品牌回忆促进的品牌识别（路径3）。

(1) 在品牌识别情况下——即路径1a和1b，顾客心中已经有了类别需求，但是顾客只有一种类别购买意向，而且现在必须认出一个品牌（路径1a）或者首先注意到这个品牌，然后他自问目前是否对这类产品有需求（路径1b）。这时的顺序或者是

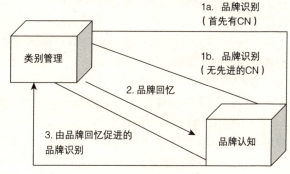

图5-2 品牌认知到类别需求的关系

---

① 在市场营销和广告调查中有一种将品牌认知和"品牌名称回忆"等同起来的趋势。然而，正如其定义所表明的那样，品牌认知可能是由品牌识别而非品牌名称回忆实现的。

CN—CPI—BRGN，或者是 BRGN—CN。例如，绝大多数超级市场中的快速消费品的选择（1a）；或者考虑一本商业杂志中的关于节省空间的航空旅行箱的广告（1b）。

（2）在品牌回忆的情况下——即路径2，首先产生的是类别需求，然后才发生对品牌的回忆。这时的顺序是 CN—BRCL。例如，零售商店（当在家或在办公室里决定去哪家商店购买一种产品或服务类别时）；咨询公司——如果你的单位打算雇佣一家的话。

（3）由品牌回忆促进的品牌识别——即路径3，这时首先发生的是类别需求，紧跟着的是品牌回忆，然后是品牌识别。这时的顺序是 CN—BRCL→BRGN。例如，你记得一家餐厅的名字，但是它的具体位置你必须在开车时才能认出来；你想尝试一种新的科隆香水，但是必须在商场或者小商店才能找到。

2. 品牌认知的管理选择方案

表5-3总结了把品牌认知作为广告心理目标的三种选择方案，并附有这些方案的使用条件。

品牌认知的管理选择方案　　　　　　　　　　　　　　　　　表5-3

品牌选择	广告战略目标管理方案
在购买点	提高品牌识别
购买前	提高品牌回忆
在购买之前原打算选择品牌，但是必须在购买点认出品牌	提高品牌回忆和品牌识别（由品牌回忆促进的品牌识别）

（1）第一种选择方案：品牌识别。顾客在购买现场选择品牌的时候，广告和促销材料应该保证顾客能够识别出这个品牌。发生品牌识别的最纯粹的例子就是所谓的冲动型购买。冲动型购买就是在看到这个品牌之前根本没有考虑要购买这个品牌，甚至没有考虑过购买这个产品类别中的商品（这就是图5-2中的路径1b）。展示在收款台旁的糖果、口香糖、杂志等都是营销者试图通过品牌识别来刺激冲动型购买的明显例子。绝大多数直接反应广告活动遵循的也是上面这种品牌识别的顺序，即顾客先看到这个品牌，然后再考虑是否需要这类产品。

品牌识别是惟一目标的另一种决策顺序就是，顾客首先亲身经历到了这种类别需求，但这仅导致一种类别购买意向——并没有导致购买这个品牌的决定（即图5-2中的路径1a）。对于超市里的产品，通过品牌识别在购买地点选择这个品牌的概率约为14%，这种选择只是源于购买这一类别产品的一种普通意向。注意针对前面的冲动型购买顺序以及这里的"决定购买产品类别但未决定购买哪种品牌"的顺序，其品牌认知的目标都是相同的：品牌识别。

（2）第二种选择方案：品牌回忆。在到达购买现场之前，消费者必须考虑一种或多种品牌，并从中作出选择。此时，消费者仅经历了类别需求，所以合适的沟通目标就是品牌回忆。这里，必须首先产生类别需求，并且它与品牌回忆有一种直接联系（见图5-2中的路径2）。为了产生品牌回忆，广告传播需要频繁地重复类别需求与品牌名称之间的联系。

（3）第三种选择方案：由品牌回忆促进的品牌识别。广告的目标是首先鼓励顾客回忆起品牌名称，然后鼓励他们在购买现场寻找而且认出这个品牌。虽然这种"双重"品牌认知目标是最难达到的，也是最昂贵的，但在下面两种具体情况下是值得追求的：

1）对于一种新品牌或者目标受众是新的试用者的已有品牌（通常是NCUs或OBSs），广告客户可能希望实施一种审慎的选择。为此我们建议采用更长或者更大的广告。

2）对于一种新品牌或者已有品牌，面对已拥有自己的忠诚顾客（OBLs）的已进入竞争的品牌，我们希望能"化解"顾客对那个品牌的简单定位行为，并且转而购买我们的品牌。

5.2.3 品牌态度及其管理方案

1. 品牌态度的定义

品牌态度是顾客对一种品牌满足当前相关动机的可被感知能力的评价。它包含四个主要的组成因素：上层信念、具体的效用信念、可能的独立情感和"选择规则"（图5-3）。

（1）上层信念，即品牌态度。当一种品牌态度在顾客的脑海中创造出来的时

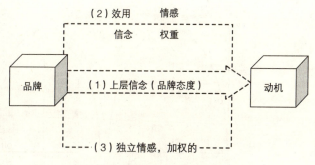

图5-3 品牌态度的主要组成部分

候，这种上层信念就将该品牌和购买动机或使用动机联系在一起了。基本的购买动机或使用动机有8种（表5-4）。因此，一个顾客对于一种品牌可能会有8种独立的上层信念（态度）。例如，来自组织的顾客可能认为，IBM计算机对于他的公司来说是一种"安全"的选择（避免问题动机），同时可能认为IBM计算机对于儿童消遣娱乐而言就是一种欠佳的选择，不能满足感官动机。

八种基本的购买和使用动机　　　　　　　　　　　表5-4

序号	由负面引发的（信息型）动机	序号	由正面引发的（转变型）动机
1	排除问题	5	正常排除
2	避免问题	6	感官满足
3	不完全满足	7	智力刺激或控制
4	解决与避免问题相结合	8	社会认同

由表5-4可见，顾客的动机可能是由负面引发的（称为"信息型"动机），也可能由正面引发的（称为"转移型"动机）。负面引发的信息型动机实际上是顾客行为最有力的推动因素。对一种具体的产品类别或者类别需求，如果一个潜在顾客处于典型的"均衡"状态下，那么他不需要买任何东西——他没有动机。当他正在使用的产品坏了，或者不满意，再或者虽然满意但是却用完了，这三种情况中的任何一种都将潜在顾客置于一种负面的精神状态下，这时他将通过购买一个新产品或者替代产品来寻求"解脱"。这时的效果是，首先提高了潜在顾客的动力或动机的水平，激励他去调查或者搜寻产品；然后他的动力或动机就会被引向购买（以及满意地使用）这种产品（被选的品牌）。表5-4中所列出的第二套动机是由正面引发的转变型动机。在潜在顾客希望超越均衡状态并且"奖赏"自己的时候，就产生了转变型动机。针对每种由正面引发的动机，产品承诺提供一种正面的刺激（或奖赏），这不同于由负面引发的动机——产品是消除或降低一种由负面引发的刺激（或惩罚）。拥有由正面引发的动机的过程被称为"通过正面的加强因素而促进的增加"（图5-4）。

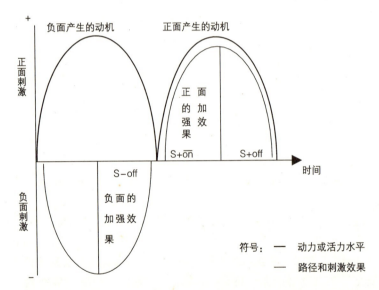

图5-4 负面产生的动机和正面产生的动机二者如何刺激行为（分别导致负面的和正面的加强效果）

即使购买相同的产品，有些人的动机是由负面引发的，而另一些人的动机则是由正面引发的。威德里克（Widrick）发现，购买套装服饰（正式的服装）的四个顾客中就有一个并不喜欢购买套装服饰的过程，而且购买时相当不舒服（这样就使得负面增强）。而另外三个都很喜欢这个过程（这样就使得正面增强）。对购买套装服饰有负面动机的顾客花在购物上的时间要短得多，会去近一些的商店购买，而且其购买时间段也小得多（有负面动机的顾客为一周，而有正面动机的顾客为几个月）。对于这种复杂程度较高的产品而言，两个顾客细分群体清楚地呈现了出来，那么针对每一个细分群体的广告沟通应该有所不同。相同产品的购买动机在不同的购买细分群体中有所差别，这产生出了一个进一步的例子。举一个简单的产品例子，例如卫生纸。一些人注重卫生纸的韧性（避免问题）；其他一些人注重柔软度（感官满足，如果对痔疮患者就是避免问题）。但是在澳大利亚直到20世纪90年代初期，1/3的顾客家庭购买的都是漂白卫生纸，不是为了柔软或韧性，而是因为生态的关系（避免问题），或者是因为那是时髦的做法（社会认同）——即使漂白的产品价格通常要比普通产品高！

（2）具体的效用信念和情感权重。品牌态度的第二个组成因素是关于品牌所提供的具体效用，是支持整体的上层信念的一种或者多种信念。例如，在支持IBM计算机用于办公用途是一种安全选择的信念时，顾客就可能有具体的信念认为IBM计算机是知名的品牌，相信它们被广泛地使用着，而且相信从技术上讲它们和其他的计算机品牌一样先进等。而这些具体的效用信念源于营销沟通"合理的"内容。但是具体的效用信念也有"情感的"一面。这就是效用信念和购买动机"挂钩"的方法。例如，关于IBM计算机的具体效用信念有可能都是在赞成它是一种安全的选择（它们就拥有了一种正面的情感权重）：IBM很有名、正被广泛使用、与其他品牌在技术工具有可比性等。这样，它们通过用正面的权重抵消掉（减少）负面动机从而满足了由负面产生的（避免问题）动机。

菲什拜因（Fish–bein）用多重特性模型（Multi-attribute model）表示了效用信念和情感权重这两个亚组成因素的综合影响：

$$BATT_{b(m)} = \sum_{i=1}^{n}(B_{bi(m)}E_{i(m)}) + E_{o(m)} \qquad 5.1$$

这里 $BATT_{b(m)}$ 是对于品牌 b 的品牌态度（出于动机 m）；$B_{bi(m)}$ 表示对于品牌 b 的效用 i（或者态度 i）的具体效用信念，这时仍然出于动机 m；$E_{i(m)}$ 表示的是顾客放在动机 m 产生的效用 i 上的情感权重；而这个公式表明有 $1 \sim n$ 种效用，包括 i，这样从1到 i，再到 n，将加了权重的效用信念（对于每一种效用都用其 $B_{bi(m)}$ 乘以 $E_{i(m)}$ 加总（Σ），这样就得到了总体态度。本书将在"第9章：广告定位战略"的"I–D–U中观模型的效用强调"中举例说明这个模型如何使用。

（3）独立情感。许多广告活动，特别是那些希望转变顾客动机的产品或服务，试图使品牌充满丰富的情感联系，而这些情感联系与具体的品牌效用信念并非明显相连。例如，顾客可能感觉IBM是一家冷冰冰的公司，这种感觉也许是由其蓝白色的企业标识色以及它的别称"蓝色巨人"产生的，也许这种感觉是因为其引人注目的裁员和取消销售人员的固定办公室的做法产生的。如果诱导顾客说出对IBM的感觉，那么顾客可能就会说出对IBM感觉冷冰冰的合理性，但是情感反应更像是运作无声的感觉。因此我们把这种类型的情感反应称为"独立的"，因为它们不是与一种信念相连。但是，它们对于购买动机或者使用动机确实有支持作用。在这种情况下，"冷冰冰"实际上可能会有助于产生IBM是安全的这种上层信念（一种正面的情感权重）。但是如果是在家里给孩子们使用，那么相同的冷冰冰的感觉就可能会降低

IBM 适合于儿童使用这种上层信念（一种负面的情感权重）。独立情感被加上了内在感情的权重。因此需要在多重特性模型之上加入独立情感，完整的模型就应该是：

$$BATT_{b(m)} = \sum_{i=1}^{n}(B_{bi(m)}E_{i(m)}) + E_{o(m)} \qquad 5.2$$

$E_{o(m)}$ 指的是独立情感（"E 的下标 o"指的是"其他的"情感权重）。

（4）选择规则。潜在顾客将情感权重效用信念的总和，再加上独立情感，就形成了整体的上层信念或者品牌态度。实际上，多重特性模型公式中的"Σ"是一个求和的计算符。这是最通常的选择规则。然而，顾客很可能会了解到或者形成一种不同的选择规则，例如"首先只考虑那些位于规定的价格范围内的品牌，然后再以整体的态度进行选择"。

2. 品牌态度的管理选择方案

当把品牌态度作为一种广告心理目标时，管理方面的选择方案就是创造、改善、增强、维持、修改，或者改变目标受众的品牌态度。选择这些方案中的哪个一定取决于目标受众的先期品牌态度（即在活动之前）。表 5-5 列出了先期品牌态度的条件和恰当的品牌态度沟通目标。

品牌态度的管理选择方案　　　　　　　　表 5-5

序号	购买者以前的态度	广告战略目标管理方案
1	无品牌态度（不知道）	创造态度
2	中等赞成的品牌态度	增强态度
3	最赞成的品牌态度	维持态度
4	无所谓（但通常拥有一种相当赞成的态度）	调整态度
5	负面的品牌态度	改变态度

（1）第一种方案：创造品牌态度。当目标受众对品牌还没有什么态度，即还无先期态度时，广告心理目标就是创造品牌态度。创造品牌态度通常是针对某类产品的新用户或针对一种新产品类别中的新品牌。

（2）第二种方案：增强品牌态度。当目标受众对品牌只有中等赞成的先期态度时，品牌态度的目标就是增强品牌态度。"增强"指的是从先期的中等赞成水平到最后的高度赞成水平的态度变化。大多数广告活动将增强品牌态度作为其目标的原因在于，通过向那些对品牌已经有赞成倾向的人做广告（典型的是赞成型品牌转移者），以及努力改善他们的品牌态度，他们将更频繁地向该品牌转移，甚至更理想地成为品牌的忠诚用户，以最大程度地实现广告针对目标受众的效果。

（3）第三种方案：维持品牌态度。当目标受众已经拥有了最大程度上的赞成型品牌态度时（或者严格地讲，他们的先期态度的水平足以维持针对品牌的首选倾向），品牌态度的目标就是维持这个品牌态度。因此"维持"这个目标只适用于品牌忠诚者。

（4）第四种方案：调整品牌态度。"调整"指的是将品牌和一种不同的购买动机连接起来的过程。这个过程被普遍称为品牌的"重新定位",如美国运通卡近些年来已经从一种使用卡重新定位为一种声望卡。

(5)第五种方案:改变品牌态度。当目标受众对品牌持有负面的先期态度时,就应该将改变品牌态度作为目标。改变品牌态度要求打破该品牌和动机之间的负面的联系,进而用积极的联系代替它。

5.2.4 品牌购买意向及其管理方案

1. 品牌购买意向的定义

品牌购买意向是为顾客购买品牌(或者采取其他和购买相关的行为)的自我指令,是对最终顾客反应步骤(目标受众行为)的一种预期的、有意识的计划,是广告沟通的理想的目标。按照广告沟通或者促销活动所针对的决策参与者的不同角色,品牌购买意向可能是提议(发起者)、建议(影响者)、选择(决策者)、购买(购买者),更常见的是使用(使用者)。

2. 品牌购买意向管理的选择方案

品牌购买意向是一种沟通目标而描述它的选择方案的最佳方法就是使用"假定认为"和"产生"这两个标志词。表5-6所示的为这两种选择方案。

品牌购买意向管理的选择方案　　　　　　　　　　　表5-6

序号	品牌态度战略	广告战略目标管理方案
1	低度介入(无促销)	假定品牌购买意向存在
2	低度介入但有促销;或高度介入	激发品牌购买意向

(1)第一种方案:假定品牌购买意向存在。当购买决策是以低度介入的品牌态度为基础时,可以假定品牌购买意向将会自动地产生——顾客拥有非常赞成型的品牌态度。这种假设品牌购买意向的例外情况——这时作为一种沟通目标它被忽略掉——就是对于低度介入的品牌的广告也包含一个促销活动,或者实际上就是一种促销活动而不是一种广告。当有促销活动时,顾客必须立刻决定是否利用这个促销活动。肯定的决策就会产生购买意向,在这种情况下经理的正确选择应该使顾客"产生"购买意向。

(2)第二种方案:激发品牌购买意向。在进行促销活动时,或者当顾客的购买决策是以高度介入的品牌态度为基础时,如果这个促销活动或者广告会发挥效用,那么一定会激发一种确定的购买意向。

5.2.5 购买促进及其管理方案

1. 购买促进的定义

购买促进是指顾客对一些其他营销因素,例如可获得性和支付的方便程度,不会阻碍或者抑制购买品牌的一种把握。可能阻碍购买的其他营销因素来源于品牌的市场营销组合4P：产品、价格、渠道（分销）和人员销售。如果广告沟通和促销计划没有提前考虑这些其他的市场营销因素，那么这个计划就是不完整的。以往的做法是在事后补救。然而，随着现代的市场调查的介入，对可能抑制广告活动成功的营销因素未予以预测的借口也就几乎不存在了。在准备广告活动时，广告经理必须充分地利用来自营销经理、生产经理、销售经理以及其他的所涉及到的部门的信息。

2. 购买促进的管理选择方案

在是否将购买促进作为一次具体的广告活动的沟通目标时，有两种宽泛的选择方案（见表5-7）。

购买促进管理的选择方案　　　　　　　表5-7

序号	购买者状态	广告战略目标管理方案
1	没有出现与其他营销要素相关的问题（而且经理也没有预料到会有什么问题）	忽略作为一种目标的购买促进，已经考虑进营销计划中了
2	出现与其他营销要素相关的问题	将购买促进融入广告活动中（调整广告沟通和促销把问题降到最低程度）

（1）第一种方案：保证其余的营销组合相互协调。如果广告沟通和促销活动从一开始就被当作一种市场营销组合的整合因素来计划，那么可能就不会有购买促进问题。

（2）第二种方案：调整广告沟通和促销，把问题降到最低程度。与4P相关的营销组合问题不应该发生，但是却时常发生。在广告活动之前，对顾客和消费者进行调查通常会揭示出市场营销的问题。类似地，对于新产品，营销经理通常会意识到那些可能成为问题的营销因素。正如我们已经描述过的那样，应该积极地调整广告沟通和促销以应对沟通中的问题。因此经理应将购买促进作为一种沟通目标融入广告活动中。

5.3　广告战略目标的制定方法

广告战略目标的制定方法有许多种，本文介绍科利的 DAGMAR 法、马洛尼的 CAPP 法、拉维奇和斯坦纳的 L&S 法。

5.3.1　科利的 DAGMAR 法

1961年，美国广告专家罗素·科利[①]向美国广告主协会提出了"制定广告战略

---

① 提出制定广告战略目标，使其与行销目标分道扬镳的是 Russell H. Colley，他在1961年写了一本名为《制定可测量广告效果的广告战略目标》（Defining Advertising Goals for Measured Advertising Results）的书，DAGMAR 就是该书首字母的缩写。

目标以测定广告效果"的设定广告战略目标的方式，简称 DAGMAR。其主要内容是：先设定广告战略目标，而后针对所设定的广告战略目标来测定广告效果。科利认为，广告的任务就是沟通，而不是销售；广告战略目标必须是明确的、特定的，并在特定的一段时期内针对特定的受众。在广告活动尚未展开之前，先测定市场状况，以所测定之值作为基准点，再决定必须达到的广告战略目标，按照所决定的目标展开活动。广告活动完成后，再做一次市场调查，判断是否达到预期的目标值。科利为这种方法制定了六项原则：

（1）广告战略目标是记载对行销工作中有关传播方面的简明陈述。
（2）广告战略目标是用简洁、可测定的词句加以描述的。
（3）广告的各种目标要得到有关创制与核准阶层的一致同意。
（4）广告战略目标的制定应当以对市场及各种购买动机方面精湛的知识为基础。
（5）基准点是依据其所完成的事项能够测量而制定的。
（6）日后用来测定广告成果的方法，在建立广告战略目标时即应制定。

科利法最重要的主题：有效的广告战略目标是既明确又能测定的。他认为测定广告效果的关键，首先要能界定要达成的广告战略目标。这也是 DAGMAR 法的最困难部分之一。为解决这一问题，科利进一步提出"6M"方法，用以指导制定广告战略目标：

（1）商品（Merchandise）：我们所要卖的商品与服务其最重要的那些利益是什么？
（2）市场（Markets）：我们所要影响的人是谁？
（3）动机（Motives）：他们为什么要买或者不要买？
（4）讯息（Messages）：我们所要传达的主要想法、资讯与态度是什么？
（5）媒体（Media）：怎样才能到达这些潜在顾客？
（6）测定（Measurements）：我们提出什么样的准则来测定所要传达给特定视听众的成果？

要能测定广告讯息效果，广告运动计划者一定要能查出消费者在知觉、态度或行动上的改变。科利提出了一个在传播过程中的层次阶段理论：

（1）知名（Awareness）：潜在顾客首先一定要对某品牌或公司的存在"知名"。
（2）了解（Comprehension）：潜在顾客一定要"了解"这个产品是什么，以及这个产品能为他做什么。
（3）信服（Conviction）：潜在顾客一定要达到一种心理倾向或"信服"，即想去买这种产品。
（4）行动（Action）：最后潜在顾客一定要采取行动。

科利的方法之主要长处，是在许多情况下可用现有调查研究工具及方法来测定传播的反应。DAGMAR 法不仅可以作为设定广告战略目标的方式，还可以对许多用来设定广告战略目标的方式施以影响。与其他确立广告战略目标方式有所不同的是，DAGMAR 法更加注重于确立广告战略目标的具体内容。不过，DAGMAR 法仍有两个方面的局限性：第一，它未能描述现实生活中消费决策过程的全部。有时，冲动型购买者的决策过程，并不符合 DAGMAR 阐述的顺序。第二，用 DAGMAR 时，仍无法排除由其他促销组合形成的有利于消费者采取购买行动的效果。因此，许多人在采用 DAGMAR 模式拟定广告战略目标的同时，还采用其他各种模式和自制模式予以配合使用。

扩散传播（Communication Spectra，CS）模式是与 DAGMAR 模式相关的广告传播理论。DAGMAR 模式关注受众的接受反应，而 CS 模式关注传播者的目标管理。CS 模式认为，广告信息传播如同"光谱"（Spectra），呈扩散状。一个新产品进入市场后，广告战略目标是分阶段循序渐进的（图 5-5）。首先是注意阶段，要让消费者知道广告主和商品名称；其次是理解阶段，给消费者更多关于商品功能、用途的信息，使他们理解有关商品特性；而后是确信和刺激欲求阶段；最后，在购买行动阶段，广告应以促销为主要目标。

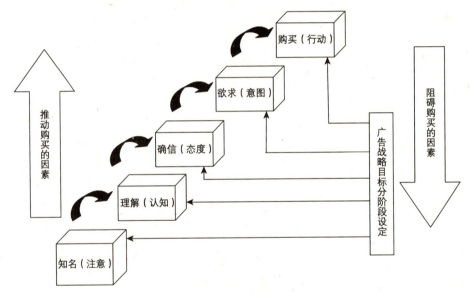

图 5-5　广告战略目标设定的 CS 模式

5.3.2　马洛尼的 CAPP 法

1966 年，美国大型广告代理公司烈奥·伯奈特公司的马洛尼总结归纳出了"连续性广告策划程序"这一设定广告战略目标的方法，他将消费者对品牌产品的需求分为知名、接受、购买和满意 4 种程度。其中，消费者对品牌产品的"接受"程度表示该品牌产品为目标市场中消费者所接受的程度，即该品牌产品可以满足消费者的最低需求。而品牌的"满意"程度则表示消费者在购买、重复购买该产品之后对产品性能所感到的满意程度。

在特定品牌的广告战略实施过程中，上述 4 个方面的数据应进行一定数量抽样户的连续性测定，并将此结果作为对广告战略进行调整的依据。CAPP 法之所以成为用来设定广告战略目标的通用方法，关键就在于这种方式可以为调整广告战略内容以及广告战略目标的设定提供即时性信息。

5.3.3 拉维奇和斯坦纳的 L&S 法

美国广告学研究者拉维奇（Robert. J. Lavidge）和斯坦纳（Gary A. Steiner）提出了 L&S 模式，对科利的 DAGMAR 法也做了进一步发展。L&S 模式实际上是表达了消费者心理转变的过程及阶段：知名、理解、喜爱、偏好、信服、购买（图5-6）所示。

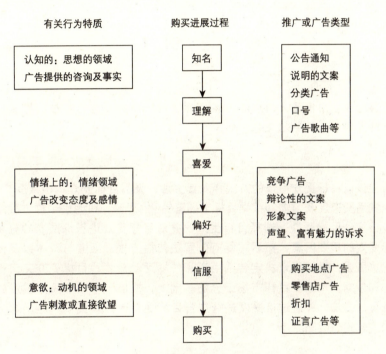

图5-6 广告对消费者的效果：从知名到行动的进展

第6章 广告受众选择

我觉得未来在中国最大的生活圈媒体群里面，如何来运用有效的覆盖，精准的覆盖，你特定的生活轨迹越来越重要。

——江南春

广告应该以目标受众习惯的方式介入其生活，吸引目标受众积极接受广告信息，从而改变其消费态度及习惯。根据目标市场营销①的理论，在明确了广告战略目标之后，就应该细分目标受众、选择目标受众，并对目标受众进行深层次的分析，找到影响目标受众的重要因素，然后才能有效解决传播方式、渠道与载体以及传播内容表现形式。所以，目标受众决定传播渠道和传播活动形式，目标受众又为传播内容提供方向和依据。本章在目标市场细分的基础上，提出了基于品牌忠诚度的广告目标受众细分的方法，并通过接受度进行广告目标受众选择（图6-1），本书第9章中将讨论广告定位战略。

6.1 目标市场细分

所谓市场细分，就是根据消费者需求的不同特征，把市场划分为若干有意义的消费者群体的过程。不同的细分市场之间，需求差别比较明显；而在每一个细分市

---

① 营销思想的发展经历了三个阶段：第一个阶段是大量市场营销阶段，即在工业化初期，产品供不应求，企业大量生产某一种产品，然后通过众多渠道大量推销给购买者；第二个阶段是产品差异市场营销阶段，在20世纪20年代至第二次世界大战结束前，由于市场供过于求，竞争激烈，企业开始生产两种或更多的产品，以展示出不同的特色、式样、质量、型号等；第三个阶段是目标市场营销阶段，在20世纪50年代，企业开始推行"目标市场营销"，把整个市场划分为若干购买者群（也可称为分市场），然后针对各个不同的分市场需求的差异，选择其中一个或几个分市场作为目标市场，开发适销对路的产品，设计相应的市场营销组合，以满足目标市场的需要。目标市场营销又称STP营销，其中S指Segmenting Market，即市场细分；T指Targeting Market，即选择目标市场；P为Positioning，亦即定位。

场内部，需求差别则比较细微，基本倾向一致。

6.1.1 目标市场细分的理论基础

1. 理论基础之一：多元异质性

市场"多元异质性"理论认为，消费者对大部分产品的需求是多元化的，具有不同的"质"的要求。需求本身的"异质性"是市场可能细分的客观基础。对于大多数商品市场来说，购买者对同类商品质量、特性要求不同。如家具市场，产品的造型、规格、色泽、材料都会有很大的差异，这叫"异质市场"；与之相反的是"同质市场"，但是此类市场比较少。在异质市场上，购买欲望与兴趣大致相同的消费者群就可以构成一个细分市场。

2. 理论基础之二：消费者偏好

消费者偏好理论认为，在市场营销过程中必须了解消费者需求的差别性和复杂性，必须了解消费者心理的偏好。比如冰激凌这类产品，选定冰激凌的甜度和含乳量这两个性能指标，向不同收入和年龄的各类消费者进行调查，询问他们对这两种性能的偏好程度，可以得出以下三种状态模式：

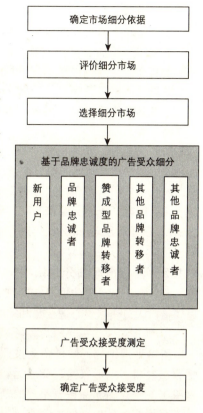

图6-1 广告受众选择的程序

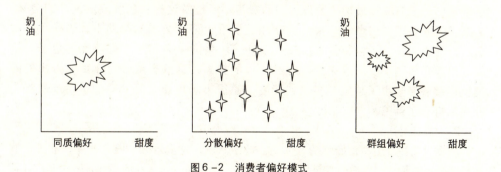

图6-2 消费者偏好模式

(1) 同质偏好状态模式

同质偏好指某一市场内的所有消费者具有大致相同的偏好。该模式表示消费者的要求大同小异，其偏好没有出现自然分类的现象，不存在惯常的市场细分潜力。这类市场的经营者必须同时重视产品的两种属性。

(2) 分散偏好状态模式

分散偏好指消费者的偏好均匀散布在整个空间。在这个市场上，消费者对冰激凌甜度和含奶油量各有不同的喜好，有的偏重甜度，有的偏重含乳量，有的两者兼而有之，这些偏好是均匀分散的。这时企业有两种选择：一种是兼顾两种属性，把自己的产品营销定位于图形中心，迎合尽可能多的顾客，使所有消费者的不满降低到最小限度；一种是偏重于某一类顾客，分别吸引偏爱甜味或偏爱含奶油味的顾客。

(3) 群组偏好状态模式

群组偏好指具有不同偏好的消费者形成若干群落，出现自然细分的市场。第一个进入此类市场的生产厂家可有三种选择：一是将产品定位于若干群落中心，以求适应所有顾客（无差异营销）；二是选择适应若干群落中最大的一个顾客群（集中性营销）；三是发展若干品牌，分别定位于不同的细分市场（差异化营销）。

6.1.2 目标市场细分的依据

目标市场细分要依据一定的细分变量来进行。消费者市场的细分变量主要有地理变量、人口变量、心理变量和行为变量等四类。

1. 地理细分

所谓地理细分，就是企业按照消费者所在的地理位置以及其他地理变量（包括城市农村、地形气候、交通运输等）来细分消费者市场。处在不同地理位置的消费者对企业的产品各有不同的需要和偏好，他们对企业所采取的市场营销战略，也各有不同的反应。例如，香港一家公司在亚洲食品商店推销它生产的蚝油时采用这样的包装装潢画：一位亚洲妇女和一个男孩坐在一条渔船上，船里装满了大蚝，效果很好。可是，这家公司将这种东方食品调料销往美国，仍使用原来的包装装潢，却没有取得成功，因为美国消费者不能理解这样的包装装潢设计的含义。后来，这家公司在旧金山一家经销商和装潢设计咨询公司的帮助下，改换了商品名称，并重新设计了包装装潢：一个放有一块美国牛肉和一个褐色蚝的盘子，这样才引起了美国消费者的兴趣。经过一年的努力，这家香港公司在美国推出的蚝油新包装装潢吸引了越来越多的消费者，超级市场也愿意经销蚝油了，产品终于在美国打开了销路。

2. 人口细分

根据人口统计资料，如年龄、性别、婚姻状况、家庭规模、收入水平、职业、教育程度、民族构成、宗教信仰等因素细分市场，是因为消费者对商品的爱好、需求和购买特点同消费者的人口指标关系密切。据此标准可以有效地区分出不同的购买集团。同时，上述变量较之其他变量更容易定量，也比较容易获得相关资料。应用人口统计标准细分市场，通常最为关注年龄、性别、收入、教育程度和职业等因素。

3. 心理细分

消费者的欲望、需要和购买行为不仅受人口变量影响，而且受心理变量影响，所以还要进行心理细分。心理细分就是按照消费者的生活方式、个性等心理变量来细分消费者市场。(1) 生活方式细分。来自相同的亚文化群、社会阶级、职业的人们可能各有不同的生活方式。生活方式是影响消费者的欲望和需要的一个重要因素。为进行生活方式细分，企业可以用"AIO"尺度来测量消费者的生活方式：活动 (Activities)，如消费者的工作、业余消遣、休假、购物、体育、款待客人等活动；兴趣（Interests），如消费者对家庭、服装的流行式样、食品、娱乐等的兴趣；意见 (Opinions)，如消费者对社会、政治、经济、产品、文化教育、环境保护等问题的意见。(2) 个性细分。企业还可以按照消费者不同的个性来细分消费者市场。这些企业通过广告宣传，试图赋予其产品与某些消费者的个性相似的"品牌个性"，树立"品牌形象"。例如，20世纪50年代后期福特汽车的购买者普遍被认为是独立、感情易冲动、善于适应环境变化和雄心勃勃的消费者群，通用汽车公司雪佛莱汽车的购买者曾被认为是保守的、节俭的、计较信誉的、较少男子气概的和避免极端的消费者群。这些公司努力使这些个性不同的消费者对自己的产品发生兴趣，从而促进销售。

4. 行为细分

所谓行为细分，就是企业按照消费者购买的行为变量来细分消费者市场。(1) 时机细分。在现代市场营销实践中，许多企业往往通过时机细分（如春节、元宵节、中秋节等传统节日），试图扩大消费者使用本企业的产品的范围。(2) 利益细分。消费者往往因为各有不同的购买动机、追求不同的利益，所以购买不同的产品和品牌。以购买牙膏为例，有些消费者购买高露洁牙膏，主要是为了防治龋齿；有些消费者购买芳草牙膏，主要是为了防治口腔溃疡、牙周炎。(3) 使用者细分。许多商品的市场都可以按照使用者情况，如非使用者、以前曾经使用者、潜在使用者、初次使用者和经常使用者等来细分。(4) 使用率细分。许多商品的市场还可以按照消费者对某种产品的使用率如少量、中量、大量使用者来细分。这种细分战略又叫做数量细分。(5) 忠诚度细分。企业还可以按照消费者对品牌（或商店）的忠诚度来细分消费者市场。所谓品牌忠诚，是指由于价格、质量等诸多因素的引力，使消费者对某一品牌的产品情有独钟，形成偏爱并长期地购买这一品牌产品的行为。(6) 待购阶段细分。在任何时候，人们都处于购买某种产品的不同阶段。企业对处在不同待购阶段的消费者，必须酌情运用适当的市场营销组合，采取适当的市场营销措施，才能促进销售，提高经营效益。(7) 态度细分。消费者对某企业的产品的态度有五种：热爱、肯定、不感兴趣、否定和敌对。企业对持不同态度的消费者，应采取不同的营销策略。

经过细分的市场，必须具备三方面的特征：可衡量性：即各个市场部分的购买力和规模大小应该是能够加以测定的；可进入性：企业能够进入所选定的市场部分，企业的市场营销组合能达到所选定的市场部分；规模性：即细分市场的规模要大到能使企业足够获利的程度，使企业值得为它设计一套营销规划方案。

6.1.3 目标市场选择的步骤

目标市场是企业在经过市场细分并对细分市场进行分析评价的基础上所确定的准备进入开展营销活动的市场部分。在这些市场部分上,企业能够发挥相对优势,获取更佳的经济效益。目标市场选择的步骤如下:

1. 评价细分市场

在对细分市场进行分析评价时,企业必须考虑细分市场的规模和发展、细分市场结构的吸引力及企业的目标和资源三个方面。(1)细分市场的规模和发展。相对于企业的规模和实力来说,细分市场应当具有适当规模。大企业总是非常重视销售量大的细分市场,而忽视销售量小的细分市场。小企业也应避免进入大的细分市场,因为这需要太多的资源投入,超过了企业的能力。当然,适当规模是相对的而且也是在变化的。细分市场的发展性也是值得注意的。缺乏增长潜力的细分市场,很快就会达到饱和状态,这会影响企业产品销售量的扩大和利润的增加,也可能在较短的时期内就加剧了企业间的竞争力度。而在具有增长潜力的细分市场,企业可以利用不断增长的市场需求扩大产品的生产销售和增加盈利。(2)细分市场结构的吸引力。美国哈佛商学院教授迈克尔·波特(Michael Porter)认为,有五种力量决定整个市场或任何一个细分市场的长期的吸引力。这五种力量是:现有企业间的竞争、潜在进入者的威胁、替代品的威胁、供应商的讨价还价能力、顾客的讨价还价能力(图6-3)。(3)企业的目标和资源。结合企业的目标和资源来选择目标市场,就是为了在选定的细分市场上创造企业的相对竞争优势;如果不能创造出这种优势,企业就不宜进入该细分市场。

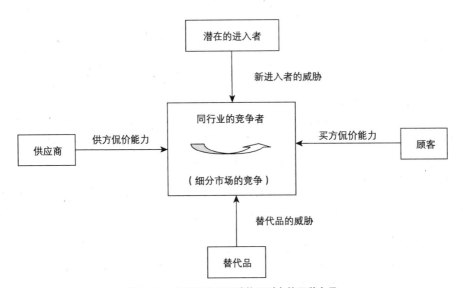

图6-3 决定细分市场结构吸引力的五种力量

2. 选择细分市场

企业在对各个细分市场进入分析评价的基础上，便可以确定企业的目标市场。企业可以采用的选择目标市场的模式主要有五种（图6-4）。(1) 产品/市场集中模式。即企业只生产经营某一种产品，只满足某一个细分市场的需求。如劳斯莱斯公司就是集中经营高档轿车市场。(2) 产品专业化模式。即企业集中生产经营某一种产品，用这一种产品来满足各个细分市场的需求。如自行车生产企业向男性、女性、儿童、运动员等各类顾客提供不同种类的自行车，而不去生产助动车、摩托车。(3) 市场专业化模式。即企业决定生产经营各种产品来满足某一个细分市场的需求。如教学仪器生产厂商以中学实验室为服务对象，提供各种物理、化学、生物实验的仪器设备。(4) 有选择的专业化模式。即企业同时为若干个细分市场服务，为每个细分市场提供适应其需求的产品。如房地产开发商既为高收入者提供豪华别墅之类的高档住宅，也为中低收入者提供廉价住宅。(5) 覆盖整个市场模式。即企业准备用各种产品来满足各个细分市场的需求。如国际商用机器公司（IBM）既生产各种大型的计算机，也生产各种个人电脑，来满足整个市场的需求。

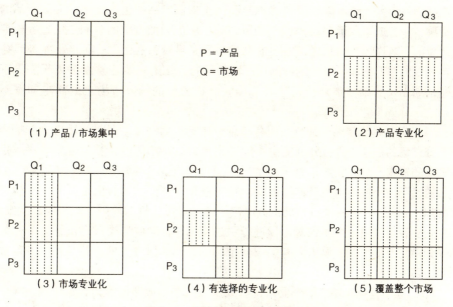

图6-4 目标市场选择的五种模式

3. 确定目标市场营销策略

根据企业选择目标市场的方法，可以将企业的目标市场营销策略分为三类，即无差异营销、差异营销和集中营销（图6-5）。

(1) 无差异营销策略。即企业不考虑各个细分市场之间的差异，只推出一种产品、设计一套市场营销组合方案去满足整个市场的需求。这种策略的优点是成本的

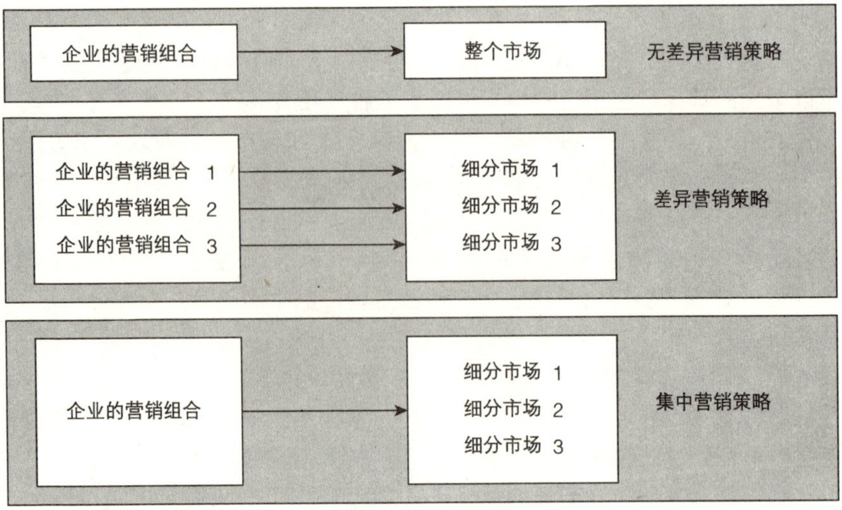

```
┌─────────────────────────────────────────────────────────┐
│  ┌─────────────┐          ┌─────────┐                   │
│  │ 企业的营销组合 │ ────────→│ 整个市场 │   无差异营销策略    │
│  └─────────────┘          └─────────┘                   │
└─────────────────────────────────────────────────────────┘

┌─────────────────────────────────────────────────────────┐
│  ┌───────────────┐         ┌──────────┐                 │
│  │ 企业的营销组合 1│ ───────→│ 细分市场 1│                 │
│  │ 企业的营销组合 2│ ───────→│ 细分市场 2│   差异营销策略    │
│  │ 企业的营销组合 3│ ───────→│ 细分市场 3│                 │
│  └───────────────┘         └──────────┘                 │
└─────────────────────────────────────────────────────────┘

┌─────────────────────────────────────────────────────────┐
│  ┌─────────────┐           ┌──────────┐                 │
│  │             │           │ 细分市场 1│                 │
│  │ 企业的营销组合│ ────────→│ 细分市场 2│   集中营销策略    │
│  │             │           │ 细分市场 3│                 │
│  └─────────────┘           └──────────┘                 │
└─────────────────────────────────────────────────────────┘
```

图6-5 三种目标市场营销策略

经济性。因为大批量地集中生产一种产品，能降低产品的生产成本，节省产品的包装费用、储存成本和运输费用、广告费用等，从而增加企业的盈利。但它的缺点也是明显的。对许多产品来说，顾客的需求差异是客观存在的，一种产品能满足各类顾客需求的情形是非常罕见的。同时，如果同行业里有多家企业都采取无差异营销策略，则在大的细分市场上竞争将加剧，而在较小的细分市场上的需求却得不到满足。

(2) 差异营销策略。即企业为各个细分市场或为许多细分市场服务，并按照各个细分市场的需求差异，分别提供不同的产品、设计不同的营销组合方案去满足目标市场的需求。如大众汽车公司就生产不同规格、型号的轿车来满足不同收入、不同目的、不同个性的消费者群的需求。实行差异营销在使销售额上升的同时也使成本增加，因此，企业在进行市场细分时应注意掌握规模性的原则，而不能过度细分。如果企业在营销过程中发现对市场进行了过度细分，就应该进行"反细分"即将有的细分市场予以合并，以扩大有关细分市场的容量，以较少的产品品种来满足更多的顾客群的需求。

(3) 集中营销策略。即企业以一个或少数几个细分市场作为目标市场，集中一切力量为这些市场部分服务。如国外有人开设了专门提供左撇子用品的商店，满足这一消费群对一些生活用品的特别需求。这种策略的优点是：企业将有限的资源集中用于一个或少数几个细分市场，能够确立在这些个别市场上的较高的市场占有率，能够及时了解细分市场的有关信息，及时调整企业的营销组合，更好地为细分市场服务，从而使企业在这些个别市场上处于较有利的竞争地位；企业在生产和市场方面实行专业化，能够节省经营费用，提高经济效益。但是由于企业经营的市场范围很小，当这些细分市场的营销环境发生重大变化如有强大的竞争者进入该细分市场或顾客需求发生变化时，会给企业的经营活动造成不利影响，甚至可能使企业无法继续经营下去。

6.2 目标受众细分

广告目标受众是指一次特定的广告沟通（或促销活动）所指向的人群，它与目标市场的范围不同①。"品牌忠诚度"方法，是为广告沟通和促销确定目标受众最合适的方法。品牌忠诚度可以定义为：对品牌具有持续的认知并对其价格和促销方面持赞成的态度，在此基础上定期（重复）地购买这一品牌②。"品牌忠诚度"方法将潜在的购买者群体分为五种类型③（图6-6④）：

1. 新用户（New category users, NCUs），通过购买我们的品牌而购买这一类产品；

2. 品牌忠诚者（Brand loyals, BLs），定期购买我们的品牌；

3. 赞成型品牌转移者（Favorable brand switchers, FBSs），偶尔购买我们的品牌而且也购买其他品牌；

4. 其他品牌转移者（Other-brand switchers, OBSs），购买其他品牌而未购买我们的品牌；

5. 其他品牌忠诚者（Other-brand loyals, OBLs），定期购买非我们的品牌的其他品牌。

通过表6-1中的问题可以将这五类目标受众再次分类，细分出12个潜在目标受众亚群体（图6-7⑤），这些亚群体是五种以品牌忠诚度为基础的群体的子集合。

---

① "目标受众"这一术语将一次特定的广告沟通或促销活动所指向的那些人与其他的人区别开来，而"目标市场"则是指整体的市场营销组合所指向的那些人群。对某个特定的广告活动来说，目标受众可能就是目标市场的一个子集。只有在营销者决定将广告沟通或促销指向五种购买者群体中的一种或多种时，这个群体或者这些群体才被称为目标受众。一个有可能成为主顾的群体就变成广告沟通和促销的目标，从沟通的意义上讲，它成为了特定的广告沟通和促销活动的受众。

② 因此，"品牌忠诚度"方法又称为"认知—态度—行为"方法。

③ 理解这五种群体的一种好方法就是分析一种知名的品牌，例如麦氏家庭速溶咖啡：(a) 非类别用户而且因此成为一个新的潜在的类别用户，一个 NCU，这样的人从来没有尝试过速溶咖啡或者不喜欢速溶咖啡；(b) 一个喝麦氏咖啡的忠诚顾客，一个 BL，这样的人很少喝其他品牌的速溶咖啡；(c) 赞成型品牌转移者，一个 FBS，这样的人喝麦氏咖啡，但是也喝其他品牌诸如雀巢（Nescafe）和美食家的选择牌（Taster's Choice）的咖啡；(d) 其他品牌转移者，一个 OBS，这样的人喝其他品牌，诸如雀巢和美食家的选择牌咖啡，但是不喝麦氏咖啡；(e) 其他品牌忠诚顾客，一个 OBL，喝除麦氏咖啡以外的其他品牌，例如主要喝雀巢咖啡或者主要喝美食家的选择牌咖啡。

④ 广告品牌的销售是用忠诚核心部分（内圈）和转移带（阴影部分）来表示的。

⑤ (a) 代表有偏好（购买我们的品牌），(b) 代表没有偏好（不购买我们的品牌）。每个亚群体离单一品牌忠诚度（阴影圈）的接近程度大致表明了它对该品牌的接受度。

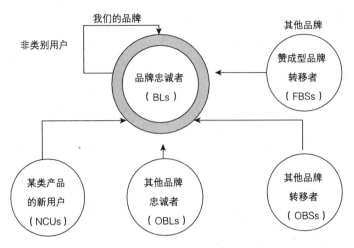

图6-6 基于品牌忠诚度的目标受众细分

潜在目标受众亚群体的划分　　　　　　　　　　表6-1

产品类别
1. □ 不知道这个类别（结束）
2. □ 知道，没有过，但可能试用这个类别（转到11）
3. □ 知道，没用过，但在任何情况下都不会试用（结束）
4. □ 过去用过这个类别，不再使用，但可能再用此类别（转到11）
5. □ 过去用过这个类别，不再使用，且在任何情况下都不会再使用这类产品（结束）
客户的品牌
6. □ 只用这个牌子（结束）
7. □ 只用另一种牌子（将品牌）_____（转到11）
8. □ 使用这个品牌和其他品牌（写下其他品牌）_____（转到10）
9. □ 使用其他品牌（写下其他品牌）_____（转到10，下一个问题）
10. 你更喜欢哪种类型的品牌购买者？ □ A. 喜欢几种牌子而且只买这些牌子 □ B. 买各种牌子而且对它没有特别感觉 　　（如果是委托品牌的使用者，结束；如果是非使用者，转到11，下一个问题）
11. □ 不道这个类别（结束）

续表

客户的品牌
12. □ 知道,没用过,但可能试用这个类别(结束)
13. □ 知道,没用过,但在任何情况下都不会试用(结束)
14. □ 过去用过这个类别,不再使用,但可能再用此类别(结束)
15. □ 过去用过这个类别,不再使用,且在任何情况下都不会再使用这类产品(结束)

分类			
UNCU =1	FOBL =7, 12 或 7, 14	RFBS =8, 10A	SBL =6
PNCU =2 或 4	NOBL =7, 11	EFBS =10B, 12 或 10B, 14	MBL =8, 10A 最多三种品牌
NNCU =3 或 5	UOBL =7, 13 或 7, 15	EOBS =9, 10B	
		ROBS =9, 10A	

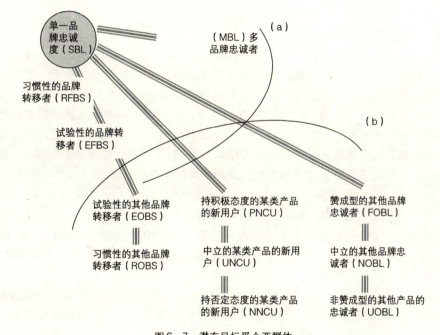

图 6-7 潜在目标受众亚群体

6.2.1 新类别用户

新类别用户实际上不是某种产品类别的使用者,他们可以称为非类别使用者。但一旦广告活动发挥作用,他们就可能成为某类产品的新用户。"新类别用户"这个术语涵盖几个相关的亚群体:对产品类别持积极态度的群体(PNCUs),不了解该类别因而持中立态度的群体(UNCUs),以及对品牌持否定态度的群体(NNCUs)。对产品类别持积极态度的新用户对产品的支持且不用说,而对品牌持否定态度的新用户和持中立态度的新用户,则需要用"教育型"广告使他们了解该产品类别,同时希望他们的类别态度由否定和中立转变为积极。

6.2.2 品牌忠诚者

多品牌忠诚者从态度上和行为上对不止一种（不会超过二三个）品牌表现出忠诚。对多个品牌表现出忠诚自然会减少他们对某一特定品牌的购买量，因此有必要将多品牌忠诚和单一品牌忠诚区别开来。一般而言，对于快速消费品，约55%的顾客声称是单一品牌忠诚者，其中罐装蔬菜的SBL顾客为25%，而香烟则为71%。对于耐用消费品，顾客宣称是单一品牌忠诚者平均率约为30%，从对运动鞋到对汽油的单一品牌忠诚者为27%~39%不等。从行为上看，由于脱销或偶尔地渴望变换产品品种等原因，实际上的购买率将稍低于态度忠诚率。单一品牌忠诚者会在90%的情况下购买某个品牌，而多品牌忠诚者购买这个品牌的比例只约30%~80%。很明显，单一品牌忠诚度是品牌营造的理想状态。

6.2.3 品牌转移者

在大部分产品类别中，尤其在日常消费品类别中，品牌转移者是四个潜在购买群体中最大的一个。在经济萧条期，整个品牌转移群体的规模也会变大。根据产品类别生命周期和转移者的品牌转移行为可以把品牌转移者划分为两种亚群体：试验型品牌转移者（EBSs）和习惯化的品牌转移者（RBSs）。试验型品牌转移者在产品生命周期的早期发生了品牌转移行为，EBS亚群体的品牌选择尚未固定，所以易受广告的影响。习惯化的品牌转移者（"中坚分子"）在产品生命周期的后期发生品牌转移行为，RBS亚群体只会对与价格相关的品牌促销作出反应。

6.2.4 接受或拒绝我们品牌的品牌转移者

品牌转移者是在大量的品牌之间发生转移，可以分为赞成型品牌转移者（FBSs）和其他品牌转移者（OBSs），前者接受我们的品牌；而后者拒绝我们的品牌，仅在其他品牌间进行转移。

其中，赞成型品牌转移者类型中的习惯性品牌转移者（RBSs）与多品牌忠诚者（MBLs）之间存在连续性。多品牌忠诚者和赞成型的习惯性品牌转移者都会购买我们的品牌，但多品牌忠诚者仅购买一两种其他品牌且对它们持非常积极的态度，而赞成型的习惯性品牌转移者购买三种或更多的品牌，且对所有品牌所持的态度不稳定。因此品牌转移者可以被分成四个亚群体：试验型的其他品牌转移者（EOBSs）、试验型的赞成型品牌转移者（EFBSs）、习惯性的其他品牌转移者（ROBSs），以及习惯型的赞成型品牌转移者（RFBSs）。

6.2.5 其他品牌忠诚者

其他品牌忠诚者（OBLs）被广告与促销活动征服的可能性却很小。但在低风险产品类别中，利用征服其他品牌忠诚者的机会似乎会多一些。如果确定其他品牌忠诚者是值得争取的目标，那么就可以进一步根据其态度将其他品牌忠诚者细分为不同的亚群体①。根据其他品牌忠诚者对我们品牌的态度，可以被分为：赞成型的其他品牌忠诚者（FOBLs）、中立的其他品牌忠诚者（NOBLs）和非赞成型的其他品牌忠诚者（UOBLs）。如果基于以前对我们品牌的试用而形成了中立的或非赞成型的品牌态度，那么征服这两种亚群体，尤其是非赞成型的其他品牌忠诚者将特别困难，在大多数情况下是没有希望的。

6.3 目标受众选择

目标受众的选择有许多方法，本文介绍的是如何通过接受度进行目标受众选择。

6.3.1 首要目标受众和次要目标受众

在一次特定的广告活动中，通常只有一种潜在顾客群体会被选定为目标受众。然而，有时有必要识别出首要目标受众和次要目标受众②。一般来说，广告活动在对其品牌忠诚者的"现有"销售进行保护的同时，还会努力增加来自另外一个群体的"崭新"销售。在品牌针对另外一个群体展开一次新的广告活动时，其自身的品牌忠诚者就是新广告活动的次要目标受众。很少有广告客户愿意冒疏远品牌现有的品牌忠诚者的风险，因此绝大部分这样的广告活动除了增加"崭新"销售，第二个目的都是为加强现有受众的忠诚度。

6.3.2 通过接受度来选择目标受众

针对一个特定潜在群体所进行的广告沟通必须从成本以及预期收益的角度来考虑，即一种潜在群体的销售潜力应当在其广告接受度的基础上予以评价，为实现销售增长而必须进行的广告花费构成了品牌销售的预期增长（用货币表示）。这五种一般的潜在顾客群体对广告可能的接受度依赖于产品类别生命周期。这里，在恰当的地方提到目标受众亚群体可能是有益处的。

1. 某类产品的新用户（NCUs）对广告的影响所具有的接受度是随着产品类别的成熟而递减的。在产品类别生命周期的早期，某类产品的新用户显示出良好的销售潜力（无认知的某类产品的新用户），但是要让他们开始尝试我们的品牌可能要对他们进行长期的"教育性"广告，进行大量促销促使他们试用这个类别的产品，因此可能需要相当的广告费用。到了成熟期阶段，那些仍然是某类产品的新用户的顾客实际拥有的接受度为零，因为此时他们的销售潜力非常小，而且如果真的能使他

---

① 一个处在成熟市场中市场份额较小的品牌可能会选择其他品牌忠诚者作为目标，这个成熟的市场由一两个拥有许多忠诚顾客的市场份额很大的品牌主宰。在这种情况下，除了尽力去吸引巨大的其他品牌忠诚者群体外，几乎没有别的选择。

② "首要"和"次要"这两个词不是指目标受众的规模，而是指它们的相对接受度。如将赞成型品牌转移者（FBSs）确定为首要目标受众，而将其他品牌转移者（OBSs）确定为次要目标受众。

们转而购买这类本来已经决定不买的产品（消极某类产品的新用户）：其成本会非常高。因此 NCUs 的接受度在产品类别生命周期中是从中到低的。

2. 品牌忠诚者（BLs）对我们未来销售的潜力是最高的，而且相比较而言，维持这个群体的成本也不是那么昂贵。他们喜欢这个品牌，所以销售时并不需要很多额外的广告活动。这样在整个产品类别生命周期中按照现有销售比例，品牌忠诚者的接受度非常高。当成熟期阶段时间很长的时候，这种高接受度非常重要。然而，尽管现有销售比例当中绝大部分来源于这一群体，如果我们长期不做广告，那么他们的接受度也有可能下降。因此需要针对品牌忠诚者持续地投放低频率广告，或者间隔不太长的非经常性地发布广告。针对品牌忠诚者，广告必须拥有某种长期的持续性，因为消费者对品牌的忠诚度并不随着他们年龄的增长而增长。

在保持现有销售量和增加销售比例这两种情况下，品牌忠诚者的接受度是不同的。绝大部分品牌忠诚者是以一种接近最大化的比例去购买品牌商品的（特别是如果他们是单一品牌忠诚者）。因此，增加品牌忠诚者的销售比例的可能性也会很低，而且劝服一个已经很忠诚的顾客（从多重品牌忠诚者的状态）更加忠诚是相当昂贵的。因此，把增加销售作为目标，典型的品牌忠诚者在产品类别生命周期中的接受度很低。然而，如果"品牌"是公司（例如一家银行），那么针对这家公司所销售的其他产品（如其他服务），品牌忠诚者所具有的接受度则是高的。

3. 赞成型品牌转移者（FBSs）在产品类别生命周期的早期具有相对较高的接受度（试验型 FBSs），因为绝大多数品牌忠诚者将来源于这一群体。在他们尝试了不同的新品牌之后，如果他们将我们的品牌包括在"可接受的一批产品"里（这样就变成了日常型赞成型品牌转移者），那么他们将增加对我们品牌的购买。而且因为接受了"试用"广告和促销，所以他们的接受度也将会增加。随着产品生命周期到达成熟阶段，赞成型品牌转移者接受度转向中等：通常他们的"转而购买"是对广告（特别是对促销）的反应行为，因为促销所产生的效果通常短暂，所以保持这个群体的忠诚度花费会很高，比维持品牌忠诚者的费用要更高。

4. 其他品牌转移者（OBSs）具有和赞成型品牌转移者类似的生命周期模式，但是接受度水平较低。他们往往很难被吸引住，特别是如果他们已经试过并拒绝了我们的产品时尤其难。而且，当产品类别进入成熟期之后，情况更是如此（日常型赞成型品牌转移者），不仅如此，如果促销真能购买到他们的光顾，随着需要用越来越多的促销来"购买"其光顾，吸引其他品牌转移者的成本就会增加。因此在产品类别生命周期中，其他品牌转移者的接受度是从中等向低等的方向发展。

5. 其他品牌忠诚者（OBLs）在绝大多数情况下所具有的销售潜力都非常低。那些对于另外一个品牌不是百分百忠诚的顾客[①]可能会因大量的促销暂时发生转变，但是这需要高昂的费用。因此在产品类别生命周期中，其他品牌忠诚者群体所具有的接受度较低。然而，我们应该注意到，一种小品牌（例如 R-C 可乐），如果它的

---

① 而且是赞成型其他品牌转移者，还没有明确地拒绝我们的品牌。

目标是大幅提高销售额，它若处于一个由其他大品牌的品牌忠诚者（消费者对可口可乐或者百事可乐很忠诚）所控制的类别中，其可能具有的选择机会就很小，只能定位于其他品牌忠诚者①。

6.3.3 测量广告受众的接受度

广告和促销的接受度——如果同时使用广告和促销，那么就是 IMC 的接受度可以在按人口计算的基础上最佳地进行直观把握。考虑一下某个群体中的一般个体购买我们的品牌的数量——例如每年买 2 包，每包价值 2.00 美元，共计 4.00 美元。然后考虑一下我们的广告沟通和促销活动能够使销售水平增长的幅度——例如增长到每年 3 包，每包价值 2.00 美元，共计 6.00 美元，也就是说每人平均增长 2.00 美元②。然后通过考虑这一群体中购买者的数量以及需要产生或者支持销售额增加的广告、促销或者 IMC 活动的成本，就可以简单地算出总体的接受度。

$$\text{广告、促销或 IMC 活动的接受度} = \frac{\text{潜在群体中购买者的数量} \times \text{针对每人额外的或者未损失的平均销售量（用货币计）}}{\text{广告活动的成本（用货币计）}}$$

6.1

因此，在我们的例子中，如果潜在群体中有 1000 万位购买者，而且我们估计一次使得他们每年额外地购买价值为 2.00 美元的我们的产品，广告活动的成本为 1000 万美元，那么这个群体的接受度就是：

$$\frac{10000000 \times 2.00（美元）}{10000000} = 2$$

换句话说，针对花在广告和促销上的每 1.00 美元，这个目标受众群体对销售的回报可能是 2.00 美元。也可以按照利润实现率来充分地计算接受度。计算时利用上面列出的接受度公式，用每人利润额（Per Profit）来替代每人销售额（Per Sales）即可。一般地，只有广告和促销利润实现率大于 1 的潜在群体，我们才会考虑将他们作为所追求的目标受众，这意味着从广告活动中所获得的回报高出其成本。从上面的例子中可以看出，如果加工以及分销那额外价值 2.00 美元销售的成本是 1.00 美元/1 人或更高，高于每人的广告成本 1.00 美元，那么为了实现增加销售而进行的广告就不值得，因为利润恰恰被成本抵消掉了。利润实现率越高，把这一潜在群体作为目标受众的吸引力就越大。所有的五种潜在群体应该按照其接受度来评价，并在此基础上选择一种作为首要目标受众或者另一种作为次要目标受众。

---

① 更确切地讲，目标可能是中立的其他品牌忠诚者或者赞成型的其他品牌忠诚者，避开消极的其他品牌忠诚者。

② 注意对于品牌忠诚者，甚至对于赞成型品牌转移者（FBSs），广告活动的目标可能是简单的维持而无需增加销售比例。如果是这样，那么假如不开展广告活动的话，则预期销售量下降，而在这个预计下降的销售量上的附加值就应该算做销售额的增加。例如，如果没有广告，这一群体的购买比例可能降至一年一包，如果维持现有的比例，那么平均每人的销售增加也是 2.00 美元。这些可以被称作是因为有广告活动而没有损失的销售。

第 7 章 广告受众心理

科学的广告术是依照心理学法则的。

——广告界流行语

广告传播活动要运用心理学原理，一方面研究了解广告受众的心理，即研究广告受众在消费过程中的各种心理特征，以及运用一定诉求方式所传递的信息可能产生的心理活动和反应。另一方面把有关广告受众心理的研究结论应用于广告传播实践，以能引起积极的反应，产生一定的效果。本章首先分析了广告受众心理的双极模型，然后总结了广告受众心理的6种反应模式，在此基础上，提出了三种广告受众的心理说服路线（图7-1）。

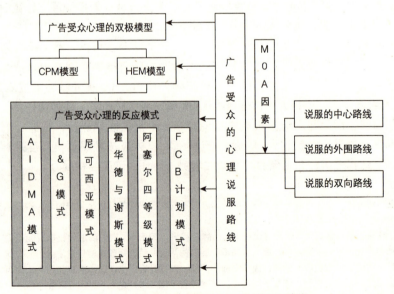

图7-1 广告受众的心理反应与说服的双向路线

7.1 广告受众心理的双极模型

本节讨论的重点将放在两个模型上——受众处理模型（Consumer Progressed Model，CPM）和享乐、体验模型（The Hedonic, Experiential Model, HEM）——它们描述了广告受众如何处理营销传播信息，并最终使用这些信息来从众多的品牌中作出购买决策。

从广告受众处理模型的角度看，广告受众的心理是理性的、认知的、系统的并有原因的。另一方面，快乐、经验模型认为广告受众的行为是由寻找"快乐、幻想和感觉"的情感支配。这两个模型是反映广告受众心理的双极模型，一面是"冰冷"的CPM观点，另一面是"火热"的HEM观点（图7-2）。在冷的一面，广告受众心理基于纯粹的理性——冰冷、有逻辑和理性。在热的一面，广告受众心理基于纯粹的热情——火热、自发，甚至有的时候不理性。大多数广告受众的心理处于这两个极端之间，即大多数广告受众并不是基于纯粹的理性或热情，而是介于冷与热之间。本文将考察极端广告受众心理，并认识到两种极端都被用于理解广告受众采取行动的心理基础。

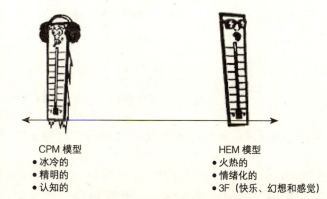

CPM 模型
- 冰冷的
- 精明的
- 认知的

HEM 模型
- 火热的
- 情绪化的
- 3F（快乐、幻想和感觉）

图7-2 广告受众心理的双极模型：CPM和HEM模型

7.1.1 广告受众心理的受众处理模型

广告受众总是受到一些与制定决策相关的信息的冲击。因此，广告受众对这些信息的反应，如何理解这些信息，如何和其他的信息整合，对最终作出选择有很重要的影响。因此，为广告受众提供什么信息，提供多少信息，如何提供信息，这些决策需要掌握有关广告受众如何处理、解释、整合信息的知识。

CPM方法将广告受众视为一个分析性的、有条理的和有逻辑性的决策制定者。CPM模型（图7-3）说明了广告受众信息处理的8个相互关联的阶段。虽然营销传播努力在影响一个过程的所有阶段中都扮演了重要的角色，但主要在于前六个过程，因为后两个过程（决策制定和采取行动）是由营销组合要素决定的，而不是由营销传播要素决定的。CPM观点的产品选择行为是对众多选择进行评估，选出功能更强、效果更好的产品。

当广告受众是审慎的或高度理性时，CPM观点为广告受众心理和行为提供

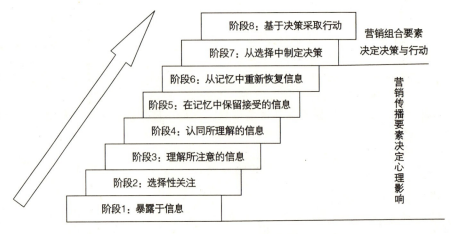

图7-3 CPM模型：广告受众信息处理的阶段模式

了恰当的描述。多数广告受众心理和行为，特别是B2B购买者，都具有这一性质。

7.1.2 广告受众心理的享乐、体验模型

CPM观点认为，广告受众追求"最优的购买决策"、"买到最多的产品"和"效用最大化"；而HEM观点中人们在消费产品时纯粹是为了娱乐，广告受众的选择行为是追求乐趣、激情、幻想或感观上的刺激。因此，一些广告受众的行为主要基于情感因素，而不是目标、功能和经济因素。因此，从HEM观点来看，产品不仅仅是一个客体（一瓶香水、立体音响、一罐羹汤），更是一种主观的象征，代表着情感（爱、骄傲）、娱乐和实现幻想的可能。最适用于享乐观点的产品包括表演艺术（歌剧、现代舞）、塑造艺术（摄像、手工艺品）、娱乐（电影、摇滚音乐会）、时装展览、体育赛事、休闲活动和消遣活动等。不过，要认识到，所有的产品在对其选择和消费过程中都可能包含有享乐和感情元素。例如，在购买诸如滑雪橇、汽车、自行车和家具时，会掺杂大量的乐趣和幻想。即使是宝洁公司，虽以其事实广告著称，也一改过去对汰渍洗涤剂性能的诉求，而更多地强调清洁、清新的情感。

理性广告受众处理模型（CPM）和享乐、体验模型（HEM）并不互相排斥。确实，有证据显示，人们在现实信息处理过程中进行情感和理性的双重考虑，同时，这两者的影响视当时的环境和涉入的情感而定——涉入的情感越多，对感性处理的影响越大。因此，HEM模型可能更能解释广告受众在轻松愉快并且面对积极结果时如何处理信息并作出决策。

HEM和CPM观点的区别对营销传播实践来说具有重要意义。在CPM导向的营销传播努力中，适于使用文字刺激和理性论据去影响广告受众对产品的知识和信念，而HEM方法强调非文字内容或煽情的词语在广告受众中产生。这是理性诉

求和感性诉求的心理学基础。同时，没有单独哪一种营销传播方法，无论是运用 CPM，还是 HEM，可以在所有情况中有效。哪一种有效应取决于具体的产品类别的性质、竞争形势和目标受众的特征和需求。本书将在品牌定位一章中详述，品牌既可以定位于与 CPM 观点相适的功能需求，或者与 HEM 方法相一致的象征、体验需求。

7.2 广告受众心理的反应模式

广告受众心理是十分复杂、多样化的，而广告对受众心理的影响是多层次、多侧面的。对此，广告研究者从 20 世纪初就对此进行了广泛的研究，至今已形成了一系列广告受众心理反应模式。其中具有代表性的模式包括 AIDMA 模式、L&G 模式、尼可西亚模式、霍华德与谢斯模式、阿塞尔四等级模式、FCB 广告计划模式。

7.2.1 广告受众心理反应的 AIDMA 模式

AIDMA 模式认为，广告受众在接受广告时的心理活动包含注意（Attention）、兴趣（Interest）、欲求（Desire）、记忆（Memory）、行动（Action）等六个要素（图 7-4）；即首先引起注意，从周围对象中指向和集中于某个特定广告，这是心理过程的起点，是一则广告成功的第一步（A）；接着使广告受众对引起注意的广告发生兴趣，产生一种肯定的情感体验（I）；而后感到需求，产生购买广告产品、服务的愿望（D）；并记住了相关产品信息（M）；最后采取行动，购买广告产品，享受广告宣传的服务（A），即注意——兴趣——欲望——记忆——行动。

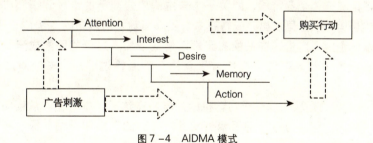

图 7-4 AIDMA 模式

7.2.2 广告受众心理反应的 L&G 模式

勒韦兹（R. J. Lavidge）和斯坦纳（G. A. Steiner）认为，广告受众对广告的反应由三个部分组成，即认知反应（包括知名和理解）、情感反应（包括喜爱和偏好）和意向反应（包括信服和购买）（表 7-1）；不同的阶段具有不同的行为特质，而不同的行为特质需要采取不同的广告策略。

L&G 模式及其响应的广告策略　　　　　　　表 7-1

序号	大阶段	小阶段	说明	广告策略
1	认知反应	知名	广告受众发觉产品的存在，它发生于广告受众与广告接触之际	购买地点 零售店的广告 折让
		理解	广告受众对产品性能、效用、品质等各方面特点的认识	"最后机会"的提供 价格诉求 证言广告
2	情感反应	喜爱	广告受众对产品的良好态度	竞争广告 辩论性的文案
		偏好	广告受众对产品的良好态度扩大到其他方面	"形象"文案 声望，富有魅力的诉求
3	意向反应	信服	广告受众产生了购买欲望，而且认为购买该产品是明智的	公告通知 说明的文案 分类的广告 口号
		购买	由态度转变为实际的行为反应	广告歌曲 空中文字 悬疑广告运动

7.2.3 广告受众心理反应的尼可西亚模式

尼可西亚模式由四个基本范畴形成（图 7-5）。

1. 范畴一指的是从信息来源到广告受众态度的过程。其中，又包含了两个附属项目。附属范畴一为企业特质，即关于广告主的广告商品的市场营销和广告等方面的特质。广告信息从这里发出，暴露在广告受众面前。附属范畴二为广告受众特质，是广告受众对企业、广告、商品的先天性因素或素质。这里的因素或素质即为广告受众的心理属性。信息在这里经广告受众的心理属性过滤后，形成对广告商品的态度。

2. 范畴二指的是从态度形成到动机的过程。在这里，广告受众从素质等内部因素和他人的意见、购买力等外部因素出发进行商品的探索和评估，探索和评估的结果转化为动机。

3. 范畴三指的是购买行为过程。对广告商品形成动机；形成对商品的决定，一旦决定某商品，就会有部分广告受众实际购买该商品。

4. 范畴四指的是反馈过程。购买行为的结果，站在企业立场，就会以品牌的市场营销及广告这些形式反应出来。站在广告受众立场，该品牌的使用和保管就会产生一种经验，成为一种先验的观念影响着以后的消费选择。

尼可西亚模式的特点是，一方面借助了主张广告受众行动合理性的经济学、主张非合理性的行动科学两方面的原理；另一方面是反映了企业与广告受众沟通的过

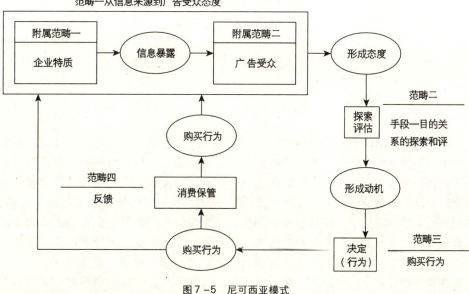

图7-5 尼可西亚模式

程,并把重点放在信息流向及其反应过程中。

7.2.4 广告受众心理反应的霍华德与谢斯模式

霍华德与谢斯模式由输入变量、知觉构造、学习构造、输出变量等构成(图7-6)。

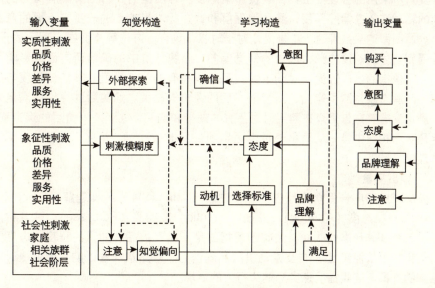

图7-6 霍华德与谢斯模式

1. 输入变量

环绕着广告受众的环境包括商业环境和社会环境。所谓商业环境，指的是企业的市场营销活动。这些活动大致可分为品牌的实质性刺激和象征性刺激两种。其中，象征性刺激用语言、画面、照片等进行品牌属性的沟通，其输入变量有品质、价格、差异、服务、实用性。所谓社会环境，指的是由家庭、相关族群和社会阶层等带来的社会性刺激。

2. 知觉构造

知觉构造是指收集必要信息作为决策的基础。它由四个方面构成：注意、刺激模糊度、知觉偏向、外部探索。其中注意一方面根据学习构造特别是态度反馈来起作用；另一方面，它受刺激模糊度的影响。刺激模糊度指的是广告受众不信赖、不重视商业环境和社会环境等外部环境时所产生的反应。它会影响外部探索和注意，并纳入个人的主观想法，作用于知觉偏向。知觉偏向以广告受众个人的主观想法来过滤信息，但又歪曲了信息原本的意义。知觉偏向受输入变量等外界刺激并与学习构造中反馈的结果结合而成。由学习构造而形成的反馈，也影响着外部探索。外部探索是指当接收到不明确的信息或由学习构造反馈而来的信息不明确时所实施的对外部环境的探索行为。

3. 学习构造

学习构造由动机、品牌理解、选择标准、对品牌的态度、品牌购买的意图、品牌评价时的确信、品牌购买的满足七个部分组成。动机是影响广告受众决策的目标，与选择标准、品牌理解有关联性。品牌理解影响态度形成和品牌评价的确信，它还与"选择标准"有关。选择标准具有将广告受众动机组织化的功能，是品牌评价时广告受众所采用的心理性工具，直接影响态度。态度指的是对品牌具有潜力的广告受众的相对选择性偏好程度，受品牌理解和选择标准影响，进一步与下面的意图相结合。意图即购买品牌时，广告受众对于时机、场合、方法等方面在心理上的预设。它是受到前述的态度知觉构造中的知觉偏向、品牌评价中的确信两方面的影响而形成的。确信指的是广告受众对于某特定品牌所持有的信任程度。其信任程度与品牌理解、品牌态度、购买意图、品牌购买后的评价等相关。购买后的评价用满足来表达。满足意味着广告受众在购买时对品牌的期待和购买，或者是消费后的满意程度。满足是学习构造中惟一从输出变量中达到项目反馈的过程。并且，它进一步反馈到品牌理解。

4. 输出变量

输出变量即广告受众的反应步骤：注意（Attention）、品牌理解（Brand Comprehension）、态度（Attitude）、意图（Intention）、购买（Purchase）。注意指的是对品牌名称及其形态的认知。品牌理解指的是所具有的品牌知识的程度。态度指的是用语言来评价能满足广告受众动机的品牌潜力。意图意味着以购买为前提时对特定品牌的选择。购买指的是实际购买行为的显现。

7.2.5 广告受众心理反应的阿塞尔四等级模式

纽约大学的阿塞尔教授思考了广告受众对品牌的卷入度（或称关与度、关涉度、关心度等）问题，把广告受众的心理反应过程分为四种类型。四种类型以卷入度程度的高低、上下及品牌间差异性的大小为界，形成象限（图7-7）。

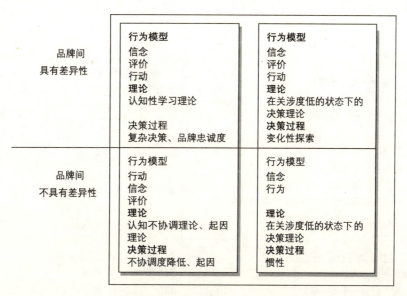

图7-7 阿塞尔的四等级制度

1. 左上象限是广告受众的商品卷入度高、品牌间具有明确的差异性时的行动模型，其决策状态下的行动类型是"信念——评价——行动"这一传统性的等级制度，由"目标认知——达成目标的行动——解决问题的理解——目标达成"这一过程构成。该象限所适合的理论是克拉库曼的"认知性学习理论"。决策过程表示为"复杂的决策"或者是"品牌忠诚度"。

2. 左下象限是商品卷入度高、品牌间没有差异时的行动模型，由"行动——信念——评价"顺序构成。该象限内的决策过程，是降低"认知不协调"为其行为基础的类型。

3. 右上角象限显示的是卷入度低、品牌之间具有差异性情况下的行动类型。行动模式首先产生对品牌的信念，引发行动，之后进行评价。该象限所适合的理论是克拉库曼的"被动学习理论"。该象限中的决策过程采取的是"变化性探索"这一行动类型。这对广告受众想试试各种品牌的多变要求发挥作用。

4. 右下角的象限是在卷入度低、品牌之间没有差异性情况下的行动类型。这一行动模式在产生信念时马上引发行动。但没有关于该品牌选择结果的评价。该象限中的理论是"被动学习理论"。这里的决策过程，采取"惯性"行动类型。所谓惯性，就是重复购买熟悉的品牌，尽量回避繁琐的决策过程。

7.2.6 广告受众心理反应的 FCB 广告计划模式

FCB 广告计划模式根据从"思考"向"情感"发展,从"高卷入度"向"低卷入度"移动所形成的四个象限(图 7-8),将广告受众心理分为四种类型。因为卷入度和思考与情感之间的关系是一个连续体,所以这四个象限之间没有明确的界限。

	思考→情感	
高关涉度→低关涉度	2. 信息提供型(思考型的人) 汽车·住宅·家具·新产品 模型:学习—感觉—行为 (经济的) 可能的广告战略 广告效果:记忆法 　　　　　诊断法 媒体:可以用长文案的媒体能反映想法的媒体 创意:信息提供型实际演示	1. 感觉型(情感型的人) 宝石·化妆品·流行服饰·自行车 模型:感觉—学习—行为 (心理的) 可能的广告战略 广告效果:态度变化 　　　　　感觉觉醒 媒体:用大版面的广告 　　　能提高形象的特别节目 创意:冲击力强的形象诉求
	3. 习惯形态(行动型的人) 食品·家庭用品 模型:行为—学习—感觉 (反应的) 可能的广告战略 广告效果:销售额 媒体:小版面的广告、10 秒的创意 广播:POP 广告 创意:提醒广告	4. 自我满足型(反应型的人) 烟草酒类饮料·糖果 模型:行为—感觉—学习 (社会的) 可能的广告战略 广告效果:销售额 媒体:户外广告、报纸、POP 广告 创意:注目型

图 7-8　PCB 的广告计划模式

1. 感觉型,属卷入度高、感情投入程度高的范畴。受众反应模式为"感觉—学习—行为"。广告效果测试尺度使用的是态度改变和感觉觉醒等。媒体策略则是印刷媒体采用大篇幅广告,电子媒体使用能提升企业形象的特别节目及能够抓住视觉冲击力的作品。针对的商品有宝石、化妆品、流行服饰、自行车等。

2. 信息提供型,是卷入度高、思考型的象限。受众反应模式适合"学习—感觉—行为"这一传统的等级制度。从广告计划的角度看,思考广告效果的尺度采用诊断性的尺度法。媒体表现可用长文案,按照广告受众的想法,能够详细阅读的文案最合适。创意上提供与商品有相关性的具体信息,如诉求商品使用中的场景等类似创意是有效的。针对的商品包括汽车、住宅、家具类等大型商品和新产品。

3. 习惯形态型，是卷入度低、思考型的象限。受众反应模式采取"行为—学习—感觉"顺序。广告效果测试尺度为营业额。在印刷媒体的情况下，使用小篇幅的广告，电子媒体则采用10秒广告、POP广告等较为有效。创意采用提醒广告的一贯手法较为有效。该范畴里的商品有食品和家庭用品等。

4. 自我满足型，是低卷入度的情感性象限。受众反应模式为"行为—感觉—学习"。广告效果测试尺度是营业额。户外广告、报纸、POP广告等媒体被认为更具有效。创意强调一贯的、能引起视听众注意广告商品的手法。该领域的商品包括香烟、酒类饮料、糖果、电影等个人喜好性强的商品。

7.3 广告受众心理的说服策略

广告受众的心理策略的实质就是说服策略。根据社会心理学家霍夫兰的态度说服理论：说服是指通过接受他人的信息产生态度的改变。说服本质上是一种沟通方式，说服策略旨在通过广告活动让广告受众对广告产品以及品牌产生良好态度，进而说服去购买广告产品或服务。本文结合广告受众心理说服的整合模型（图7-9），说明关于广告说服发生的选择性机理和"路线"的模型，其中EL表示思考结果，AB表示对品牌的态度。这个模型的基础是心理学家佩蒂（Petty）和卡西奥普（Cacioppo）的思考结果模型（ELM）以及营销学者麦克尼斯（MacInnis）和Jaworki的一体化框架。

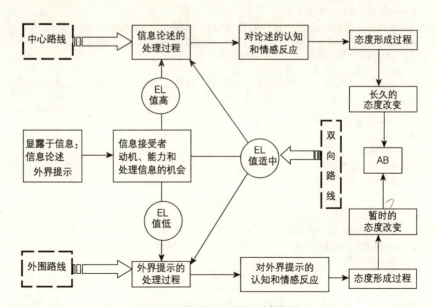

图7-9 广告受众心理说服的整合模型

7.3.1 广告受众心理说服的 MOA 因素

在确认态度形成和说服的可选择途径中，ELM 理论指出，说服的形式既取决于广告受众的个性特征（他们处理营销信息的动机、机会以及能力），同时还取决于品牌的相对强度。如果广告受众有兴趣了解一个品牌，同时该公司的品牌与竞争品牌相比具有明显的优势，那么说服策略就很明显了：设计一条信息，直截了当地告诉广告受众品牌的优越性。结果也同样清晰：广告受众受到广告的影响，并对品牌产生相对持久的态度改变和品牌忠诚。

然而，实际情况是，在一个产品系列中，大多数品牌十分相似，广告受众通常不会耗费脑力去进行分析以得到新信息。这样一来，营销传播人员就面临着双重困境：只是稍微有一点兴趣的广告受众和十分相似的品牌。他们必须寻找方法有效调动广告受众的积极性，这样他们才愿意接受营销人员传递的信息。于是，一个营销传播者可做的任何提高 MOA 要素的努力都可能带来传播效果的改善。这是因为，处理信息的动机、机会以及能力的提高会导致更高程度的对信息的详细处理，而这种详细处理转而有利于中心路线处理，并有利于产生更持久的态度改变以及更加不易受竞争对手攻击影响的态度。表 7-2 对营销传播者怎样提高各个 MOA 因素提供了一个框架。

加强广告受众注意、处理品牌信息的动机、机会及能力　　表 7-2

强化动机	1. 强化广告受众注意广告词的方法 迎合广告受众的享乐需要（食欲、性欲） 运用新颖的刺激（新奇的图画、不同的广告版式、大规模的场景布置） 运用强效或显著的提示（动作、响亮的音乐、彩色的广告、名人、巨幅图画） 运用动作效果（综合性图片、MTV 中的插播广告） 2. 强化广告受众处理品牌信息动机的方法 加强品牌与个人的联系（询问带修辞色彩的问题、利用人们的担忧进行呼吁、运用戏剧性的描述） 增强广告受众对品牌的好奇心（用悬念开头、运用幽默的手段，广告词中几乎不涉及产品信息）
扩大机会	1. 扩大广告受众解读信息机会的方法 重复品牌信息 重复关键场景 在各种场合重复广告 2. 减少理解时间的方法 创造完形理解（运用图像和肖像等）
提高能力	1. 提高运用知识结构的能力 提供背景（运用口头上的嵌词） 2. 提高创造知识结构的能力 利用基于范例的理解（具体化、示例、类比）

说服不是通过单一机理产生的。广告受众的不同的"信息详细处理的可能性"，决定了不同的说服路径。详细处理涉及人们对一条信息比如广告作出反应的精神活动。当人们在思考一条信息所讲的内容，评价一个信息的论述，看图片产生头脑中

的影像或者对一些陈述产生情感上的反应时，他们就是在对这条信息进行详细处理。换句话说，对一条信息进行详细处理包括在营销传播信息反应过程中对认知资源的运用。比如说，只是毫无表情地盯着电视商业广告，并不涉及详细处理过程。然而，比如说一个人面对一条不同的商业广告——与他个人关联很大的一条广告，同时想到广告中那个人与他的一个家人或者朋友长得很像或者在想广告中的产品究竟会以怎样的方式融入他的消费生活方式，这时详细处理过程就启动了。

一个人是否会进行详细处理以及程度如何，取决于这个人是否有动机、有能力、有机会对一条营销信息的销售陈述进行处理（注意并理解）。当信息与个人现在消费相关的目标和需要有关联，进而信息就与这个个体有关联时，详细处理的动机就会高。一般来讲，消费者与信息的关联越大，就越有动机处理该信息。机会是指一个人的身体条件是否允许他进行信息处理；机会会受到一些因素的限制，比如信息传递速度太快，声音太低，或是个人注意力受到干扰。能力是指一个人是否熟悉信息陈述，是否能够理解。有些时候，消费者有动机却没有能力处理信息陈述。

动机、机会以及能力或者简称为 MOA，决定了个体对特定信息详细处理的可能性。详细处理的可能性（EL，我们也称之为"思考结果"）代表信息接收者详细处理信息的机会或是前景，这种处理过程包括思考和对信息作出反应，将它与他或她对该产品系列、广告品牌或竞争品牌的已有想法和信念进行比较。EL 是一个连续统一体，从较低可能性的一端到较高可能性的另一端。

当 MOA 要素自身值比较低时，那 EL 值也会比较低。当消费者面对不感兴趣（因而动机也就小）的广告时，这种情况就会发生。当 MOA 要素值高时，EL 值也会相应的高。当消费者购买大切诺基吉普车时，之所以会对有关 SUV 车型的信息表现出的 EL 如此之高，是因为他决定要买一辆新的 SUV 车（属于高卷入商品），并且在开始的购买决定过程中并不清楚哪种车能最好满足他的需要。但在许多交易场所情景中，消费者的 EL 不高不低，处于一个适中的位置。注意一下图 7-9 中所示的 EL 的三种水平（高、中、低），它们各自位于一个圈中，而这些圈都延伸自标有"接收者处理信息的动机、能力、机会"的一个方框。一个受众的 EL 强度决定信息处理类型，而正是在这个处理过程中，消费者对广告品牌的态度将会得以形成或发生改变。图 7-9 中指出了两个主要的说服发生的机理或者说是"路线"：在顶部，一条中心路线，而在底部是一条外围路。由于适中的 EL 水平将中心及外围路线的特征结合在一起，就形成了广告受众心理说服的双向路线。

7.3.2 广告受众心理说服的中心路线

当一个接收者面对一条包含有信息论述[①]以及外界提示[②]的信息时（见图 7-9

---

① 信息论述的质量和强度通常是说服是否奏效以及奏效结果如何的主要决定因素。
② 外界提示是决定说服的第二个主要因素，包括诸如背景音乐、场景以及图解等元素。在特定情况下，外界提示决定说服结果的作用比信息论述的作用还要大。

中的"显露于信息"框），该接收者的动机、能力以及机会的水平将会决定详细处理的水平。当 EL 水平高时，该接收者将会把精力主要集中在信息论述而不是外界提示上（见图 7-9 中的"信息论述处理过程"框）。这种情况就是广告受众心理说服的中心路线。

当中心路线被激活时，广告受众会认真听、看或是读有关产品特征以及有用性的介绍，但是不一定会明显地表现出来一定会接受该产品。更有可能的是，由于广告受众有动力去获得产品信息，可能会对产品论述产生无声的认知反应以及情感反应（将图 7-9 中的"对论述的认知以及情感反应①"框）。广告受众可能接受论述中的一部分内容，而反对其他一些内容如可能会对陈述产生这样的情感反应："这只是个谎话"或者"他们以为这能骗得住谁啊？"

认知以及情感处理的本质——无论是主要持肯定态度（支持性论述以及积极的情感反应）还是主要持否定态度（反对性论述以及消极的情感反应）——将会决定说服性传播是否会影响态度以及影响的方向如何。图 7-9 中的"态度形成过程"框说明了在中心路线下态度是怎样形成或改变的，如以情感为基础的说服以及以信息为基础的说服。

1. 以情感为基础的说服

中心路线的第一个态度形成过程来自以情感为基础的说服。当广告受众被营销传播信息（如电视商业广告）深深吸引时，就有倾向将该信息的各方面与他（她）自身情况相联系。广告受众可能会将他或她自己设想进该广告中，将自己与广告中的产品及人物相联系，设身处地地感受正面的情感（比如说一种自豪感、浪漫感、怀旧之情）或者负面的情感（比如说痛苦、焦虑）。在这些情况下，广告受众对广告品牌的态度很可能向着他所感受的情感方向改变——正面的情感反应带来对品牌的正面态度，而负面的情感反应则导致对品牌的负面态度。进一步讲，由于广告受众 EL 很高，那么任何中心路线下品牌的态度改变都应该是相对持久的（见图 7-9 中的"持久性的态度改变"框）。如加利福尼亚州南部高速公路部门组织的一个获得嘉奖的广告，其目的在于说服人们（尤其是十几岁的孩子和年轻人）不要酒后驾车。广告用绘画的形式详细描述了事故的严重后果以及驾驶者和受害者所要承受的人身痛苦。这个广告的很多观众都发现，他们深深融入了所描述的人物和情景之中。他们都身临其境般地感受到影片所描述的痛苦情形。研究表明，该活动成功地影响了目标听众的态度，使他们对酒后驾驶以及乘坐饮酒司机的车子产生了否定的态度

---

① 说服结果并不源于外来的沟通本身，而是源于自生的想法，这个想法产生于受众对说服活动的反应。换句话说，说服是自我说服，或者更诗意化的表达为："思想使然"。这些自生的想法包括认知和情感两方面的反应。这些反应直接指向信息论述和外界提示元素，或者还包含一些与广告的品牌有关的情感反应和形象。认知反应有两个主要的形式：支持性论述和反对性论述。一个说服性的传播能否完成它的目标，取决于消费者认知与情感反应之间的平衡。如果反对性论述多于支持性论述，则不可能会有许多消费者被说服而去采取公司所提倡的行为。另一方面，如果消费者表达的支持态度多于反对态度或者是情感反应非常积极的话，营销传播可能会成功地说服消费者。

(当然,这种情形中广告所面临的真正挑战在于,不仅要让那些年轻人以及其他一些经常酒后驾车的人对他们的行为产生否定的态度,更重要的是让他们改变自己的行为——再不酒后驾车①)。

2. 以信息为基础的说服

中心路线的第二个态度形成过程来自对信息论述的处理。当广告受众有足够的动机和能力去处理一条信息的特定论述或卖点时;他们的认知反应就可能使得对广告品牌的态度发生改变,或者对品牌品质和有用性重要性的评价发生改变。在任何一种或两种情况下,结果都是对品牌态度的改变。

这个处理过程在著名的理性行为理论(TORA)中得到了充分的发展。该理论指出,所有形式的有计划的理性行为(不同于无计划的、自发的、冲动的行为)都有两个主要决定因素:态度和规范的影响。本文不再对该理论进行整体介绍,只讨论一下跟态度有关的内容。根据 TORA 理论,下面的等式可以最贴切地描述态度的形成过程:

$$A_{Bj} = \sum_{i=1}^{n} b_{ij} \cdot e_j \qquad 7.1$$

其中:

A_{Bj} = 对一个特定品牌(品牌)的态度;

b_{ij} = 信念或期望,即认为拥有品牌 j 将带来结果 i;

e_j = 对结果 i 所持的肯定或否定评价。

广告受众对品牌的态度取决于他或她通过评价使用结果而得到的对品牌的信念。结果(像等式 7.1 中表达的那样,i 的取指范围包括 1 到 n 的整数,其中 n 不大于 7)包括广告受众从对一个品牌的拥有中希望得到(比如说汽车的安全感,吸引人的款式和油量的低消耗)或希望避免的那些方面(经常抛锚)。结果既包括与品牌联系的有用性(肯定的结果)也包括可能带来的损害(否定的结果)。这样一来,结果一词包括了与购买和消费有关的好(有用性)坏(损害)两个方面。广告受众尽量接近有用性而避免损害。

信念(等式 7.1 中的 b_{ij})是指广告受众的主观可能性评估或期望,这与进行某个特定行为(比如说购买品牌 j 的汽车)而带来最终结果的可能性相关。理论上讲,一个到市场去购买产品的广告受众通常对他或者她考虑要买的每一个品牌的每一个潜在结果都有一个单独的信念,也正是因为这个原因,等式 7.1 中的信念因素用两个下标进行描述,即 i(代表一个特定的结果考虑)和 j(代表一个特定的品牌)。大切诺基吉普车的购买者在选择一辆 SUV 车时,会将以下几个结果作为最重要的因素:宽敞的乘客和行李空间,在狩猎以及捕鱼过程中可以离开公路车道的能力,富有吸引力且耐用的车体,不露锋芒的社会地位以及良好的转手价值。

---

① IMC 的最终目的是影响行为。

因为所有这些结果对广告受众选择的重要性或决定性不尽相同，所以我们有必要引入一个词来描述这种影响的区别。这个词就是等式7.1中的评价要素e_j。评价是指广告受众对一个消费结果赋予的价值或者重要性。比如说，消费者在选择一辆SUV车时，最重要的考虑是车的耐久性，其次是转手价值，然后再是乘客和行李空间。需要给予重视的一点是，结果评价针对的是某一种产品而不是某个特殊的品牌。由于这个原因，我们只需要一个下标i来对评价进行标明，而不用像信念那样还要用一个j下标。

因此，等式7.1以及相应的讨论描述了态度的形成过程，该过程缘于广告受众信念的整合，而这种信念与品牌拥有所带来的个人结果有关，该结果通过他们的评价进行权衡。一个品牌给人以愉悦的感觉，广告受众对该品牌的态度就会更加积极，反之，基于这些结果，一个品牌给人以不悦的感觉，广告受众对该品牌的态度就会不太积极。

3. 改变广告受众态度的策略

根据等式7.1所述，我们可以确认营销传播者在试图改变广告受众态度时采用的三个策略。这三个策略分别是：改变信念；改变对结果的评价；在评价过程中引入新的结果。第一种态度改变策略试图通过影响与品牌相关的信念来巩固态度，这就解释了为什么将信念改变作为这个策略的特征。营销传播者的目标是根据广告受众所评价的结果而创造（对于新的品牌而言）或是改变（对于已有品牌而言）广告受众的信念。第二个态度改变策略是要影响已经存在的评价（公式7.1中的e_j）。这个评价改变策略包括使广告受众重新评价与品牌拥有相关联系的特定结果以及调整他们对结果价值的评价。营销传播人员用于改变态度的第三种策略我们可以称之为加入结果的策略，也就是说，其目的是在于使广告受众在一系列产品中进行品牌判断时所根据的产品有用性是"我们"的品牌做的尤其好的方面。

7.3.3 广告受众心理说服的外围路线

当MOA因素（图7-9）处于低水平时，将会发生一个不同的说服过程。尤其是当广告受众根本就没有动机听取并理解一条信息论述时，他或她可能根本就不会在意一条信息的外在特征。图7-9的底部展示了外围路线，这里广告受众将注意力集中在处理外界提示而不是信息论述上。外界提示包含一些与信息中的主要卖点不相关联的（所以是外围的）信息要素。比如说，一条电视商业广告的外界提示可能包括背景音乐，场景或者是引人注目的模特。在促销人员进行展示的情况下，外界提示可能包括这个人的外观形象，他或她的穿着，以及他或她的口音等。

注意外界提示的广告受众可能会产生与这个提示有关的想法或情感（"音乐真令人愉快"；"多美的一件衣服啊"；"这个场景真华丽"）。这些反应（图7-9中所标注的"对外界提示的认知和情感反应"）可能会使广告受众对广告本身或者是所广告的品牌产生一个态度。经典的条件反射理论为如何通过外界提示形成对一个品牌的态度提供了原因。

1. 态度的经典条件反射

态度的经典条件反射理论来自于一个熟悉的实验：著名的俄罗斯科学家巴甫洛夫训练狗在听到铃声时就分泌过量唾液。当广告受众处理外界提示时，类似于这个实验的情况也会出现。比如说，一些包含有可爱宝宝、性感人物以及庄严情景的品牌广告可以引起人们的正面情感反应。提示所包含的情感可能会与所广告的品牌联系在一起，进而会使广告受众比他们观看商业广告前更加喜欢该品牌。换句话说，通过他们反复的联系，条件性刺激（所广告的品牌）逐渐会产生一个条件反射，类似于非条件刺激本身（外界提示）所产生的非条件反射。

2. 暂时或长久的态度改变

根据ELM理论，通过中心路线被说服而产生的态度改变通常是持久的，相比较而言，通过外围路线被说服而产生的态度改变通常是暂时的。这样一来，在接收者考虑并处理一条信息论述的情况下（也就是说EL高，中心路线被启动时），所产生的态度将比通过外围路线产生的态度相对持久一些。进一步讲，这些态度相对来说更强烈，更易于达到，而且不易于再次改变。另一方面，当EL低时（因为传播主题与信息接收者不是十分相关），态度改变仍然可能发生（通过接收者对外界信息的处理），但是这种改变只是暂时的，除非广告受众经常处于外界信息的提示当中。然而，有证据表明，在广告中使用外界提示可以在相当长一段时间内影响广告受众的态度甚至决定其选择行为，以至于这个被广告的品牌不会被另一个竞争性品牌打倒，即使以恰当标准评价这个竞争性品牌会优于它。

7.3.4 广告受众心理说服的双向路线

中心路线以及外围路线都代表了连续性说服策略的端点，但是它们的目的并不是暗示一个这样或者那样的选择。换句话说，许多情况下，中心路线以及外围路线会结合在一起共同发挥作用。这在图7-9中表现为MOA因素值处于EL的一个适中位置。这种情况无疑是营销交流中的大多数情况，在这种情况下，广告受众可能会同时处理信息论述以及外界提示。这样一来，对个品牌的态度就来自态度处理的中心路线与外围路线的结合。

第 8 章　广告受众行为

> 如果你无法将自己当成消费者，那么你根本就不该进入广告这一行。
>
> ——李奥贝纳

广告借助于各种传播媒体，传递着大量的商品信息，影响着广告受众的消费行为。对于广告策划者来说，充分认识广告信息对消费行为的引导作用，针对消费者的特点推出应时、有效的广告传播，最终达到促销的目的，是十分重要的。广告受众的消费活动仅仅是他们日常生活中的一个组成部分。除此之外，还包括娱乐、学习、交友、休息、社区活动等不同的生活方式，以及人们的生活态度、价值观等，这些都与消费活动密不可分。只有深入广告受众的生活，研究广告受众的生活方式、生活态度、行为方式，才能有良好的广告沟通，才能构成与消费者和谐一致的品牌传播。本章对广告受众的消费形态、广告受众的购买行为和广告受众的购买决策（图8-1）进行分析，以期对广告受众的生活状态进行全面把握。

8.1　广告受众的消费形态

广告受众的消费形态指的是广告受众进行消费选择、消费决定，产生消费行为时的表现形态。它是众多潜在因素在广告受众进行消费选择、消费决定、发生消费行为的外在显现。这些潜在因素包括：来自于生理性的、感觉性的、文化性愿望的需求以及消费心理、文化层次、性格特征、气质内涵、审美倾向、价值取向、购买模式、经济支持等生活方式内容。广告受众的消费形态可从感性和理性两个维度分成低层次的理性、感性、高层次的理性三种消费形态，其基础为价值观与生活方式（图8-2）。

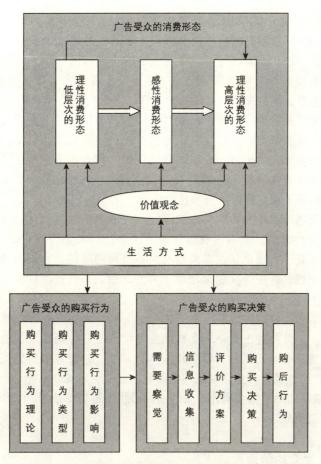

图 8-1　广告受众的消费形态、购买行为与购买决策

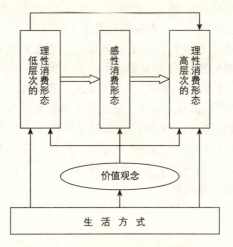

图 8-2　广告受众的消费形态及其基础

8.1.1 广告受众的消费形态变化

由低层次理性消费形态向感性消费形态、高层次的理性消费形态发展，是一个渐变的过程。由于潜在因素的影响，低层次的理性消费形态到一定的层次后会发生分化，一部分演变进入感性消费形态，一部分进入高层次的理性消费形态。其中，低层次的消费形态，指的是只对商品的功能性、实用价值进行消费选择的消费形态，对商品的首要要求是价廉、实用；高层次的理性消费形态的消费特征是：选择和消费高功能、高品质的商品和服务，它须有相当的经济基础作为后盾才能实现。大量的高层次理性消费形态的出现，要在消费社会进入相当的成熟期之后才能产生。而感性消费形态是与理性消费形态相对立的，注重的不是商品的物质本身，而是附着在商品物体上的属于意义性、符号性的成分。

理性的消费随着商品的物质存在的消亡而完成消费过程，而感性的消费也许早在商品的物质消亡之前，就将消费过程进行了终止。如流行消费，当流行风过后，对某物质的消费就已经结束了，其消费行为不是和物质的消亡同时进行的。属于符号消费的礼品消费，是在将礼物馈赠给了对方之后，消费行为就完成了，而无须等到对方在物质上将礼品消耗掉。

高度成熟消费社会的生活者，已从功能、效率等功能性的层次超越至游戏及符号等感性的层次，且再进一步寻求多样化生活世界了。与消费成熟的时代相符合的广告受众是一些具有"日常性、现实性和非日常性、幻想性并存的整体的、综合的形态"的、"在工作及日常生活中还包括游戏、礼仪、审美、眷恋、符号等整体性的人"。在高度成熟的消费社会里，意义的消费已经超越功能性消费和单纯的符号消费而成为重要的消费形态。

8.1.2 广告受众的价值观念

价值观（Values）是文化的基石与限定性表达，它用言行表达出某种文化所重视的东西。例如，某些文化重视个人自由，而另一些文化却重视对社会的义务；有些看重得体的举止与收敛的行为，而有些却看重大胆的表达。

文化价值观却是态度赖以生存的坚实基础，但态度却比价值观反复无常得多。价值观是持久的，不会轻易或迅速改变。而通过一次广告战役，甚至一条广告，就可以改变人们的态度。图 8-3 表明了文化价值观、态度和广告受众行为之间的这种关系[①]。价值观是这个结构的基础，态度进而受价值观和其他许多因素的影响。广告必须与人们的价值观相符，但却无法迅速或轻易地改变人们的价值观，因此，如果哪个广告主说可以用广告从根本上改变人们的价值观，这纯属无稽之谈。广告对价值观的影响犹如天长日久的水滴石穿，非常缓慢、日积月累、年复一年。反之，文化价值观对广告的改变也是这样。

广告必须与个人的价值观相符，否则就有可能遭到拒绝。很多人提出，最有效

---

① 有人相信广告可以直接影响消费者行为，进而在一段时间后影响他们的文化价值观。

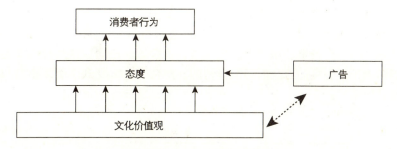

图8-3 文化价值观、态度和广告受众行为

的广告就是那些用最好的方式表达并加强核心价值观的广告。例如，据说美国的一个核心价值观是个人主义，或者表现出个人利益高于集体利益的倾向，这种价值观早已成了美国文化的一部分。有人认为，那些颂扬或加强这种价值观的广告比那些轻视或忽略这种价值观的广告更容易取得成功。在每一种文化中，都有某些特定的消费活动更受欢迎，更为人看重。广告主必须找出哪种文化更受重视，为什么受重视？如何使自己的产品因更高的文化价值而受到欢迎？这就是"品位"的含义。

8.1.3 广告受众的生活方式

生活方式（Lifestyle）包括价值观、个性和态度。获取有关目标受众的生活方式的情况，可以为广告策划提供所需要的精确信息。本文介绍"价值与生活方式"（Values and Lifestyles，VALS）测量体系。这是位于加州的"SRI 国际"（SRI International）开发的。最初的 VALS 的广告受众细分类型是一个综合体，是马斯洛的需求层级模型和社会学家大卫·里斯曼（David Reisman）开发的根据内指向和外指向特征对人群分类的模型。里斯曼认为，外指向的人通过观察别人来决定自己的行为，换言之，外指向的人的价值观和行为方式是由其他人提供的。内指向的人则是自我决策者，他们确定自己的目标，并对周围人的趋同压力有抵御能力。图8-4显示了如何把这两种行为分类法综合产生出 VALS 类型。

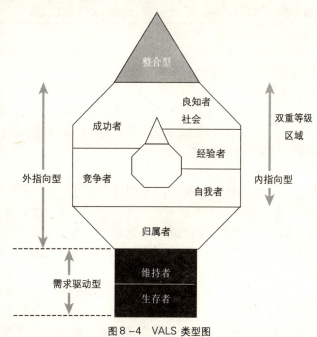

图8-4 VALS 类型图

这个综合了两个层级模型的消费生活方式类型被构建出来的目的是，为了展现内指向广告受众和外指向广告受众的不同的心理行为路径。VALS类型的广告受众有九种（表8-1）：生存者、维持者、归属者、竞争者、成功者是外指向类型的，自我者、经验者、社会良知者是内指向类型的。整合型广告受众兼有外指向和内指向广告受众的价值观。

九种VALS类别　　　　　　　　　　　　表8-1

需求驱动型
生存者：受教育水平低，贫穷，居住在城市中心地带或乡下的年长妇女
维持者：多为年轻的和无业的人员，将近半数为黑人或是亚裔美国人。正在奋争以期取得某一社会地位
外指向型
归属者：大部分中产阶级人士；40%的美国人属这一类别。他们重视安全、稳定和群组身份；他们不喜欢冒险或出风头
模仿者：占美国人的10%。他们花钱大手大脚，往往负债；焦虑并总想出人头地
成功者：五个人中间有一个。相对年长，富有，受过良好教育，很少有是非；白人，已婚，拥有家庭。模仿者极力想加入这一行列
内指向型
自我者：多数为学生。热切地展示自己，喜爱震耳欲聋的音乐，穿着令人侧目的服装，与外指向的人相反
经验者：坚信教育，热心环保，有过辉煌经历。许多人曾经属于"我就我"一组
社会良知者：受过最好的教育的人。刚刚步入中年，曾经厌恶的至上，也经历了越战和水门事件等。虽然对大机构心存怀疑，他们中的许多人生活舒适，职位很有权势
整合型
综合了内外指向者的价值观。成熟，心理平衡。约占美国人的2%

8.2　广告受众的购买行为

广告策划是建立在对受众购买行为的把握之上的。本节总结四种购买行为理论，根据受众购买特性和受众决策过程阐述广告受众的购买行为类型,,并分析了六种影响受众购买行为的因素。

8.2.1　广告受众的购买行为理论

广告受众购买行为理论主要是从宏观角度解释广告受众为什么要购买商品。通过了解广告受众购买行为理论来把握广告受众购买行为的特点与规律，对广告营销有十分重要的理论意义和实践意义。常见的广告受众购买行为理论有：

1. 边际效用理论

边际效用理论认为，广告受众购买商品的目的就是要用既定的钱最大限度地满足个体的需要，从而实现商品效用的最大化。商品效用包括总效用和边际效用。总效用是指广告受众在一定时间内消费某种商品而获得的效用总量。边际效用是指每增加一个单位的商品所增加的效用量。边际效用理论对广告受众的消费行为规律进行了深入的剖析，很好地解释了人们的复杂消费行为。

2. 信息加工理论

信息加工理论把人看作一个信息处理器，而人的消费行为就是一个信息的输入、编码、加工储存、提取和使用的过程。广告受众面对各种大量的商品信息，要对信息进行选择性注意、选择性理解、选择性记忆，最后作出购买决策及其行为。在信息加工理论看来，广告作用的产生在广告受众层面被理解为信息接收和处理的过程。

3. 习惯建立理论

习惯建立理论认为，广告受众的购买行为实际上是一种习惯的建立过程。广告受众对消费对象和消费方式的喜好是在重复使用和消费中逐步建立起来的。广告受众在内在需要激发和外在商品的刺激下，购买了该商品并在使用过程中感觉良好，那么他可能会再次购买并使用；如果多次的购买和使用给广告受众带来的都是愉快的经历，购买、使用和愉快的多次结合，最终就使广告受众形成了固定反应模式，即建立了消费习惯。习惯性购买行为可以使人最大限度地节省用于选择的精力投入，同时又避免了非必要的消费风险的发生。

4. 风险减少理论

风险减少理论认为，广告受众的消费行为就是想方设法寻求减少风险的途径。在购买商品或服务时，广告受众为了减少不确定性，往往依据成本的大小、自己的风险承受能力、销售者身份与地位等来评估消费风险，进行购买决策及其行为。

以上这些理论给我们了解广告受众的购买行为提供了思路清晰的参考依据，有利于我们准确把握广告受众购买行为的规律性，以作出正确的判断和最佳广告营销决策。

8.2.2 广告受众的购买行为类型

在购买活动中，受购买对象、时间、地点、环境、个性心理等诸多因素的影响，不同的受众会表现出多种不同的购买行为类型。下文根据受众购买特性和受众决策过程阐述广告受众的购买行为类型。

1. 根据广告受众购买特性分类

根据购买特性可将广告受众分为习惯型广告受众、理智型广告受众、经济型广告受众、冲动型广告受众、感情型广告受众、疑虑型广告受众和随意型广告受众等七种类型，其行为特征见表 8-2。

根据购买特性区分的购买行为 表 8-2

序号	类型	特征
1	习惯型	根据以往的购买经验和消费习惯采取购买行为，形成某种购买定势
2	理智型	根据事先收集的商品信息和市场行情进行购买，表现出很强的自主性

续表

序号	类型	特征
3	经济型	主要根据价格进行商品选购
4	冲动型	容易受外界刺激而产生冲动性购买
5	感情型	购买行为容易受购物环境和营销人员态度等外界环境的感染诱导
6	疑虑型	购买行为优柔寡断，对购买行为疑虑重重
7	随意型	购买行为随心所欲，不进行认真的商品分析比较，常常进行从众购买

2. 根据广告受众决策过程的复杂程度区分

根据广告受众对购买的参与程度和品牌间的差异程度，可将广告受众购买行为区分为如表 8-3 所示。

根据决策过程的复杂程度区分的购买行为　　　　表 8-3

购买类型	卷入程度	品牌差异
复杂性购买行为	高	大
减少失调的购买行为	高	小
习惯性购买行为	低	小
多样性购买行为	低	大

(1) 复杂性购买行为。当广告受众参与购买的程度较高，并且品牌间存在显著差异时，广告受众往往会通过广泛了解产品性能、特点，对产品产生信念，然后逐步形成态度，接着对产品产生偏好，最后作出慎重的购买决策和行为，这就是复杂性购买行为。复杂性购买过程是一个学习过程。广告策划者应把握广告受众的学习的机会，积极介绍产品优势及其给购买者带来的利益，帮助广告受众了解产品性能及其相对重要性，从而影响购买者的最终选择。

(2) 减少失调的购买行为。当广告受众参与购买的程度较高，但品牌差异不大时，广告受众购买以后，也许会由于注意到所购商品的某些缺点，或了解到别的商品的某些优点，而感到有些心理不平衡或不够满意，于是广告受众会寻求种种理由来减轻、化解这种失衡，以证明自己的购买决定是正确的。针对减少失调的购买行为，广告策划者应使用提醒式广告或形象广告，向广告受众提供有关品牌形象和产品评价的信息，使其在购买后相信自己作了正确决定。

(3) 习惯性购买行为。习惯性购买行为是指当广告受众参与购买程度不高而且各品牌间的差异不大时，表现出来的购买行为。习惯性购买的产生原因：一是减少购买风险，二是简化决策程序，尤其是减少信息收集方面的工作量。针对这类购买行为，广告策划者可以用价格优惠、广告刺激、销售促进、独特包装等方式鼓励广告受众重复购买产品。

(4) 多样性购买行为。指当广告受众参与购买程度低而且各品牌间的差异很大时，广告受众又不愿花长时间来选择和评估，而是不断变换所购产品的品牌而表现出来的购买行为。品牌的转换并不是因为对产品不满意，而是为了寻求多样化。针对这种购买行为类型，广告策划者可采用销售促进和推荐新包装或新口味等办法，鼓励受众购买。

8.2.3 广告受众的购买行为影响

广告受众的购买行为受许多因素影响，图8-5列出了对广告受众行为产生主要影响的六类因素。

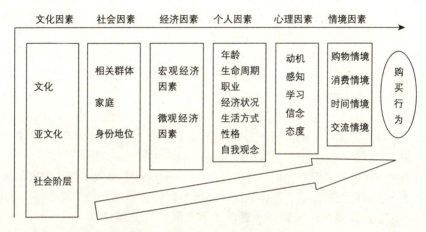

图8-5 影响广告受众行为的主要因素

1. 文化因素

文化对广告受众的行为产生最广泛而深远的影响，而影响广告受众行为的文化因素，又包含了文化、亚文化和社会阶层等层次。

（1）文化。广义的文化指人类在社会历史实践过程中所创造的物质财富和精神财富的总和；狭义的文化指社会的意识形态及与之相适应的制度和组织机构。我们这里所说的文化指狭义的文化。任何社会都有其特定的文化，它是处于这个社会中的人的欲求与行为的最基本的决定因素。

（2）亚文化。任何文化都包含着较小的群体即所谓的亚文化，它以特定的认同感和社会影响力将成员联系在一起。亚文化包括民族亚文化、宗教亚文化、种族亚文化、地理亚文化四种类型。广告受众因民族、宗教信仰、种族和所处地域的不同而有不同的生活习惯、价值取向、文化偏好和禁忌，这些因素都会对他们的购买行为产生影响。

（3）社会阶层。社会阶层指社会中按层次排列的较同质且持久不变的群体，每一阶层的成员具有类似的价值观、兴趣和行为。同一社会阶层内的人，其行为要比来自两个不同社会阶层的人行为更加相似，人们以自己所处的社会阶层来判断各自在社会中占有的地位高低。某人所处的社会阶层并非由一个变量决定,而是受到职业、收入、财富、教育和价值观等多种变量的制约。个人能够在一生中改变自己所处的阶层,既可以向高阶层迈进,也可以跌至低阶层。但是,这种变化的程度会因某一社会的层次森严程度不同而不同。不同的社会阶层在衣着、家具、业余活动、家用电器等方面表现出明显的产品和品牌偏好。

2. 社会因素

广告受众的行为也会受到相关群体、家庭、社会身份、地位等社会因素的影响。

(1) 相关群体。相关群体指能直接或间接影响个人的态度或行为的一切群体。人们至少在三个方面受到相关群体的影响:相关群体向人们展示新的观念、行为和生活方式;相关群体影响个人的态度和自我观念;相关群体能够对人们形成某种令人遵从的压力,影响人们对产品和品牌的实际选择。

(2) 家庭。家庭成员是对广告受众的态度和行为影响最大的相关群体,广告受众的行为受到从小成长的家庭,即父母的家庭的许多影响,但是广告受众的家庭,即由配偶子女组成的家庭是最重要的购买组织。

(3) 身份与地位。每个人在不同的群体中都有不同的身份与地位,不同的身份和地位具有不同的被认同与尊重的标志,所以常常会影响广告受众对产品和品牌的选择。

3. 经济因素

经济因素是制约消费行为的一个基本因素,包括宏观和微观两个方面。宏观经济因素是指整体的经济环境,整体的经济环境的好坏会影响人们的可支配收入多寡、消费水平高低。微观经济因素则主要涉及消费者以往的经济状况、现有经济状况、预期经济状况等。

4. 个人因素

影响广告受众行为的个人因素包括年龄、职业、经济状况、生活方式、性格与自我观念等。处于不同年龄段的广告受众对产品有不同的需求,不同职业的广告受众对不同类型的产品有明显偏好。经济状况决定着广告受众的购买欲望和购买能力,而生活方式、个性和自我观念则决定了广告受众的活动、兴趣和思想见解。

5. 心理因素

广告受众的行为还受到动机、感觉、后天经验、信念与态度等心理因素的影响。消费动机包括广告受众无意识的心理动机和有意识的需求两个方面。广告受众受动机的驱使可能产生购买行动,但是具体的行动如何则取决于他们对情景的感觉,具体包括对广告、店头促销、人员促销和产品本身的感觉。后天经验指人类由于经验而引起的个人行为的改变,它对于营销者的重要性在于它将产品与由于经验而造成的强烈的内趋力联系了起来,利用积极强化的方式,造成广告受众对产品的需求。通过行动与后天经验,人们树立起对企业和产品的信念与态度,这些信念与态度又影响其购买行为。

6. 情境因素

一般认为消费者会控制着环境,具有决策的主动权。然而事实上,环境因素在特定地点或特定时间,对消费者的购买行为产生重要影响。情境影响因素包括:购物情境、消费情境、时间和交流情境。

（1）购物情境。商场环境在购物行为中发挥着重要的作用。货品标价方式、装饰颜色、导购服务、货品位置、POP 广告等在很大程度上影响着销售。据"购买点广告研究所"（Point-of-Purchase Advertising Institute，POPAI）的调查，在所有有关品牌的选择决定中，有 85% 是在商店里作出的。

（2）消费情境。消费情境指我们实际使用产品或服务时的环境，即地点和背景。比如，在烛光餐馆吃晚餐和买一份外卖快餐就有很大的差别。如果我们请一位特殊朋友吃饭，所点的菜肴就可能和平时情况有所不同。消费者在购物和消费产品的任何某一阶段所遇到的经历，都与他下次作出购买或消费决定时的态度有关。因此，消费环境对消费者使用产品和享受服务的经历有非常重要的影响。

（3）时间因素。时间因素是购物决定的一个非常重要的变量因素。时间可以从多种角度来认识。比如，它涉及特定类型产品销售的合理性问题：软饮料适合在夏天销售，玩具则在圣诞节期热销，而汽车、住宅的需求量在春季和秋季最大。时间有时迫使人们作出购买决定。当汽车电池快没有电时，我们都会感到有些着急。紧急的购买形势往往限制人们寻找更多信息和可替代产品的能力。有时，时间压力甚至使人们放弃购买他们通常要花较长时间考虑和比较的产品。有时，时间压力又有可能使我们改变惯常的购物模式。

（4）交流情境。交流情境有两种类型：人际的和非人际的。人际交流情境是指面对面的沟通。在这种情境里，个人可信度决定了传出信息的影响力的大小。总的来说，面对面交流比非人际交流更容易令人觉得可信。非人际交流情境包括所有营销传播形式和其他通过媒介进行的传播，诸如来自互联网、电视、收音机或印刷媒介的新闻和娱乐信息。非人际传播形式的广告受到刊播广告的媒介所处的环境、人们接收媒介讯息的方式以及携带广告的传媒节目内容的影响。

8.3 广告受众的购买决策

广告受众购买决策是指受众谨慎地评价某一产品、品牌或服务的属性并进行选择、购买能满足某一特定需要的产品或服务的过程。下文对广告受众购买决策的角色、购买决策的类型和购买决策的过程进行分析。

8.3.1 广告受众购买决策的角色

一般来说，购买决策过程中会涉及建议者、影响者、决策者、购买者、使用者等五种参与角色。这五种角色相辅相成，共同促成了购买行为。其中，影响者、决策者在购买决策过程中扮演最为重要的角色。了解购买的主要参与角色，有助于市场营销人员妥当地安排营销计划与开展营销活动。不同的广告受众在购买行为中可能担任不同的角色，广告受众在购买行为中的角色主要有以下几种：

1. 建议者——即第一个建议或者想到要购买某种产品或者接受某种服务的人；

2. 影响者——其看法会影响最终购买决策的人；
3. 决定者——即最后部分或全部地作出购买决定的人；
4. 购买者——实施实际购买行为的人；
5. 使用者——消费或使用该产品或服务的人。

8.3.2 广告受众购买决策的类型

本文运用关注度[①]和昔日经验这两个概念来认识广告受众决策的四种不同形式，表8-4显示的就是这四种形式。任何具体的消费决策都建立在广告受众过去与备选产品打交道的经验和关注度的基础上，由此而产生了四种决策形式：深入型问题解决方式、有限型问题解决方式、习惯或变化愿望方式、品牌忠诚方式。

广告受众购买决策的类型　　　　　　　表8-4

昔日经验 \ 关注度	高度关注	低度关注
经验少	深入型问题解决方式	有限型问题解决方式
经验多	品牌忠诚方式	习惯或变化愿望方式

1. 深入型问题解决方式

当广告受众对特定的消费状态没有经验，却又发现这个状态让自己非常费心思时，他们往往会采用深入型问题解决方式（Extended Problem Solving）。这种方法的决策过程比较谨慎，开头有清楚的需求确认，接着是仔细的内部与外部搜索，然后是选择评估和购买，最后是较长时间的购买后评估。

2. 有限型问题解决方式

有限型问题解决方式（Limited Problem Solving）是一种更为常见的决策方式，按照这种方式，广告受众在决策时的经验和关注水平都比较低，需要的条理性较少。广告受众有一个新问题要解决，但这个问题却并不那么让人费心思，因此，信息搜索也就仅限于去尝试遇到的第一个品牌。受众喜欢通过尝试免费赠品来收集信息，营销者可以通过免费样品、便宜的"试用装"或折扣券促使受众试用广告品牌。

3. 习惯或变化愿望方式

在决策无需多少心思而又需要一次又一次地重复购买同一类产品时，就会出现惯性和变化愿望。习惯性购买可能是最常见的决策方式。广告受众找到了一种适合自己的洗涤剂，有一天，这种产品用完了，于是他们又买了这种产品。养成了购买同一个品牌的习惯可以使生活更加简单，减少花在"烦人的"购物上的时间。有时，在可能形成购买习惯的某些产品种类中，反而存在着"变化愿望"的现象。有些受

---

① 关注度（Involvement）指广告受众在某个特定背景下选择某件产品或服务时体验到的产品对自己的重要性和关联度。

众会借助变化来摆脱由习惯性购买带来的单调乏味。寻求变化（Variety Seeking）指广告受众在同类产品的不同品牌间看似随意地变换自己的选择，但这并不等于广告受众会随便买一个品牌，他心里可能有 2~5 个品牌，而这几个品牌满足自己特定消费问题的程度全都差不多。从这次购买到下次购买，广告受众个人会在这几个品牌之间来回转换，不为其他，只是为了寻求变化的缘故。软材料、烈酒、零食、早餐麦片和快餐等产品最容易让广告受众产生寻求变化的心理。

4. 品牌忠诚方式

品牌忠诚方式以高度关注和丰富的经验为特点。当广告受众重复购买同一个品牌作为满足自己特定需求的选择时，这种行为就表现出品牌忠诚的倾向。从某种意义上说，品牌忠诚型的购物者看起来好像是形成了简单的购物习惯，但是，我们必须区分品牌忠诚和简单习惯。品牌忠诚的基础是对某个品牌具有高度好感并在每次购物时有意识地在同类商品中寻找这个品牌；相反，习惯性购买只是对消费过程的简化，其出发点不是坚定的信念，通过广告和促销的巧妙结合就可以改变广告受众的习惯。花钱做广告劝铁杆品牌忠诚型广告受众尝试其他品牌很可能是对资源的极大浪费。

8.3.3 广告受众购买决策的过程

一般认为，一个完整的购买决策要经过需要察觉、信息收集、评价方案、购买决策、购后行为等五个阶段（图 8-6）。需要注意的是，除了广告受众会在购买决策过程中购买终止之外，广告受众的购买决策也并不一定都要按顺序经历全部的五个步骤。有时候，广告受众可能跳过或颠倒某些阶段。

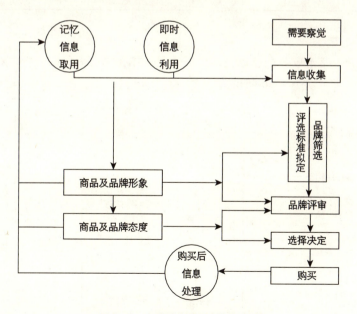

图 8-6 广告受众购买决策的过程

1. 需要察觉

购买行为始于广告受众对自身需要的察觉，也就是说广告受众感觉到自己的实际状态与需要状态之间存在差距，渴望自己的某些需要得到满足。导致需要察觉既有内在刺激，又有外在刺激。内在刺激源于人的某种生理性需要，更多地是饥饿、干渴、寒冷等导致的需求；外在刺激源于人的社会性需要，更多地是家庭、朋友、企业营销手段等导致的需求。企业营销应注意识别引起广告受众需要察觉的刺激因素，善于安排诱因，促使广告受众需要的察觉和强化。

2. 信息收集

需要产生后，广告受众要广泛地收集有关产品的可靠、有效信息，了解产品的特性。而收集信息的途径主要有四个方面：即人际来源、商业来源、公共来源和经验来源（表8-5）。

广告受众的四种信息收集途径 表8-5

序号	类型	说明
1	人际来源	通过家人、朋友、邻居、熟人、同事等获得的信息，是最有效的信息来源，起到关键的商品评价作用
2	商业来源	通过广告、店内信息、产品说明书、推销员、经销商、包装、展览等获得的信息，是广告受众的主要信息来源，起到商品信息告知作用
3	公共来源	通过大众传播媒体、政府机构、广告受众评审组织等获得的信息，主要是起到购买参考作用
4	经验来源	通过参观、试用、实际使用、联想、推论等方式所获得的信息，主要是起到购买指导作用

3. 评价方案

在广泛产品信息收集的基础上，广告受众往往会进行大量的分析、对比，认真地作出评价，形成对不同品牌的态度（图8-7）。

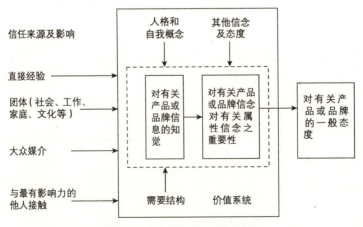

图8-7 广告受众态度形成示意图

广告受众是否广泛收集信息并作大量的评价、比较，取决于三个方面的因素：一是广告受众的购买介入程度，也就是说，广告受众对购买或购买对象的重视程度、关心程度。购买介入程度越高，广告受众在信息的收集、产品评价与选择上的投入和花费的精力也越多。二是产品的差异程度。如果产品在品质、功能、价格等方面差异比较大，就会更倾向于对各种品牌进行认真比较。三是购买时的时间压力。在时间紧急的情况下，广告受众会在很短的时间内完成购买行动。

4. 购买决策

当广告受众对各种产品的性能、价格、品牌、售后服务等各项产品特征进行分析评价之后，对某种品牌形成偏爱，从而形成购买意图，进而作出购买决定。购买决策并不一定导致实际的购买行为，因为受众的周围人提出异议或其他建议；或者商品涨价、新型号上市、产品意外情况发生等，都会导致广告受众购买决策的改变。

在整个购买决策过程中，受众的感知风险会对购买行为产生重要影响。所谓感知风险是指广告受众凭借直观判断和主观感受认识到的存在于消费过程中的各种客观风险。有研究表明，在购买过程的各个阶段，感知风险的水平是不同的。在需要察觉阶段，由于没有立即解决问题的手段或不存在可利用的产品，感知风险会不断增加；开始收集信息后，风险开始减少；感知风险在评价方案阶段，继续降低；在购买决策前，由于决策的不确定性，感知风险会有所上升；假设购买后广告受众达到满意状态，则风险继续走低。另外，以下几个因素可能也会增加广告受众在购买中的感知风险：缺乏有关产品类别的信息；产品是新产品、产品技术复杂性；广告受众对评估品牌缺乏自信；品牌之间质量变化幅度大；该购买对广告受众而言很重要。从某种意义上讲，广告受众的购买行为是一种减少风险的行为。广告受众改变、推迟或取消购买决策在很大程度上是受到感知风险的影响。广告受众一旦感知到某种风险的存在，就会产生焦虑，进而寻求减少该风险的方法。因此，在营销的过程中，我们要注意通过增加广告受众需求满足的确定性（购买名牌等），或者降低结果损失的程度（如退款保证）来减少他们的感知风险，把感知风险降低到广告受众可以接受的程度或者完全消失，促进广告受众的购买行为。

5. 购后行为

受众在购买产品后会根据自己的满意度进行购买评价，进而采取一些购后行为。购买评价是正面还是负面，取决于对产品性能的预期值与该产品实际性能之间的对比，同时也受周围环境的影响。购买评价会形成对该产品的信赖、忠诚或者是排斥态度，直接影响到购后行为。购后行为可以包括信赖并重复购买；推荐介绍他人使用；个人抵制并劝阻他人购买；抱怨、投诉甚至索赔等（图8-8）。

广告受众在一次购买以后，以后的每次购买决定都会受前一次的购买感受的影响。如果产品的性能与售后服务好于广告受众预期，意外惊喜会带来广告受众愉悦，而愉悦的广告受众往往会积极地进行新一轮购买。因此，产品在被购买之后，广告

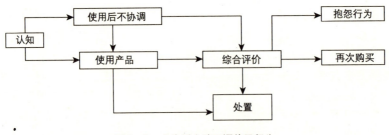

图8-8 广告受众购买评价及行为

策划者的工作并没有结束,而应设法使广告受众对自己的商品作出正面的评价,采取有利于企业的购后行为。

第9章 广告定位战略

> 成功的广告活动,大半要靠如何为产品定位,而非你如何为客户撰写广告。
>
> ——大卫·奥格威

从20世纪50年代的"产品导向"时代、20世纪60年代"形象称王"时代,20世纪60年代中期开始出现的"定位"时代将广告带入了一个全新的纪元:除了"产品特性"和"品牌形象"之外,广告还必须在潜在顾客心中,为品牌创造适当的定位。广告定位战略分为三种类型:X-YZ宏观定位战略、I-D-U中观定位战略和A-B-E微观定位战略。X-YZ宏观定位是关于在整体的产品类别(X)、用户(Y)和品牌效用(Z)的定位框架内,将品牌定位在哪里是非常宽泛的或者宏观的决策。无论是将产品(X)还是将用户(Y)作为定位的对象,定位策略仍然需要决定要强调哪种效用或者哪些效用(I-D-U模型),而且还必须决定把重点放在这些效用中的哪个方面或者哪些方面(A-B-E模型)。I-D-U模型是"中观的"或者中间层面的定位模型,而A-B-E模型是"微观"的定位模型(图9-1)。

9.1 广告品牌定位的X-YZ宏观模型

广告品牌定位的X-YZ宏观模型,显示了核心沟通效果,即品牌认知和品牌态度的作用。它告诉受众品牌是什么、品牌针对谁以及品牌提供什么。

9.1.1 X-YZ宏观模型的沟通关系

1. X-YZ宏观模型的三种沟通联系

X-YZ宏观模型(图9-1)中有三种联系必须沟通。一种联系将品牌和类别需求连在一起,并称其为"X"产品(或服务)。这属于品牌—市场定位,例如"我们将把健怡可乐定位在减肥可乐的市场中"、"热量只有1卡"。第二种联系将品牌和选定的目标受众"Y"连在一起,属于品牌—用户定位,例如"我们将把健怡可乐定位

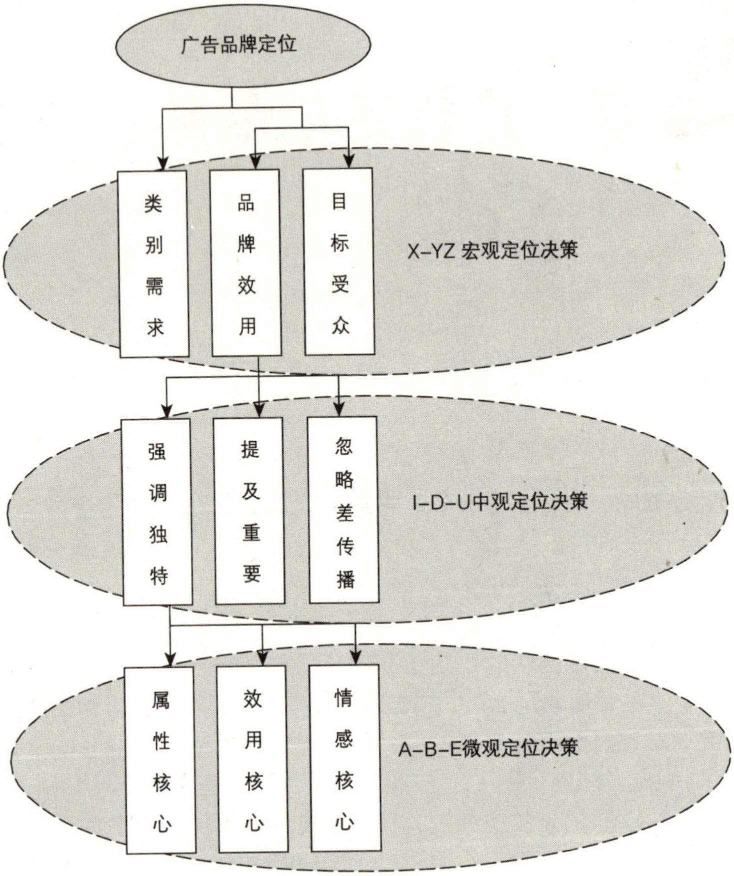

广告品牌定位
类别需求
品牌效用
目标受众
X-YZ 宏观定位决策
强调独特
提及重要
忽略差传播
I-D-U中观定位决策
属性核心
效用核心
情感核心
A-B-E微观定位决策

图9-1　广告定位的战略决策模型

于那些对体重很敏感的成年人。”第三种联系是将品牌和一种相关的购买或者使用动机（通过它的效用）连在一起，而且“帮助Z人们”。这属于品牌—效用定位，例如“我们将把健怡可乐定位成口味最好的减肥可乐品牌。”

2. X-YZ 宏观模型的三种沟通效果

X-YZ 宏观模型的三种沟通联系包括了五种沟通效果中的三种，即类别需求、品牌认知和品牌态度，它们构成了定位的核心和基础。如图9-2所示，在潜在顾客心目中需要有四种概念或者

X
类别需要
它是什么?
Y
使用者
它是针对谁的?
Z
品牌
效用
它提供什么?
品牌态度

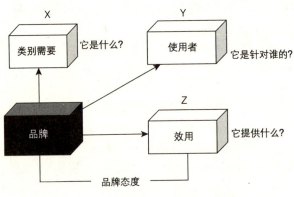

图9-2　广告品牌定位的X-YZ宏观模型

"节点"：类别需求、品牌自身表现、用户以及效用。这些节点中的第一个本身就是一种沟通效果（类别需求）。另外两种沟通效果一方面发生在品牌和类别需求之间的联系上（品牌认知的沟通效果）；另一方面发生在品牌和用户或者效用之间的联系上（品牌态度的沟通效果）。品牌和类别需求之间的第一种联系就确定了品牌是什么，这就是品牌认知的联系。品牌和用户或者效用之间的第二种和第三种联系就确定了品牌针对谁或者品牌提供的是什么，这些是品牌态度的联系。按照品牌态度而言，"给Y用户"的定位途径是品牌提供的另外一种类型的效用（那也就是说一种Z）。然而，对于定位战略来说，即使Y和Z都与品牌态度相关，作为定位的不同选择方案，保持二者各自独立仍是有用的。

3. X-YZ宏观模型的两种沟通决策

广告品牌定位的宏观模型使品牌关于"位置"的决策减少到两种：在考虑产品类别或者类别需求时品牌应如何定位（X决策），以及在考虑其他品牌情况下品牌定位是应该考虑产品的用户还是产品本身（XY决策）。下面讨论每种决策的选择方案，然后明确既定的方案在哪种条件下对于定位品牌最佳。

9.1.2 X-YZ宏观模型的X决策

品牌应该如何按照产品类别或者类别需求（X）进行定位？主要有两种选择方案，一是以品牌为中心定位于产品类别中的一般产品，二是在产品类别中对品牌进行差异性的定位①。

表9-1小结了X决策的品牌选择方案——中心定位还是差异化定位。

一种中心品牌可以概括地定位为"其类别中最好的"②，例如，在显示身份的汽车类别中，劳斯莱斯（Rolls-Royce）可以被定位为"最能显示身份的汽车"。这对于类别中的领先品牌是一种非常合理的定位。当品牌开始滑离它的中心地位，"Z等于最好的X"这种概括性的定位陈述就应该被替换掉，并从一种更长远的角度对其进行管理。这时，中心品牌应该重新强调其按类别定义的Y或者Z的效用，因此这些效用应该包含在品牌的"更长期的"定位陈述中。

广告品牌X-YZ宏观定位中的X方案　　　　　　表9-1

中心定位	差异定位
领先品牌或市场领袖	所有其他的品牌
模仿品牌，如果这个类别的产品拥有后续品牌并可以客观地提供属性，而且价格更低	包括稍后进入的模仿品牌

---

① 在极端的情况下，品牌的差异性定位通过将原来的类别需求"分割开来"而形成了一种新的产品类别或者亚类别。在不那么极端的情况下，差异性定位仅仅意味着品牌所传送的效用与此类别中的典型品牌所传送的效用有所不同。

② 当一个类别中的领先品牌使用这种概括的方法在类别中采取中心定位时，注意X（类别需求）和Z（主要的效用）是相同的；也就是说该品牌为"X中是Z的品牌等于最好的X"。

1. X决策的中心定位方案

采用中心定位的品牌必须传递所有构成产品类别特征的主要效用。处于以下两种情形中的品牌应该选择中心定位：一是成功的先驱品牌（市场领先品牌）。二是竭力"模仿的"品牌，如果这种品牌所属的类别具有以下特征：顾客可以相当客观地确定出品牌所传送的相同效用；而且市场领先品牌的价格较高，而模仿品牌可以用较低的价格传送相同的效用。

（1）市场领先品牌。进入类别的第一种品牌（先驱品牌）占据了这个产品类别中的"中心"地位，因为先驱品牌本身基本上定义了这种产品类别。这样的例子有复印机类中的施乐复印机、邮政快递企业中的联邦快递、牛仔服类中的 Levi's、纸巾类中的 Kleenex 以及果冻甜食中的吉奥（Jell-O）[①]。第一个成功进入产品类别的品牌通常会获得长期占据市场份额的优势[②]，接下来，绝大多数市场领先品牌努力保护这种中心定位。这样，除非出于某些原因——例如消费者的口味或价值观发生了根本性的变化——市场领先品牌会希望放弃其中心地位，否则对先驱品牌或者市场领先品牌的选择就是很自然的[③]。

（2）模仿品牌。首先考虑一下一种潜在的模仿品牌不应该使用中心定位的情形。如果顾客不能容易、客观地决定该类别的效用，那么试图模拟先驱品牌的品牌就有可能失败。这是因为先驱品牌会在潜在顾客心目中使模仿品牌"黯然失色"——这种黯然失色不能因通过提供较低的价格而抵消。速递服务公司（Purolator）的邮政快递服务试图模仿联邦快运（先驱品牌）就遭遇了失败，由于绝大多数邮政快递业务都相当准时地投送邮件，所以客观地区分它们是不容易的。然而，如果顾客可以相当客观地确定出品牌所传达的相同效用，以及模仿品牌所提供的较低价格构成了相当的经济价值，那么模仿品牌就可以成功地运用中心定位战略。一项关于快速日常消费品类别的分析表明，在那些消费者可以相当客观地肯定其性能，而且可以获得相当大的节省的产品类别中，自备标签的商店品牌作为模仿品牌胜过了市场领先品牌。这样的例子有折扣率很高的纸巾和家庭装冷冻法式薯条。

[①] 实际上，许多市场领先品牌成为了产品类别总称的同义词，例如，人们通常称牛仔服为"Levi's"，称纸巾为"Kleenex"，称果冻为吉奥。

[②] 这种优势并非简单地缘于诸如进入壁垒或者转移成本之类的产业因素，而是由于先驱品牌自动地定义产品类别本身，所以它真正是一种定位方面的优势。

[③] 有时，市场领先品牌放弃明显对它们有损害的中心地位，例如，米勒轻啤酒（Miller Lite）是淡啤酒市场中的领先品牌，在大约20年前进入这个产品类别时，它的中心定位主题是"口味极佳，不感太胀（Tastes great, less filling）"；1990年其广告主题仍定位为中心品牌，但是内容却相当时髦而且含糊："它就是它，那就是那（It's it, and that's that）"，随后又改为"来，让我告诉你它在哪儿（C'mon, let me show you where it's at）"。米勒轻啤酒在整个啤酒类别中的市场份额从广告前的10%下滑到了1992年中的8.5%。渴尔思淡啤酒（Coors Light）和百威淡啤酒（Bud Light）的市场份额都有所上升，到1992年中都达到了近7%，这时米勒决定恢复其最初的中心地位。米勒轻啤酒的新广告包括"一种不感觉太胀的、口味极佳的啤酒"（One great tasting beer that's less filling）这样的语句，因而恢复了按类别定义的效用，而这首先就赋予了它中心定位。

2. X决策的差异性定位方案

一般而言，抄袭市场领先品牌的中心地位并不会使跟随品牌获得最大的利润①。在多数情况下，跟随品牌最好采取差异性定位。下列品牌应该选择差异性定位：一是任何不能中心定位的市场领先品牌，以及采用中心定位的模仿战略不可行的品牌②；二是更晚进入的模仿品牌③。

"差异性"定位的方法包括新属性定位和另一产品类别定位。

（1）新属性定位。如果市场领先品牌仅就一种属性定位了中心位置，那么跟随品牌必须找到一种新的属性（不是价格）。具有单一属性的类别在先驱品牌阶段相当普遍。因为跟随品牌努力实现差异化，通常就会产生第二种和后续的属性。起初，牙膏是按照口味来定位的（高露洁）；后来，佳洁士使用了一种新的属性"防蛀牙"来实现差异化；而后来爱美（Aim）用新的胶体形式提供了这两种属性。漱口剂显示出相同的模式，最初李施敏特（Listermint）定位于防治坏牙；然后米克林（Scope）定位在好口味上；随后 Listermint 提供了这样两种属性。另一方面，高露洁棕榄（Palmolive）洗洁剂看上去总是占领着一种双重属性（Two-attribute）的中心地位，而后来象牙（Ivory）和洗洁灵（Ajax）则分别差异性定位于相应的属性上。这样，针对任何一种重要的属性都有差异化定位的机会，或者说针对一个以上的重要属性时，如果它们的结合（Combination）本身就是一种差异化，那么就存在差异化定位的机会。

（2）另一产品类别定位。X决策的另一种选择方案就是，品牌努力定位于另一类产品类别中④。绝大多数产品类别其本身都定位在一个产品类别的"层次结构"中。图9-3所示为一个关于饮料的层次类别结构的例子。这些饮料中的某个品牌可能会发现，如果它"接纳"（重新定位于）另外一种销售增长更快的产品类别，那么会更有利。它可能尝试重新向上定位——例如可口可乐和百事可乐取代咖啡作为早晨的饮料；它还可以向下定位——例如可口可乐早期用大牌可乐、后来使用健怡可口可乐向减肥可乐类别拓展的举动；或者这种定位也可以是同时"向两个方向的"——例如，可乐在美国软饮料市场中的份额已经从1994年的最高64％下降到了现在的60％，所以可口可乐和百事可乐是时候开始考虑像"巴黎"（Perrier）和七喜那样从边路进攻非可乐饮料市场了。

9.1.3 X-YZ宏观模型的YZ决策

X-YZ宏观模型的YZ决策是决定应该定位于用户（由目标受众所代表的Y）还是产品的效用本身（Z）。这种选择会合乎逻辑地紧跟X策略的中心定位和差异化定

---

① 这是假设市场领先品牌已经采用了中心定位——如果它是先驱品牌，那么这种情况是非常可能的；而且市场领先品牌的市场渗透率最高——这也是非常可能的。
② 这种品牌不能以更低的价格提供给顾客与市场领先品牌相同的客观评价属性。
③ 模仿一种差异性的品牌很可能使稍后进入的模仿品牌比模仿市场领先品牌更有可能成功。
④ 重新定位是一种中心品牌的差异化定位，本文不再论述。

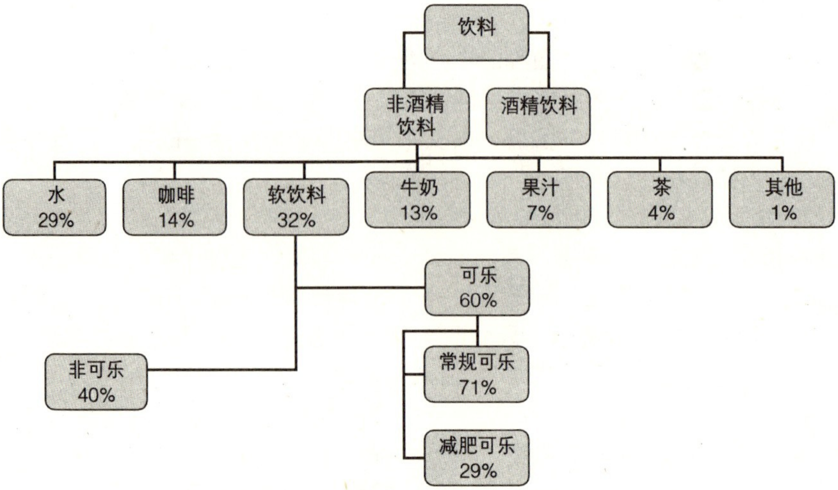

```
                          饮料
                        /      \
                  非酒精饮料   酒精饮料
                  /
    ┌────┬────┬────┬────┬────┬────┬────┐
    水   咖啡  软饮料 牛奶  果汁  茶   其他
   29%  14%  32%   13%   7%   4%   1%
              │
        ┌─────┴─────┐
                   可乐
                   60%
                    │
                ┌───┴───┐
        非可乐        常规可乐
         40%            71%

                       减肥可乐
                         29%
```

图 9-3 非酒精饮料的分层类别结构

注：数据（百分数）表示 1999 年美国的非酒精饮料的消费份额。资料来源：Impact Market Watch, U.S.A.。

位，因为中心定位可以针对产品或者用户，而差异性定位也是如此。表 9-2 小结了 YZ 决策的选择方案——以用户为主角还是以产品为主角。

定位位置的 X-YZ 宏观模型中的 YZ 方案　　　　　　　　　　表 9-2

以用户为主角（Y）	以产品为主角（Z）
针对新手的技术产品	所有其他的情形
社会认同的产品（社会认同是首要的购买动机）	

1. 用户为主角的定位（Y）

在以下三种情形下应该采取用户定位：市场专家；针对新目标受众的技术产品；购买动机是社会认同的任何目标受众①。

（1）市场专家。企业可以选择成为一个市场专家或者产品专家。市场专家向特别细分出的顾客提供其所希望的任何产品或者服务；而产品专家则提供能满足一个或者多个市场需求的一项具体的产品或服务。很明显，市场专家应该运用以用户为主角的定位——例如惠普定位于"专业的"用户，Talbot's 的女装定位于"顶极消费"的女性。在广告中应强调产品的属性，同时将用户（而不是产品）作为广告强调的主角，否则品牌就有可能缺失针对某用户群体的特别定位。

（2）针对新目标受众的技术产品。新技术产品的目标受众可能不能很好地理解

---

① Z 因素实际上是一个 Y 的因素，因为真正重要的是用户的认可。

产品类别的属性,所以在广告中掠过产品属性,而将其重点放在产品用户身上。其中一个最好的例子就是20世纪60年代末期由詹姆斯·加纳(James Garner)主演的宝丽来一次成像照相机广告。当时,这位广告代言人在电视上扮演了受人喜爱但又不太理智的私家侦探吉姆·罗克福德(Jim Rockford)。后来佳能(Canon)在为其AE-1照相机所做的广告"很先进——但很简单(So advanced-it's simple)"中模仿了它,先后启用了网球明星约翰·纽科姆(John Newcombe)和安德烈·阿加西(Andre Agassi)。最近富士(Fuji)在富士照相机的"即使孩子也能做到"的广告活动中就采用的是极端的针对"傻瓜"用户的方法。

(3)社会认同的产品。在宏观定位阶段初期,如果社会认同是顾客的主要购买动机,那么就应将用户作为品牌定位的主角。诸如(普通)啤酒、时装以及豪华汽车这样的产品类别,都是大家熟知的、主要购买动机是社会认同的产品的例子,而它们就会选用以用户为主角的定位策略。例如,绝大多数花生酱的品牌使用一种感官的满足来吸引儿童。然而,品牌吉夫就使用了社会认同;"挑剔的妈妈选择吉夫。"在精信广告公司(Grey Advertising)的这条经典广告中,妈妈是主角。

2. 以产品为主角的定位

在所有其他情况下,产品是定位战略中的主角。品牌的定位将被"定在"一种或者多种产品效用上(Z)。这些效用与产品相关,而不是与用户相关。即使"由Y群体或者人们使用"可以被看作是一种效用,但是这里的差别是,在以产品为主角的定位中产品的特征是广告的主要信息;而在以用户为主角的定位中,用户的特征是广告的主要信息。

9.2 广告品牌定位的 I-D-U 中观模型

所有的品牌都通过强调一种或者多种效用来实现其品牌态度评级。对于一种中心定位的品牌,这种决策制定起来相当容易——这种品牌只需简单地继续强调其类别中的"普遍"效用即可,而这也正是其中心定位之处。但是绝大多数品牌必须选择一种差异性定位,对于这些品牌而言,决策就变成了:我们应该对哪些效用进行差异化呢?I-D-U 中观模型的动机基础、I-D-U 中观模型的核心内容、I-D-U 中观模型的定位规则和 I-D-U 中观模型的效用强调可以帮助我们找到答案。

9.2.1 I-D-U 中观模型的动机基础

I-D-U 中观模型是从效用基础(Underlying Basis)——购买动机入手。毕竟,购买动机是顾客行为的基础的"推动因素"。在表9-3中所列出的8种购买动机中,有7种[1]可以作为品牌定位的效用选择。

---

[1] 在定位时,应该忽略正常排除动机,因为这种动机只适用于品牌忠诚者的重复购买;正常排除不是消费者首先选择某种品牌的原因,因此不能用来定位。

I-D-U 中观模型的七种动机基础　　　　　　　表9-3

序号	负面引发的（信息型）动机	序号	正面引发的（转变型）动机
1	排除问题	5	正常排除：因定位而忽略
2	避免问题	6	感官满足
3	不完全满足	7	智力刺激或控制
4	接近于避免问题的混合动机	8	社会认同

按照动机来进行定位效用选择的总体原则是：除非绝大多数品牌已经定位于此，否则品牌定位就应选择首要的（最强的）动机；如果绝大多数品牌已经定位在首要动机上，那么品牌定位就应选择次要的（次强的）动机。

1. 首要动机选择

基于首要动机的定位所要求的过程就是，寻找一位在心理学方面造诣很高的定性分析学者识别出消费者购买产品类别中每一种主要品牌的首要动机。"首要"意味着，这个品牌的大多数顾客之所以购买它就是出于这种动机。通常，在这个品牌的一定比例的顾客基础上，还会存在另外一种或者两种相当实在的次要动机。例如，尽管绝大多数人购买佳洁士牙膏是为了避免问题，但是有些人购买它仅仅因为它是最流行的品牌（社会认同）。事实上，绝大多数品牌都定位于一种以上的动机以"防止损失"，并努力吸引具有不同的首要购买动机的人或者吸引相同顾客所追求的首要和次要购买动机。

2. 次要动机选择

如果绝大多数品牌都定位于最强的购买动机①上，那么跟随品牌会发现，偏离这种最强的动机的定位是有利可图的，由此它就可能成为一种"补缺的"品牌——定位于一种较强的次要购买动机上，在牙膏的例子中可能就是社会认同。Tom's of Maine 牙膏就采用了一种次要动机定位的方法，它的效用承诺是全天然配方，不含在绝大多数全国性品牌中都能发现的糖精和甲醛。确切地讲，社会认同不是一种很强的次要动机，但由于 Tom's 对这个补缺品牌也制定了一个高价，所以尽管顾客数量相对较少，它却是一种可以独立存在的定位。

3. 新品牌或者重新定位的品牌的动机选择

使用由那7种动机构成的"如果……就……"的清单来探明新品牌是否有潜在的新的定位机会，以及已有品牌是否有重新定位的机会，通常都是很有远见的，而且也可以产生一些"横向思维"的定位战略。泰诺（Tylenol）就是一个新品牌（当时的）将自己定位于一种新的购买动机的佳例。在它进入类别之前，绝大多数阿斯匹林产品定位于"排除问题"这个动机上（去头痛）。泰诺将去头痛转成了一种实质上的"方法"动机，同时提出它能"避免"对胃的刺激，这样就使用了"解

---

① 效用不必相同但是潜在的购买动机相同，例如，在牙膏的例子中，"味道"和"防蛀牙"都是一种避免问题的动机。

决与避免问题"相结合的动机。正如阿莱（Haley）诙谐地指出，直到泰诺出现前，绝大多数人都不知道阿司匹林会对胃产生刺激！很明显，很多人买泰诺是为了防止可能引发的胃部不适，或者遭受因使用常规阿司匹林品牌而引起的对内脏器官的潜在伤害。

9.2.2 I–D–U中观模型的核心内容

在选择广告或促销活动中应强调的效用时，应该主要考虑三个主要方面（I–D–U模型）：重要性（Importance）、传播性（Delivery）与独特性（Uniqueness）。

1. 重要性

重要性指的是促使顾客购买品牌的动机与广告所宣传的效用之间的关联性。在多重属性的公式中，重要性就是效用促进购买动机的情感权重E，完整的表示是$E_{i(m)}$。只有当另一种效用有助于满足顾客的购买动机时，它才会呈现出重要性。例如，在选择每天自饮的咖啡品牌时，也许一个看似昂贵的标签并没有什么重要性（感官满足）。但是如果是选择待客的咖啡品牌时，它就非常重要了（社会认同）。

2. 传播性

传播性指的是顾客感觉到的品牌提供效用的能力。在多重属性的公式里，效用信念就带有品牌下标b，因此就成了$B_{bi(m)}$。品牌效用传播总是知觉表象的。它以顾客的信念为基础，不必以客观事实为基础。效用传播反映了顾客感知具体的品牌的程度——Moccona，Andronicus或者Robert Timms——拥有一个看似昂贵的标签。此时"看似昂贵"的性质是相当主观的——它取决于顾客的感觉。

3. 独特性

独特性指的是顾客感觉这个品牌比其他品牌相对更好地传递效用的能力。在多重属性的公式中，独特性可以用$B_{bi(m)} - B_{ci(m)}$来表示，这里的b指我们的品牌，而c是竞争对手的品牌。例如，Moccona也许让人觉得拥有看似最昂贵的标签，尽管顾客对其他品牌，特别是Robert Timms，在此效用方面的评价也相当高。但顾客会感觉Moccona的一个相对独特的效用就是拥有"看似昂贵的标签"。

独特性包含了决定性属性（Determinant Attributes，即决定性效用）。某种效用可以是重要的——在品牌的广告沟通和促销中的确必须提到——但可能不是决定性的。特别是，如果人们认为两种或多种竞争品牌在传播某种具体效用时做得同样好，那么这种效用就不能决定顾客的偏好。一种被同样传播的或"相同的"效用不能为差别或选择提供基础，因为其他品牌也将自身与这种效用联系在了一起。因此，使顾客在品牌之间产生能感觉到的差别的一种或多种效用——也就是产生"相对的独特性"，必须在传播品牌时加以强调。例如，如果顾客认为几种昂贵的或适合社交场合饮用的咖啡，在口味和价格全一样的话，那么一种看似更加昂贵的标签就可能成为决定顾客选择的差异性效用。

总的来说，独特性就是差异性的传播。独特性在效用选择中被看作是第三位的。一个品牌必须传播（第二考虑因素）重要的效用（第一考虑因素），但是它也必须相对独特地传播至少一种重要效用（第三考虑因素）。

如果品牌的广告活动所针对的目标受众不止一个，那么在决定产品所强调的效用之前，必须对每一潜在目标受众进行 I-D-U 分析。因为每种潜在的目标受众的重要性、传播性和效用的独特性往往不一样。现利用一个简单的（且假设的）例子来说明，即试图将顾客从"瘦身佳肴"那里吸引到"健康之选"菜肴。假设这两种菜肴的选择决策是基于两种普通的效用：味道和价格，而且两个目标受众群体所认识到的主要效用有轻微的差别："健康之选"的忠诚顾客想要"有利于心脏健康"的食品（低脂肪、低钠且低热量），而"瘦身佳肴"的忠诚顾客想要"减肥"食品（低热量和低脂肪）。同时，简单假设"健康之选"的其他品牌忠诚者全都忠实于"瘦身佳肴"。

图 9-4 的 A 组和 B 组显示了"健康之选"的忠诚顾客是如何接受这两种竞争品牌的效用的。就"有利于心脏健康"来说，这是最重要的效用，"健康之选"的品牌忠诚者视"健康之选"为独一无二地优于"瘦身佳肴"的品牌。至于排在第二重要位置的味道，可以看出"瘦身佳肴"和"健康之选"同样好。价格对这些忠诚顾客是次要的，"瘦身佳肴"稍有优势。总体来说，对"健康之选"自己的品牌忠诚者应强调的效用是心脏健康；应提到的效用是味道（或者是间接地强调）；同时进行价格的权衡。

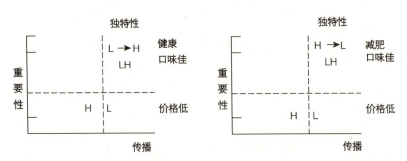

图 9-4　两种菜肴品牌忠诚者的 I-D-U 分析

注：H="健康之选"，L="瘦身佳肴"；A 组表示"健康之选"的品牌忠诚者；B 组表示"瘦身佳肴"的品牌忠诚者，同时也是"健康之选"的其他品牌忠诚者。

在此图的 B 部分可以看出，其他品牌的忠诚者将"减肥"的效用视为最重要，而"瘦身佳肴"被认为在此效用的传递方面是独一无二的。对"瘦身佳肴"的忠诚顾客来说，味道有些不足为重，且认为这两个品牌传递的味觉享受是相同的。以上两类的目标受众所感受到的价格是基本一样的。为了吸引"瘦身佳肴"的品牌忠诚者（即"健康之选"的其他品牌忠诚者），"健康之选"必须弥补它在"减肥"效用上的欠缺。应该提到"健康之选"的口味，但如果它想赢得"瘦身佳肴"的顾客，那它就必须强调"减肥"的特征。"健康之选"应该做的事情是：指出它同"瘦身佳肴"有同样低的热量且仅是"后者脂肪含量的1/2"——低脂肪是继低热量之后减肥者所关心的第二项最重要的特征。

策划者还要把握潜在目标受众的接受度才能进行准确的 I-D-U 定位，如"健康之选"针对其他品牌忠诚者进行的强调减肥的广告活动可能赢得更多的销量。这种销量的增加来自于①：针对其他品牌忠诚者的销量的增加，要比因"稍微减弱"吸引品牌忠诚者的有利于心脏健康方面的吸引力所损失的销量要大。但如果整体销量减少，则"减肥描述"不应该出现在任何广告传播中。

9.2.3 I-D-U中观模型的定位规则

一旦按照重要性、传播性和独特性识别出品牌的效用，那么针对具有高度重要性的效用就应该运用 I-D-U 定位规则。

I-D-U 定位规则　　　　　　　　　　　表 9-4

1	独特性（Uniqueness）	强调品牌的独特效用
2	重要性（Importance）	提到相同的效用（指传播广泛但并不独特的效用，通常是参与该产品类别竞争的"门票性"效用）
3	传播性（Delivery）	替换掉或忽略掉（Trade off or Omit）品牌的劣质的效用（指那些虽然重要但是传播不广泛的效用）

1. 强调品牌的独特效用。强调意味着广告中有 2/3 或者更多的信息内容应该集中在品牌的独特效用上。

2. 提到相同的效用。如果品牌没有重要效用可供独特地传播，那么就强调一种独特的效用，即使这种效用的重要程度较低②。

3. 替换或忽略掉品牌的劣势。以下情况可采取置换的方案：出于法律要求而展示效用；或者顾客试用品牌之后将很快发现重要效用的传播并不广泛（通常这是一种"门票性"效用），否则，就可以利用"忽略掉"这种方法。

（1）替换意味着找到一种补偿效用，而且通过利用明显的收益来补偿损失的方法将两种效用联系起来（例如虽然分销网点有限，但是眼光好的顾客值得多走几步路；或者虽然口味不是那么好，但是热量绝对最低等）。

（2）忽略掉就是单纯地忽略它。如果你并没有被要求公开一切，那么指出你的品牌在某种效用方面质量不佳的做法是不明智的，因为这种效用在购买者看来，虽

---

① 除非"健康之选"能够针对两种目标受众将媒体一分为二（对电视来说很困难，但在杂志中有可能实现），否则它不可能成功地同时赢得两类目标受众。

② 采用中心定位方法的品牌的独特性就在于其中心性，一个简单的例子就是在英国播出的一则巴黎水广告："只有'巴黎'，别的都不行（Perrier. Everything else isn't）"。采用差异性定位的品牌的独特性就在于其差异性。

然重要但非必不可少，这样做，只能把购买者推到你的竞争对手那里去。

9.2.4 I–D–U中观模型的效用强调

I–D–U效用定位规律决定了在品牌地位中应该强调哪种效用或哪些效用（Z），但是如何才能实现这种强调呢？表9–5按从易到难的次序排列了5种多重属性战略（Multi-attribute Strategies）。广告中的绝大多数战略都是第一类（提高效用的传播）或者第二类（增加效用的重要性），或者二者结合起来；但另外三种在某些情况下也有可能采用。

品牌态度的多重属性战略　　　　　　　　表9–5

序号	属性战略
1	增加顾客感知到的品牌的一种效用的转播（B_{bi}）
2	增加品牌独特传播的一种效用的重要性（E_i）
3	弱化顾客感知到的竞争对手的一种效用传播（B_{ci}）
4	加入一种重要的而且品牌独特传播的效用（新的$B_{bi}E_i$，现在的效用为$n+1$）
5	改变选择规律以有利于品牌（Σ）

品牌态度的所有综合动机的多重属性公式是：

$$BATT_b = \sum_{m=1}^{8} \sum_{i=1}^{n} (B_{bi(m)}) \times E_{i(m)} \quad\quad 9.1$$

$BATT_b$ = 对品牌b的态度；
b = 品牌1，2，…b，…等；
m = 购买动机1，2，…m，…直到9（可能的动机）
i = 效用1，2，…i，直到效用n

$\sum_{m=1}^{8}$ = 动机总数

$\sum_{i=1}^{n}$ = 利益总数

$B_{bi(m)}$ = 相信品牌b为动机m传递效用
$E_{i(m)}$ = 针对动机m的效用i的情感权重（重要性）

现通过可乐Ⅱ针对喝百事（Pepsi）的年轻人重新发起的广告活动（我们可能会想起可乐Ⅱ，即原先的New Coke是甜味版的可乐，在与百事的不具名交叉测验中受到好评）来说明如何应用这个公式。假设目标受众最初的购买动机是社会认同，而第二动机是甜味道带来的感官满足。为清楚起见，去掉"m"而代之以效用的重要性E来反映其影响。现在公式被简化为：

$$BATT_b = \sum_{i=1}^{n} (B_{bi} \times E_i) \quad\quad 9.2$$

假设已经采访了一个大的来自百事的25岁以下的忠诚顾客的随机样本，并以此来评价品牌的效用传播（$B_{bi}s$）以及效用的重要性权重（$E_i s$）。在表9-6中，$B_{bi}s$以0~5的范围来表示，$E_i s$以-3~+3的范围来表示。正如预计的那样，可以看出：可乐Ⅱ落后于百事，百事的品牌忠诚顾客以平均2:1的差幅倾向于购买百事。这是一个平均水平，意味着顾客在三次购买中会有两次购买百事而有一次购买可乐Ⅱ；或者每一次都买百事，因为它有较高的相关品牌态度。因此可乐Ⅱ不得不奋力追赶，使它目前的态度水平大约翻一倍，由14升到27，以赢得百事的忠诚顾客。

假设的百事的年轻忠诚者购买百事和可乐Ⅱ的情况的多重属性公式　表9-6

效用	$B_{bi}s$（传递）		F_i
	百事	可乐Ⅱ	（重要性）
1. 同类群体的接受度	5	2	（+3）
2. 味道好	5	3	（+2）
3. 价格低	2	2	（+1）
$BATT_{百事}$ =5（+3）+5（+2）+2（+1）=27			
$BATT_{可乐}$ =2（+3）+3（+2）+2（+1）=14			
传递程度（$B_{bi}s$）0~5			
重要性程度（E_i）-3~+3			
普通的百事品牌忠诚者的 $BATT$s 是 27:14 或约 2:1（66%:34%）			

可乐Ⅱ如何应用表9-5中的5种多重属性战略中的一种或多种来提升品牌态度呢？下面依次进行讨论。

1. 加强可以感受到的效用的传播（B_{bi}）。可乐Ⅱ在顾客能感受到的同类群体的接受程度，以及可以感受到的好味道方面落后于百事。如果它能将自身的受欢迎程度提升到与百事相同，则可乐Ⅱ将获得2→5=3（+3）=+9的品牌态度点数。然而，这可能导致一场代价高昂的"知名品牌之争"，除非可乐Ⅱ能够找到另一条提升可感受到同类群体的接受程度的途径 [在澳大利亚，可乐，即起初的可乐，正是坚持了这一原则，进行了一场"街道信用（Street Credibility）"的广告活动。可笑的是，"街道信用"的创作思想明显地是从百事的广告中"借用"来的]。或者可乐Ⅱ能够尽力提升其被接受的味觉水平至与百事的水平相当。这将带来3→5=2（+2）=+4个点数，据此这是一个效率欠佳的战略。

2. 提升效用的重要性（E_i）。可乐Ⅱ没有那种由自己单独传递的效用（即胜过百事的效用）。由此可知，单一提升效用重要性的战略将会使百事比可乐Ⅱ受益更多。但在理论上，可乐Ⅱ能够大幅削减价格，从而以节减花销这样的重要性影响这群比较年轻的顾客。实际上，突然削价将会使可乐Ⅱ在此效用上的B_{bi}上升至5，并且以价格为主导的广告将把价格E_i增加到+2。可乐Ⅱ将获得+9点数（从 [2]

[+1] 加 [5] [+2]），而百事也将获得 +2 点数，（[2] [+1] 到 [2] [+2]），于是可乐Ⅱ的净获益为 +6 点数（在所有这些战略中，整体的 $BATT_b$ 点数将会是一种品牌或者两种品牌都改变，因此二者的对比将转为一个不同的比率。但是，为简化起见，我们假设整体不变，并且可乐Ⅱ在追赶百事的 $BATT_b$ 全部点数27）。这个价格战略有一个问题，即百事会很快作出反应，使可乐的收益被抵消掉。

3. 削弱竞争对手的效用传播（B_{ci}）。虽然成功地实施起来很困难，但从理论上讲对可乐Ⅱ来说，削弱百事的顾客可感受到的效用传播是最好的战略。可乐Ⅱ最大的欠缺在于流行度（同类人群的接受程度），因此如果可乐Ⅱ能够削弱百事对25岁以下群体的社会吸引力的基础，那么许多百事的忠诚顾客可能会转向可乐Ⅱ。举个例子，如果可乐Ⅱ能够将百事的同等人群接受程度减为3，同时（利用战略1）将自己的同类人群接受水平提升到4，稍微超前，百事将失去 5→3 = –2（+3）= –6 点数，而可乐Ⅱ将得到 2→4 =2（+3）= +6 点数，即净增 +12 点数。这将使可乐Ⅱ非常接近于百事的整体态度，$BATT_b$ 水平为20∶21。这一点是有可能的：即随着流行度的提高，可乐Ⅱ的接受口味水平相比百事也将提高。可乐Ⅱ的味道水平提高1个点数将产生 3→4 =1（+2）= +2 个额外点数，从而使可乐Ⅱ居前。一种以味道为基础的流行吸引力有可能达到这个效果，而且有可能使这两个品牌的可接受的口味水平同为4，于是使可乐Ⅱ以 22∶19 排在前面。虽然有些困难，但这个"综合"战略，是可乐Ⅱ的最好的效用重点方案。

4. 增加一种新的效用（B_{bi}, E_i）。如果可乐Ⅱ能够找到一种它能够独一无二地传播的新效用，那么即使这个效用的重要性相对较低，可乐Ⅱ获胜的潜力还是相当大的。可乐Ⅱ的等级水平将可能是5，而百事为0，因此利用一个新的 +1 个点数的重要性效用，它将获得 +5 个点数，而如果它能够发现一个新的 +2 重要性效用，则获 +10 个点数。虽然不明确可乐Ⅱ会增加什么效用，我们假设它加入了一种性质温和且合法的"兴奋"成分，例如额外的咖啡因（我们注意到在欧洲，一些国家对软性毒品持开放态度，有一种软饮料品牌中即含有苯丙胺一种挥发性无色液体，用作中枢神经系统兴奋剂）。如果这个新效用的重要性权重为 +1，那么现在目标受众认为的效用整体将是 $n=4$，并且新的态度将是：

$$BATT_{百事} = 27 + 0 (+1) = 27$$
$$BATT_{可乐Ⅱ} = 14 + 5 (+1) = 19$$

这个战略使可乐Ⅱ直逼百事，但仍然无法居前。它仍然是建立在一种假设的前提下的，该假设就是，将可乐Ⅱ变为一种咖啡因含量较高的可乐在技术上和法律上是可行的。

5. 改变选择规律来支持品牌（Σ）。依最初的评价，可乐Ⅱ因为顾客加总效用的事实而处于失利地位（如表中所示的计算），即顾客将同类人群接受程度、好口味及低价格加起来，以得出整体的品牌态度（"线性互补"选择规律也假设效用是独立的，即互不联系。检查对一种效用信念的变化是否会导致顾客心目中与之相关的其他效用信念的变化是可取的做法）。假设没有其他的变化，可乐Ⅱ仅希望采用战略5

即可，以竭力使百事的忠诚顾客首先考虑低价格，并且仅仅凭价格来进行选择；既然可乐Ⅱ与百事的定价相同，这将使二者势均力敌。就"不予考虑某些方面"的技巧为人所知的选择规则来说，这种战略对商业品牌的可乐类饮料来说效果显著。

同样，从技巧上讲，我们可以注意到，选择规则的变化可以通过将它视为战略2的一种极端情况来进行计算，即改变重要性的权重。于是，在上面关于价格的例子中，价格的重要性将增加到+3，而另外两种效用的重要性将减至零。理论上，新态度将是：

$$BATT_{百事} = 5(0) + 5(0) + 2(+3) = 6$$
$$BATT_{可乐Ⅱ} = 2(0) + 3(0) + 2(+3) = 6$$

因此，多重属性公式提供了一种"预估"潜在的强调效用战略的有力方法——它是另一个有价值的"如果……就……"工具，如前面的动机列表一样。

然而，我们不要忘记I-D-U模型是将多重属性计算投入实践的一种方法。根据原先的评级，可乐Ⅱ没有自身的独特效用可以强调，没有一种同等的效用（价格）可以提出，也没有两种劣势效用可被权衡或者删去（它可以删掉同类人群接受程度，但可能将不得不权衡一下好味道这个效用，因为估计顾客很容易确定这个效用）。对可乐Ⅱ来说，这相当于一个绝望的境地，除非采用以上讨论的是5种多重属性战略的一种。实际上，可乐Ⅱ所做的是强调低价格（相同的价格但包装容量比百事多），并将目标指向孩子们和十多岁的少年，对他们来说低价位是很重要的。这是战略1和2的综合（或者可能是战略1和5）。

9.3 广告品牌定位的A-B-E微观模型

广告品牌定位的X-YZ模型已经为品牌在顾客心目中选择了一个地位，而且已经决定了应强调、提高或者放弃哪些效用（I-D-U模型）。定位中最后的决策就是决定要在微观层面上聚焦于"效用"里的哪个方面或者哪些方面。在此，我们使用效用集中的A-B-E微观模型。效用这个术语被扩展到其属性（Attribute）—效用（B）—情感（Effect）中（表9-7）。在微观层面上，广告客户必须决定是主要集中于属性，还是集中于效用或情感。广告还可能集中在这些因素的某种结合上。

表9-7 A-B-E微观模型定位中的术语定义

术语	通俗的定义	专业的定义
属性	产品有什么	产品的物理特性（例如咖啡因含量）或者服务的客观特点（例如等候时间）
效用	购买者想要什么	负面的（"解脱"）或正面的（"回报"）加强因素，它是由购买者或使用者主观经历的
情感	购买者的感觉是什么	加强因素本身的有效体验（例如焦虑→心态平和；快乐）
动机	为什么购买者想要它	基本的驱动加强因素的激励机制，即排除问题、避免问题、不完全满足、接近于避免问题的混合动机，以及正常排除（负面引发或"信息型"动机）；感官满足、智力刺激或控制、社会认同（正面引发或"转变型"的动机）

图9-5所示为一个广告中可采取的集中点的A-B-E微观模型。在图中所示的A-B-E框架中，有不少于三个核心点以及三条核心"路径"可以用在广告中使用：

1. 属性核心（例如一种粗的薯条）：a
2. 从一种属性出发的效用核心（例如因为粗，所以有更好的薯条味道）：a→b
3. 效用核心（例如口味更好，未给出原因）：b
4. 从一种情感出发的效用核心（例如不满足于细薯条的味道；解决方案是粗薯条的更好口味）：e^-→b
5. 从一种效用出发的情感核心（例如因为口味好而有趣）：b→e^+
6. 纯粹情感核心（例如仅仅是有趣）：e^+

尽管其他的路径也有可能，例如a→b→e，但这些路径是主要的路径。图中第二个例子——"健康之选"的例子，进一步说明了这些可以采用的核心点和路径是如何进行的。

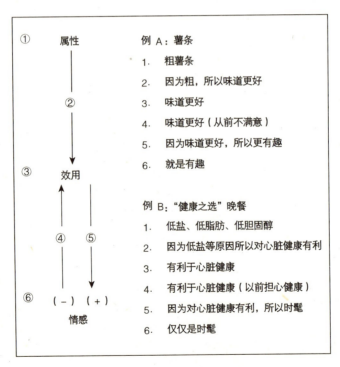

图9-5 聚焦效用的A-B-E模型

资料来源：From a model suggested by Moverg, 1988；see note 33

A-B-E微观模型提供了一套选择微观定位的、以效用为核心的条件。表9-8小结了A-B-E模型的应用情况。

以效用为核心的 A – B – E 微观模型中的条件小结　　　表 9 – 8

以属性（a）为核心
专家型目标受众
无形的服务
作为对同质 – 效用品牌的情感核心的一种替代
以效用（b）为核心
品牌拥有难以模仿的效用
消费者因负面刺激的动机而购买的（信息型）品牌：$e^- \to b$
"合乎逻辑地"进攻固守的基于情感上的态度：$a \to b$
以情感（c）为核心
品牌拥有容易模仿的效用
消费者因正面刺激的动机而购买的（转变型）品牌：$b \to e^+$，或者 e^+
对固守的基于情感之上的态度进行"情感上的"进攻：$e^- \to b$

9.3.1　A – B – E 微观模型的属性核心

A – B – E 模型认为，在专家型目标受众、无形的服务和作为一种对同质效用品牌的情感核心的替代的情况下，广告应该集中定位于属性本身（模型中的点①）。

1. 专家型目标受众

当品牌定位于专家型的目标受众时，用属性作为定位的核心就比较合适，因为专家们了解可以从这些属性中获得的效用。实际上，有人认为对专家型目标受众仅仅展示属性会更加有效，因为他们对于这些属性所代表的效用会有不同的观点，这样专家型目标受众就更可能在所呈现的属性的基础上"自我说服"。

2. 无形服务

典型的"无形服务"的例子包括金融服务、保险以及汽车维修服务①。但服务越是无形，其广告中就越需要有形属性。这是因为有形的属性充当了那些顾客预期会得到的效用的"替代指标"。例如，顾客们希望能和一家设施先进、员工着装整齐、举止文雅的银行建立并保持关系——即使客观地讲，这些属性可能和银行提供的终端服务关系不大。那些给人感觉很大的保险公司会比那些看上去较小的保险公司更为成功。而那些工作环境整洁、员工着装整齐的汽车维修店很可能比那些像是"后院小店"的地方生意更好。因此，那些提供无形服务的公司更需要"展示"出其服务值得顾客购买——定位时应聚焦于那些作为良好服务的"证据"的属性上。

---

① 这些服务的最终结果都是相当有形的，例如在一家银行，你可能实际感受到的是一种礼貌的或者粗鲁的服务、抑或准确的或者不准确的服务。

3. 作为对同质效用品牌的情感核心的一种替换方案

当一个产品类别中有几个品牌的效用几乎相同的时候,一种有效的方法就是努力使品牌在情感联系方面与其他品牌区别开来。但人们并没有广泛地认识到还有另一种替代战略:如果该类别中的绝大多数品牌都针对相同的效用做广告,那么我们的品牌就"回去"定位在属性上,这种差别化的方法有时很有效。其中经典的广告有百威公司的"榉木桶中的陈年佳酿";象牙香皂的"$99\frac{44}{100}\%$的纯度";普通咖啡使用"长于山中的"咖啡豆,而速溶咖啡则使用"片片降落的咖啡水晶"。在服务业中,AT&T 的"真实的声音"这则看上去相对很小的广告却达到了很好的效果。

9.3.2 A-B-E 微观模型的效用核心

效用指的是由品牌提供的、顾客感受到的主观加强因素。这些主观意义可能是也可能不是从品牌所拥有的客观属性当中获得的。以效用为核心的微观定位战略应用于:品牌拥有难以模仿的效用;消费者因负面刺激的动机而购买的(信息型)品牌;"合乎逻辑地"进攻改变于情感之上的态度。

1. 品牌拥有难以模仿的效用

如果一个品牌拥有一种或者多种竞争对手难以模仿的差异性优势,那么这些效用就应该成为定位的中心(模型中的点③),其广告宣传应该聚焦于这种效用对顾客的主观价值,而不是定位在属性和情感上。这是因为,差别性的属性从顾客的角度来看并不一定是差别性的效用;而另一方面,如果品牌拥有一种或者一些差别性的效用,那么与之相比,情感上的差别性基本上是一种维持这种差别性较差的途径。

2. 消费者因受负面刺激而购买的(信息型)品牌

在基于负面刺激产生的("解脱")购买动机的信息型广告中,首先应该"人为地刺激"这种负面的情感(问题),然后再展示效用(解决方法)。因此按照 A-B-E 模型,这个顺序(路径④)就是:$e^-\rightarrow b$。由问题引起的负面情感状态会因效用而逐步得以释放。效用在传播之后有可能进一步产生正面的情感状态。

3. "合乎逻辑地"改变固守于情感之上的态度

那些拥有"固守的"品牌态度的顾客,非常抗拒竞争性品牌。这是由于他们认为从现有的品牌发生转移会有较高的风险,并且将替代品牌视为较差的产品。假如他们的这种固守态度建立在使用品牌所产生的强烈情感的基础之上,那么可以证明要改变这种固守的态度的惟一途径就是运用一种"合乎逻辑的"(或者"理智的")、而不是一种"情感的"进攻①。采用合乎逻辑的进攻可以抓住没有完全准备好固守其态度的顾客。这是一种从属性到效用的方法(模型中的路径②):$a\rightarrow b$。

诸如青少年吸烟、毒品和艾滋病这样的社会问题,都是强烈情感型态度增强了

---

① 情感进攻可能会激发出顾客使用原有品牌时所产生的情感,因此很容易被拒绝。

受众行为的例子①。要改变这些行为，社会部门应采用一种合乎逻辑的（基于效用的）方法，或许这是惟一的希望。在艾滋病的例子中，罗克·赫德森（Rock Hudson）、安东尼·珀金斯（Anthony Perkins）、阿瑟·阿什（Arthur Ashe）和"魔术师"约翰逊（Magic Johnson）这些已经感染了这种疾病的公众人物所揭示的情况就会被认为是"理性的效用"，因为他们极大地改变了许多人对于自己感染艾滋病几率的估计（主观可能性）。

9.3.3　A-B-E 微观模型的情感核心

A-B-E 微观模型中，以情感为核心的策略使用于：品牌拥有容易模仿的效用；消费者因正面刺激的动机而购买的（转变型）品牌；对固守于情感之上的态度进行"情感上的"进攻。

1. 品牌拥有容易模仿的效用

大量品牌在基本上"同质"的产品类别中相互竞争，其中由竞争性品牌所传播的效用基本上是相同的。在这种情况下，一种定位方法是"回到"属性上去；另一种方法就是"向前定位于"情感上或者效用的情感结果上。情感定位提供了一种可以帮助它保持其独特性的差异性。出于这个目的，广告会使用从效用到情感的顺序（路径⑤），但集中于效用的情感结果，而品牌应该努力使其具有独特型。广告也可以使用"单纯情感"核心（模型中的⑥），受众也有可能作出单纯的情感上的反应，如性感形象广告。

2. 建立在正面动机基础上的（转变型）品牌选择

正面动机就是感官满足、智力刺激或控制和社会认同。如果广告已经用一种"情感上可靠的"方法描绘了正面的效用，那么，广告所展露的受众就有可能认为这个品牌的效用传播得较好，而此后，当他们使用这种品牌的时候，便可能认为这种品牌胜过没看过其广告的那些品牌。也许这就是为什么可口可乐不遗余力地在电视广告中实现情感方面的可靠性。

针对正面的购买动机，应该使用"转变型"风格的广告。它的顺序（路径⑤）通常是：$b^- \rightarrow e^+$，或者简单地为：e^+。

针对那些由负面产生的（信息型）动机，终结状态在情感方面可能是中立的（"解脱"或者"放松"）。而针对这些由正面产生的（转变型）动机，终结状态在情感方面必须是一种正面的情感。

3. 对固守于情感之上的态度进行"情感上的"进攻

让我们再次考虑一下对一种具体品牌拥有"固守态度的"顾客。如果顾客的品牌态度是"理性地"建立在一种属性的基础上，而且我们希望弱化或者改变那种态度，那么，通过情感进攻来定位就值得考虑。它的顺序是（路径④）：$e^+ \rightarrow b$。尽管

---

① 许多人已经了解了这种社会问题的负面情感结果，所以简单以负面情感为基础的防治型广告宣传似乎就不那么有效了。

这好像是一种效用路径，但由于它始于强烈的负面情感（被强调的 e⁻），因此它应归为情感核心。

广告的恐惧感染力是这种方法最著名的应用。恐惧的效果（一种负面的情感）是使人们转而不提合理的反面观点——如果态度是建立在属性的基础上，而且顾客是固守的态度，那么可能会有大量的反面观点。20 世纪 90 年代初期宝诚（Prudential）保险公司的电视广告中出现了父亲死在手术台上、母亲淹死了等画面，凭此强调对人寿保险的需求。许多年来对于恐惧感染力的研究得出的总体结论就是，恐惧水平越高，其对品牌态度的影响就越有效。

现在广告策划者可以运用 X–YZ/I–D–U/A–B–E 定位框架进行品牌定位陈述（表 9-9）。

定位陈述的格式　　　　　　　　　　　　　　　表 9-9

1. 定位陈述格式
给（目标受众，Y）
＿＿＿＿＿是（类别需求，X）的（中心或差异性）品牌
它提供（品牌效用，Z）
2. 该品牌的广告
应该强调（独特传播的效用，U），以（a，b 或 c）为核心
必须提到（重要的"门票效用"，I）
将忽略或置换掉（传播差的效用，D）

1. 沃尔沃汽车的品牌定位陈述如下
(1) 针对高收入、其他品牌转移者的购买汽车的顾客；
(2) 沃尔沃是展示声望的汽车类别中的一种差异性的品牌；
(3) 它提供的效用有安全（避免问题）和性能（排除问题）以及声望（社会认同）。
2. 沃尔沃的广告
(1) 应该强调安全和性能，以从负面情感到效用为核心；
(2) 必须提到作为进入该产品类别的"门票"的声望；
(3) 对它从前为了吸引更广范围的用户所采用的家用汽车的定位要轻描淡写。

第10章 广告信息战略

在企划的过程里,我喜欢在伟大创意未知国度边缘冒险的感觉;但只要懂得利用事实为器,我们就有机会攻城掠地。

——李奥贝纳

广告策划中一项重要工作就是确定信息战略。目标市场、广告目标以及定位等一系列战略,是对广告基本市场方向的确定,而信息战略则主要是在此基础上决定广告所要传播的信息内容。在广告目标的统摄下,广告信息的目标决定广告信息的主题和诉求形式(图10-1)。广告信息主题是指广告所要表达的重点和中心思想,是广告作品为达到某项目标而要表述的基本观念,是广告表现的核心,也是广告创意的主要题材。广告主题正确与否直接关系到广告的成败。只有主题鲜明、诉求突出才有可能是优秀的广告作品,否则,整个广告作品缺乏统一的指南,各种信息就会显得杂乱无章,很难引起受众的注意,更枉谈给受众留下深刻的印象并引发购买行为。

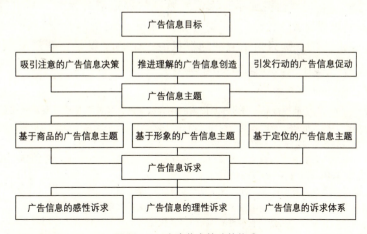

图10-1　广告信息策略的构成

10.1 广告信息目标

广告信息目标是广告信息传播希望达成的受众反应。从内容上看，广告信息目标可分为创牌广告目标、保牌广告目标和竞争广告目标；从过程上看，广告信息目标可分为吸引受众注意的广告信息决策目标、推进受众理解的广告信息创造目标和引发受众行动的广告信息促动目标。从广告对受众发生作用的过程来讲，注意力是受众接受和理解广告不可逾越的第一道知觉障碍。注意力就是指广告吸引受众的关注程度，它可被看作是一个信息过滤器——一个能控制任何受众所接受信息数量和性质的筛选工具。从对广告信息的接受而言，仅仅是注意力还不够，还必须以广告信息期望的那样去理解广告。如果说注意力是第一阶段的过滤过程，那么进入第二阶段就是解释，这是广告影响受众所要跨越的第二道知觉壁垒。在受众注意到了广告信息，并且对其有所理解的情况下，广告的进一步作用[1]就是转变消费者的态度，并激励消费者有所行动，我们称之为广告信息促动。

10.1.1 吸引注意的广告信息决策

广告信息内容是指广告向目标市场进行定向传达时，其所包含的并且希望被对象所接受的基本意义。但在海量信息时代，大量泛滥的信息使广告受众对广告信息产生了"自卫行动"：形成"信息屏障"，从而避免被泛滥的信息所淹没[2]。因此，研究广告受众的信息接受途径[3]，作出能够吸引广告受众注意的广告信息决策，是实现广告信息目标的第一步。心理学的相关研究表明，以下四种信息策略对增强信息注意力有很大价值。

1. 提供实际价值性信息

人们在日常行为过程中无时无刻不面临着各种决策，而决策实际上是一个信息判断过程。心理学研究显示，人们愿意接触那些对其具有实际价值的信息，也就是说人们需要有用的信息。有时为了获得有用的信息，他们甚至会"主动搜索"。实际价值信息需求对信息战略提供的一个启示就是，有效的广告必须有助于满足人们的这种需要，在信息处理上要抓住人们的需求动机，不作空泛的

---

[1] 态度的转变和行为的促动必须借助于对广告的注意和理解，但并不是说只要有所注意和理解就会立刻导致态度转变和行为促动，有时候受众在完成前一个步骤之后并不会发生后一个步骤，有时候前一个步骤引发后一个步骤在程度上也不一样。

[2] 据《从美国广告界看市场营销》的资料，一般美国人每天接触3000条广告信息。但引起注意并被模糊意识到的广告不到10%，留下深刻印象的不到1%。

[3] 广告受众的注意力效果可在三种情况下反映出来。一是具有极端性的"主动搜索"，即信息接受者通过各种途径主动寻找信息；二是"正常获取"，即信息接受者通过正常的信息渠道，对自己感兴趣的信息进行选择性储存和保留。三是"被动注意"，即信息接受者对信息并没有主动需求，也不是有意识地去寻找信息，但信息源却通过不断的提示和"强制性灌输"，竭力引起其对信息的注意和接受。

信息堆积。

2. 利用选择接触性信息

按照一致性理论，人们具有发展对事物同一认识和行为的能力。认知上的不一致、相互冲突的认知元素的存在，会造成某种不愉快，而人们在行为和认知过程中将努力减少这种不愉快。选择性信息接触是减少不一致的一种重要工具，即保留支持性信息，回避分歧性信息。广告要向目标受众传达支持性信息，以强化其自愿接受；同时要尽量回避非支持性信息，以减少其不自愿接触。但实际上，受众常常会接收到来自各方面的不好的信息，在这种情况下应该采取各种手段，让受众的选择性接触充分发挥作用，借以否定不好的信息。

3. 保持多样刺激性信息

多样性指的是信息变化与创新，其核心基础是变化性，本质是人们总在追求新鲜性、不可预见性、变化和复杂性。这一理论的假设前提是，人都会有厌烦，因此也会被诱发去寻找新鲜、不寻常和不同体验的刺激来减轻厌烦感。基于复杂性理论的刺激性信息，为我们提供了多样性信息注意观点。对广告创意人员来说，它的益处就是教导你如何能创造出新颖的不落俗套的广告。正如大卫·奥格威所说的："标题里最有力的两个词是：免费和新的。你可以很少使用免费，但如果你用心的话，可以经常使用新的"。

4. 追求有趣情调性信息

兴趣与注意力的关系几乎不需要任何的证明，人们总是趋向于注意那些他们认为有趣的信息，然后才进一步对所涉及的主题感兴趣。有趣性信息注意提出了广告信息传达中一个值得注意的问题，这就是我们的传播中大量的信息其注意力水平都处在"正常获取"和"被动注意"水平上，如果受众对信息失去兴趣，那么广告效果也很难达到。所以有关信息的"实际价值"、信息的"选择接触"以及信息的"多样性刺激"实际上与信息有趣性是密切相关的，只不过我们在对信息价值的设定上，于前者更侧重的是信息内容选择和内容协调，于后者则努力使内容设置与相关的信息技巧和受众心理达成更高的融合。

10.1.2 推进理解的广告信息创造

广告信息创造由注意转向理解，就是指广告在创造唤起注意力的形式时，必须要确保广告适当的信息内容。

1. 广告受众信息理解的两种类型

传播学家施拉姆将信息传播视为一种符号转换，认为"信息源能编码，信息传播终点能解码"。在施拉姆提供的沟通模式中，受众对信息的理解是建立在其经验和解释基础之上的。受众对广告信息可以有两种不同的理解，第一种是客观的理解：即广告受众按照广告所希望的那样解释和理解了广告，这是广告传达符号信息的基本要求；第二种是主观的理解：即广告受众只考虑表意，或者是因其经验不同而从自己的臆想出发对广告信息加以联系和处理。

2. 广告受众信息理解的两种心理

根据格式塔心理学中的"整体概念"和"有序认识"原则①，我们可以引申出"闭合"及"同化－异化"的概念，这两个概念在广告信息的解释和理解上非常重要。

闭合是人的意识感知过程。比如我们看到一个圆，它的边缘上缺了一块，我们在意识中会自动地填补上这一缺损，从而感知到一个完整的圆，这就是闭合过程。在广告信息传达中，闭合过程常常被使用，比如一些提醒或重复式广告就是在受众了解了完整的广告内容后，仅截取其中一小段用以完成一个完整的刺激。又如，广告中使用一种熟知的形象或歌曲，可以激发受众对有关品牌制造商的闭合。万宝路香烟广告中的西部牛仔形象；娃哈哈纯净水"我的眼中只有你"等，都属于此。

同化－异化则是基于人们在认识过程中寻求使刺激间差异最大化或最小化的一种简化形态，即人们可能会觉得对象比实际"更相似"（同化）或者夸大它们之间的差别（异化）。广告中运用这种信息手法的很多，德芙巧克力广告中突出的是巧克力真纯细腻柔美如丝般的感觉，所以在广告摄制中运用特写表现巧克力丝一般的流动，在受众同化感受中形成"德芙巧克力，如丝一般的感觉"。轩尼诗 XO 是一种名贵的高档洋酒，酒的昂贵和品位有时无法用语言来表达，只能是一种感觉、一种氛围，它的广告中出现的是游泳池边一个高雅华贵的女模和一瓶轩尼诗 XO，女模举手投足之间都流露出一种矜持从容的贵族品位。广告不着一字，尽得风流，通过品位的同化增加受众的认可。

3. 广告受众的信息误解

"闭合"及"同化－异化"两种心理在广告信息传达过程中的运用，也可能出现一种反向作用，即对广告信息的误解。误解是由于广告信息传递中信息符号模糊，或者是符号编码习惯与受众解码习惯有异，从而使受众在解释过程中出现了偏差，导致了错误的理解。有调查认为，大约有 21% ~30% 的广告信息或其他内容被误解，这一数据提醒我们在广告信息组织与信息创造中，最重要的任务是，要创造不仅能吸引受众注意力而且能够清晰传达内容的广告，以保证对广告的理解。

10.1.3 引发行动的广告信息促动

在受众对广告信息充分准确地理解之后，广告信息的目标就应该转变为引发受众行动，在利益原则、情感原则、品牌原则和规范原则的作用下，促使受众购买行动。

1. 广告信息促动的利益原则

在每一个信息受众的接受反应中，都存在一种对信息价值的评估，这种近乎本能的评估建立在人的感性直觉和理性判断之上，其核心为两点：基本的功利目标；成本利润化。对"功利"的理解是，为获取这种自我满足目标所付出的个人努力，

---

① 格式塔心理学（Gestalt Psychology）上有两个概念可以帮助我们理解解释过程：首先，刺激被看作是一个整体，广告给人的总体印象是解释中最重要的；其次，人类本身具有渴望达到有序认识的驱动力。

主要是具体的行为；对"利润"这一概念，在这里可以看作是个人努力"支出"（投入）导致"功利目标"实现之间所包含的价值幅度。成本利润的比例在某种意义上决定了信息促动的效果，"成本"高"利润"低，则说明行为价值不大，信息促动也就减弱，反过来也是这样。把上述认识运用广告信息创造中，就构成了广告信息的利益原则。利益原则的基本含义就是，广告信息内容应该包含着可以改变或强化消费者态度的产品利益点，即由产品特点所给予消费者的积极报酬。奥格威曾经再三强调，广告要"承诺，大大地承诺"。所谓"承诺"实际上也就是广告宣传所给予消费者的利益报酬。只有在广告所宣传的利益使潜在消费者有用时，他才会有所认同，在认同的同时他又要根据广告提供的信息事实做出进一步的"投入产出"判断。如果以一定的"行为努力"作为代价，可以获取一种直接的显著的收益，那么这种"行为努力"的付出就有必要；相反，如果这种"行为努力"的付出收效甚微，或者很难取得直接的效果，那么即使是其对信息趋向基本认同也很难导致行为反应。

2. 广告信息促动的情感原则

当然，广告并不仅仅是单纯传达一些直接功利性的、物质性的信息，广告还可以引起一些人类所具有的普遍情感，诸如温馨、快乐、恐惧等。如果将这些情感因素与产品和品牌发生直接关系，那么同样也可以影响受众的偏好和行为。图10-2是一个表示情感作用的模型。

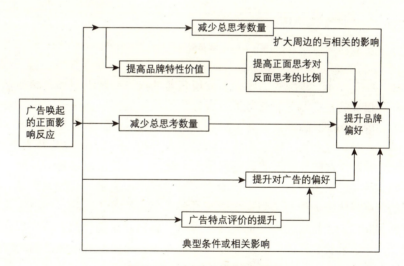

图10-2 对广告的情感作用模型

这个模型提示，情感可能具有4种影响。首先，情感可以影响思考反应的数量和性质，积极的情感可以促进积极的思考，导致由广告唤起的支持与争议比例的变化；其次，情感可以通过"转换"使用经历来运作，这是一种移情作用；其三，情感还可以通过两个方面创造积极偏好：一方面对"外围"机制产生直接影响，另一方面增加对广告信息特性评价的喜爱性，产生间接影响；最后，广告唤起的情感可以与品牌形成直接的联系,进而促成品牌偏好或品牌选择。

3. 广告信息促动的品牌原则

正如奥格威曾经指出的那样,每一个广告都有助于塑造消费者头脑中的品牌形象。而这种品牌形象或个性在一定意义上,部分地决定了该品牌能够从消费者那里所获得的价格补偿。这就是说在广告的信息促动中,广告内容所包含的形象因素也具有相当重要的意义。图10-3是消费者对品牌的知识的一个基本模型。

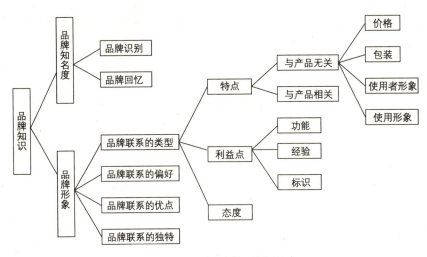

图10-3 消费者的品牌知识

如图10-3所示,单纯的品牌知名度所包含的只是品牌识别和品牌回忆,并不能形成广告信息的直接促动。在有关品牌知识的促动因素中,处于决定因素的是品牌形象。品牌形象是对品牌象征和品牌联系的综合再现,其中具有多种层次和众多组合因素,这一切集合为一体就构成了"品牌个性"。正如人具有独特的个性一样,品牌个性是品牌发展随着时间的延伸而不断增强的一致性形象联系。品牌个性赋予品牌以特定的品性,消费者从中可以看到年轻的或是年老的、男性或女性、冒险的或稳重的、张扬的或内敛的、复杂的或单纯的、白领的或蓝领的、传统的或创新的等各种不同特征,以此象征特定的生活价值观和特别联系的情绪特征。因此,在广告信息促动中,消费者往往会受到那些其本身所拥有的或是其所追求的个性品牌的吸引就不足为奇了。

4. 广告信息促动的规范原则

在人的行为影响中有一种规范影响,即消费者把自己与一个群体相互联系起来,由此来加强个人形象和自我意识,或者是遵守该群体的规范以获得激励或避免惩罚。产生这种情况的原因是,每一个单独的消费者在整个生命中被赋予不同的社会角色,消费者在"扮演"这一角色时必须拥有各自不同的"道具"。由于每个人并不清楚地知道自己怎样才能扮好这一角色,所以总是要参考别人,也就是那些与自己近似的群体，以便学习该如何"扮演"这种角色，这就是参照群体。与这种情况相联系的是一种可以给予消费者指导的"意见领袖"。在广告信息促动中，经常利用消费者的群体归属意识和对意见领袖的信任来实现广告目标。一些广告创意中采用"生活片段"的信息组合方式，大多含有这一方面的意味。最具有代表意义的大概要数宝洁公司了。在宝洁公司的大量电视广告片中，几乎都贯穿着一个模式，即参照性示范。这种把生活片段与真实人物融为一体的示范，既有群体之间的参照，又不乏意见领袖的引导。

10.2 广告信息主题

广告信息主题包括广告目标要素、信息个性要素与消费者心理要素，其中广告目标是广告战略的核心，也是广告主题的依据；信息个性是指广告所宣传的商品、企业或观念的与众不同的特点，是广告主题的主要内容；消费者的心理因素在购买活动中处于主导地位，是广告主题的评判标准。三者紧密结合，构成广告主题的完整内容。广告主题确定，可以通过商品（企业）分析、品牌形象分析与广告定位分析（图10-4）。

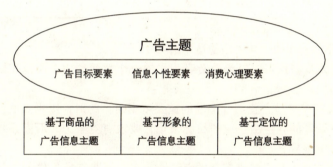

图 10-4　广告主题的构成要素与确定方法

10.2.1　基于商品分析的广告信息主题

消费者购买特定品牌的商品时，重要考量之一就是那种商品具有其他同类商品或替代品所不具备的优点和特点。从这种思路出发，广告信息主题确定的方法之一就是分析商品的差异，确定商品的优点和特点，并以其中最主要的、最能吸引消费者的方面作为广告主题。美国广告大师罗瑟·瑞夫斯（Rosser Reeves）提出的 USP 理论①集中

---

① USP 理论是由美国著名跨国广告集团——达彼思公司的前任总裁罗瑟·瑞夫斯（R. Reeves）于 1961 年在《广告现实》（Reality in Advertising）一书中首先提出的。USP 是英文 Unique Selling Proposition（独特的销售主张）的缩略语。其含义包括三个部分：广告要根据产品的特点向消费者提出一个说辞（Proposition）；这一说辞是别人没有的，或没有诉求过的（Unique）；同时这一主张要强有力地打动消费者，即厂商推销商品的"卖点"（Selling）。M&M 奶油巧克力的广告口号"只溶在口，不溶在手"，经典地诠释了 USP 理论。独特的销售主张理论在以产品观念为核心的时代，具有明显的优势。但随着经济的发展，商品之间的差异越来越小，而某些差异对消费者来说并没有太大意义，因此这种理论的应用出现了一定的局限性。

体现了这种观点,并且在实践中取得了良好的效果,至今仍被业界广泛应用,并且不断有新的发展①。

1. 商品分析

商品分析主要从商品原材料的优点或特点、商品独特的制造过程、商品独有的使用价值、价格几个方面(表10-1)着手,寻找出与同类商品或替代品之间的差异,为消费者确定一个购买理由。商品分析是进行广告主题确定的前提和基础。

商品分析的内容　　　　　　　　　　表10-1

原料特点	包括原料的产地、原料的历史与起源、选用了什么原料、原材料的品质及其他方面等
制造过程	包括制造方法及特点介绍、使用的机器设备、工人与技术人员水平、制造方法的发明、制造环境及制造过程中的品质保证等
使用价值	包括产品的感观效用、各种用途和用法、使用成绩、用户的社会构成、用户对于商品的赞扬、使用中的方便和乐趣、使用过程中的品质保证及维修、包装方面的特点等
价格角度	包括"高价"和"低价"两种情况。第一种情况是价格高于同类产品,这时一般需要用价格与商品的各种性能进行比较,一般的结论是"优质优价"。第二种情况是价格低于同类产品,这本身就具有一定的吸引力,可作为一个重要特点列出

2. 以商品分析作为广告主题的适用情况

由于商品本身特点可以成为消费者购买的一个重要理由,所以在以下情况下它可以作为广告主题。

(1) 当商品差异是企业细分市场的重要依据时。此时,应用其他市场细分所依据的变量无法清晰的界定出企业的目标市场,或没有竞争力,而商品本身又与竞争者存在着很大的差异。

(2) 当消费者对商品特点非常关心时。首先,某些市场条件下(如消费水平不高的阶层),商品特点显得很重要;其次,某些商品差异很重要,如专用商品和某些高档耐用品;再次,商品差异是形成不同的商品识别的重要依据;最后,新产品的新特点,个性商品的特殊点等。

(3) 某些商品特点或优点处于中心位置时。所谓中心位置是指某一类商品大部分消费者最关心的特点。表10-2显示了中等收入家庭对各类商品的特点关心程度排序。

(4) 当商品具有竞争者的产品不具有的特点时。所谓商品特点是比较出来的,主要是指与有竞争关系的商品或替代品相比较。通过比较,能够找出本企业商品的独具特点。

---

① 到了20世纪40年代,达彼思公司进一步认定:USP的创造力在于指示一个品牌精髓并通过超强的说服力来证实它的独特性,使之变得所向披靡,势不可挡。这时,USP策略的基点已不是瑞夫斯时代强调的"针对产品的事实",而上升到品牌高度强调创意来源于"品牌精髓"(Brand Equity)的挖掘。

各类商品特点关心程度排序表　　　　　表10-2

商品种类	商品特点排序				
	1	2	3	4	5
高档耐用品	质量	外观	功能	维修条件	价格
专用商品	质量	用途	功能	维修条件	价格
日用品	用途	价格	外观		
礼品	价格	外观	用途	质量	
食品	卫生	口味	价格	外观	
流行商品	外观	价格	质量		

3. 以商品分析作为广告主题的不适用情况

（1）商品差异对消费者并不重要时。如大部分的化妆品、标准化产品，差异本身对消费者利益关系不大的商品等。

（2）从其他角度进行主题确定更有效的时候。

（3）随着市场经济的发展，一个总的趋势是商品之间的差异越来越小。当某一类商品的差异已经小到不足以打动消费者的时候，这种方法就不适用了。

总体说来，单独以商品差异作为广告主题在买方市场时代具有较大的局限性，它往往适合于与其他的方法联合使用。但无论是否用商品特点作为广告主题，建立在市场调查基础上的科学商品分析都是确立广告主题的前提与基础，因此不可或缺。

10.2.2　基于形象分析的广告信息主题

企业形象是企业的经营思想、文化，特别是员工素质等内在因素的外在表现，是消费者对企业的一种评价。广告起着树立和宣传企业形象两方面的作用，因此认真分析企业形象并确定广告主题有着重要意义。

1. 品牌形象理论的内容

品牌形象理论（Brand Image）是由大卫·奥格威在20世纪50年代末提出来的。这一时期是从产品观念向市场营销观念转变的时期，由于买方市场的形成，任何一种商品的畅销都会很快导致大量企业蜂拥到同一市场，模仿使"独特"再难持久。一个企业要想在这种市场条件下生存和发展，仅靠自己的商品特点已远远不够。品牌形象理论的基本观点是：广告最主要的目标是为塑造品牌服务；每一个广告都是对品牌印象的长期投资；随着产品同质化程度的提高，产品中的差异性缩小，消费者更加注重产品的附加值和心理感受。在这一理论基础上，CI或CIS理论于20世纪70年代发展起来（图10-5）。独特的销售主张与品牌形象理论的共同点是：确定广告主题基本上是从商品或企业本身出发，即从我出发，从里向外考虑问题。随着经济的发展，这种置消费者于不顾而以自我为中心确定广告主题的方法，明显表现出不适应性和局限性。

2. 以企业形象为广告主题的意义

广告以企业形象为主题，其意义在于：

(1) 形成概念和视觉上的差异，以利于消费者的识别；

(2) 宣传"理想的形象"，以影响消费者个体和公众舆论，为企业形象的树立打下基础；

(3) 不断强化形象特征，以提高知名度和熟悉感；

(4) 服务于企业的名牌战略；

(5) 有目的地改变企业形象中不利于企业发展的概念或树立有利于企业发展的形象概念。

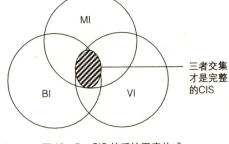

图10-5 CIS的系统因素构成

10.2.3 基于定位分析的广告信息主题

广告定位理论是美国著名广告专家大卫·奥格威于1971年所创导的。由于它在广告实践中获得很大的成功，而在20世纪七八十年代风靡全球。

该理论的核心是定位并不涉及改变产品或企业本身，它只是涉及建立或改变企业或产品在消费者心目中的位置。即"定位不是你对产品要做的事，定位是你对客户要做的事。换句话说，你要在预期客户的头脑里给产品定位。"但由于实践的局限，当时的定位理论缺乏动态视角与发展的观点。在依然强调："定位不在产品本身，而在消费者心底"的核心理论基础上，1997年的《The New Positioning》一书弥补了这方面的不足，其作者屈特（Jack Trout）认为：市场逐渐成熟后，如果企业不能及时构思新的定位，就会陷入困境。定位理论的提出意味着广告主题应当建立在对消费者心理的研究上，而不是商品之间的差异研究上（图10-6显示世界汽车品牌的定位）。这是一种从外向里的思考问题的方法，实现了从传统的以"广告主"为中心、以"自我"为中心到以"消费者"为中心的转变，是一次巨大的进步。它为市场经济条件下广告主题的确定提供了新的理论与实践依据，至今仍然有众多信徒和广阔市场。

以上三种确定广告主题的方法体现了一种渐进的发展趋势，但并非后者取代前者，而是后者在吸收和兼容以前方法的基础上，随着市场经济和营销理论的发展而进一步发展的。

10.3 广告信息诉求

广告诉求是围绕广告主题通过作用受众的认知和情感层面，促使受众产生购买动机。作用于认知层面的理性诉求和作用于情感层面的感性诉求成为广告诉求的两

图 10-6 世界汽车品牌的知觉定位

种最基本的策略,在此基础上,又产生了同时作用于受众的认知和情感的情理结合诉求策略。

10.3.1 广告信息的感性诉求

感性诉求将广告诉求定位于受众的情感动机,通过极富人情味的情感联系,激发消费者的情绪、情感,满足消费者自我形象的需要,进而使之萌发购买动机,实现购买行为。

1. 广告情感诉求的功能

(1) 情感诉求可区分同类产品。情感广告产生或盛行的原因之一是,随着市场上同类产品在特性上非常接近,广告主已无法给予消费者任何分辨得出的或者有实际意义的产品特性、特点。因此,广告很难以理性诉求突出其品牌,或与竞争品牌相区分。只能用情感诉求的方法,给消费者留下一个印象,一种对产品及其制造商的好感。以可口可乐和百事可乐为例,它们的配方差异仅在百分之零点零几的不同,虽然有些消费者还能喝出两种可乐的不同,他们这种味觉上的差异与其说品尝出来的,倒不如说是不同广告造出来的。

(2) 情感诉求能吸引广告注意。本章第一节已经说明,追求有趣情调性信息是吸引广告注意的有效手段之一。而以情感诉求为基础的广告由于具有很强的娱乐性,确实能吸引消费者的注意。最为广告受众熟知和欢迎的电视广告都具有很强的娱乐性。

(3) 情感诉求能说服受众购买。情感诉求广告不仅能吸引广告受众的注意，而且许多时候还能说服广告受众进行购买活动。随着物质的丰富，商品种类的增多，以及生活水平的提高，消费者已不再把产品特性看作是高于一切的购物标准，转而追求购买和使用商品时感情上的满足。消费者的许多购买决定是建立在感性或情感基础上的。这时，只有同时能满足消费者的物质与情感需要的产品，才能引起消费者的购买。而情感广告正是将广告产品与情感联结起来的工具。

2. 广告情感诉求的形式

广告情感诉求所传达的情感形式通常有以下几种：

(1) 爱情。包括爱情的真挚、坚定、永恒和爱情所赋予人们的幸福、快乐、忧伤等。

(2) 亲情。包括家庭之爱、亲人之爱及由此而带来的幸福、快乐、思念、牵挂等。

(3) 乡情。包括与此相联系的对故乡往事的怀念，对故乡景物的热爱等。

(4) 同情。主要是对弱者和不幸者的同情。

(5) 生活情趣。主要是幸福生活的情趣体验，包括悠闲、乐趣、幽默等。

(6) 其他个人心理感受。包括满足感、成就感、自豪感、归属感、恐惧等。

3. 广告情感诉求的时机

(1) 产品缺少特性。对有些产品（如矿泉水）几乎没有什么个性可言。在广告中强调产品所能满足的具体需要，是不能吸引人去购买的。所以只能通过广告激发产品所能满足的社会动机或情感，赋予广告产品一定的附加价值。

(2) 产品特性不足以吸引消费者。有些产品确有其特性，但这种特性构不成消费者购买的强大推动力，或者与同类其他产品相比，产品特性类似，依靠理性诉求不能使消费者的品牌偏好转向你的品牌，这时反而不如抛开这些具体特征，或在这些具体特征的基础上引申出该广告所能满足的社会性情感，由此引起消费者的购买动机。如在洗发水广告中，不仅要说它可以去污、去头皮屑、增加光泽等，还要进一步说明，用了这种洗发水后，显得健康、活泼、有朝气，使他人喜欢等。

(3) 产品特性太多无所适从。有时太多的产品特性也会使广告创作人员无所适从，因此不得不抛开一切具体特性，而在广告中着重强调产品的情感色彩。这是许多耐用消费品（如电脑、汽车）转为使用情感诉求来销售产品的一个原因。

10.3.2 广告信息的理性诉求

理性诉求就是将广告诉求定位于广告受众的理智动机，强调产品或服务的特性或消费益处，从而促使受众经过概念、判断、推理等思维过程，理智地作出购买决定。如舒肤佳香皂广告着重说明其灭菌功能；高露洁牙膏广告说明该牙膏含有双氟，能防蛀齿，使牙齿坚固；潘婷洗发水的广告则说明该洗发水含有维他命原 B_5，能使头发健康、亮丽。

1. 广告理性诉求的功能

（1）改变消费者对广告品牌的某种错误信念。这是改变品牌态度最常用的策略。著名的百事可乐公司曾采用这种策略开展了一个广告战役。该公司在台湾的一次市场调查中发现，可乐类饮料的销售量在下降，其中主要原因是，消费者认为可乐类饮料是用化学原料制成的，内含刺激人体神经的咖啡因，可乐饮料的褐色是由于色素造成的。因此，消费者日渐远离可乐类饮料，而饮其他类型饮料。针对消费者对可乐饮料是非天然饮料这一错误认识，在一年一度的饮料旺销季节到来之际，百事可乐公司及时推出两则卡通片饮料广告。其中一则广告的诉求重点是可乐是用天然原料制成的。在这则广告的画面上有一些树，树上长着一些褐色的果子落到地上，变成了一瓶瓶可乐。其广告词的大意是：口渴的人都信赖清凉舒畅的百事可乐。在您最需要的时候，带给您欢乐舒畅。欢乐来自天然的原料：可乐子、香草豆、焦糖和蔗糖，还有纯净的水。大家都信赖的百事可乐，来一瓶。

（2）强化消费者对广告品牌的某种肯定信念。1981年，美国面临能源危机。由于汽油短缺，汽车加油站每天只营业几个小时。为能够买到汽油人们不得不提前排队等候加油站开门。在汽油供不应求的情况下，如何吸引、说服消费者购买自己的汽车呢？本田斯维克（Civic）牌汽车推出了"平均每加仑54公里"的广告，旨在向消费者说明斯维克牌汽车的省油特性。这个广告详细说明了为什么斯维克牌汽车能够达到这样高的每加仑公里数，同时提出其他竞争品牌都不能达到这个标准。可以说，该广告就是采用强化消费者品牌信念的策略，与美国汽车市场上的其他竞争品牌展开较量。

（3）提高对广告品牌有利特性的重要评价。同样，在上述情况下，为了吸引消费者购买自己的汽车，美国凯迪拉克（Cadillac）牌汽车则采用与本田完全不同的广告策略。凯迪拉克牌汽车每加仑汽油只能行驶210公里。因此，在"平均每加仑公里数"这一特性上，是无法同本田竞争的。难道任凭本田占上风吗？当然不能。由于消费者关心的是怎样解决排队买油的问题，凯迪拉克牌汽车广告便强调"油箱公里数"（即每箱汽油所能行驶的公里数）的重要性，提出油箱公里数应该是消费者选择汽车的重要标准，同时说明凯迪拉克牌汽车每油箱汽油能行驶725公里，期望以此来吸引消费者。

2. 广告理性诉求的形式

（1）产品破坏性实验广告。即将广告产品置于人为的破坏性实验中；以证明、显示广告品牌的质量特性。产品破坏性实验广告具有很多优点。首先，这种广告以其异常的情节能吸引观众的注意。如从高山、瀑布上跌创而下的汽车，被卡车压过的床垫等，这些扣人心弦的镜头，能牢牢抓住观众的注意力。其次，这种广告的信息十分简单，一目了然，因而少有歧义。最后，这种广告具有很强的说服力。说手表耐震、防水，把它从千米高空扔下来，放入水中泡几天，就足以令人信服了。

（2）比较广告。比较广告是指以明示或者默示的方式将自己的商品或服务与竞争对手的商品或服务进行对比的广告。对竞争对手直呼其名，将双方产品直接比较以见优劣的比较广告在美国多见①。例如，美国MCI公司（即美国微波通信股份有限公司）就是通过比较广告来说明其服务价格低于贝尔公司的价格。其中一则广告是：一位妇女在打电话，同时屏幕上出现两台荧光显示器，一台标名"AT&T"（即美国电话电报公司，又称贝尔公司），另一台则写着"MCI"。在那位妇女通话的过程中，电话费开始增加，而贝尔公司的增加速度要比MCI快。在这位妇女打完电话后，在贝尔公司的电话费一共是6.05美元，而MCI只有3.07美元。广告的最后是解说员的画外音："并不是您说得太多，只是您付出的太多了。"其含义简单而又切中要害，十分形象地告诉消费者在MCI打长途电话可以省钱。

（3）免疫广告。许多广告主发现，在竞争对手的强大广告攻势下，就连自己的忠实消费者有时也会失去抵抗力。要培养消费者对竞争者攻击的抵御能力，一个重要方法就是通过免疫广告提高其免疫能力。"免疫广告"就是在竞争者广告宣传之前，预先向自己的忠实消费者输入适当的相反立场的信息（抗体），使他们产生足够的警惕性，增加其对后来信息的反驳。1990年美国AT&T发起了一场免疫广告战役，目的在于警告消费者，不要因为MCI宣称其长途电话服务会大幅度减少用户的电话费而转向使用MCI。其中一则报纸广告的大意是：有一家长途电话公司即将向您发出呼唤。他们会告诉您，MCI的服务比AT&T便宜的多，质量也高得多。然而，AT&T提醒您：如果您意识不到MCI在唱高调，您一定会遭受损失，因为也许还有许多情况他们并没有告诉您……。不要被大话所蒙蔽，事实胜于雄辩！由于这场广告战役的巨大免疫作用，尽管MCI不惜以巨额开支同AT&T争夺市场，但AT&T还是保住了家庭用户长途电话市场中67%的市场占有率。

（4）驳斥广告。所谓"驳斥广告"，即先在广告中提出一种错误观点，然而再予以反驳，而不是仅仅表现广告品牌的长处。这是当广告品牌处于不利地位时，广告主常常采用的一种广告形式。美国航空公司就曾采取过这种策略。该公司1990年8月在《华尔街》报上刊登了一则关于准点飞行记录的广告。该广告的开头标题是："在那最糟糕的年代"，末尾标题是"在这最光辉的年代"。开头标题下面是1990年1月的准点飞行统计表，说明美国航空公司在各大航空公司中居第六位。然后是随后四个月的统计表，说明其已跃居第二位。最后是当年6月份的统计表，说明其已占据了第一位。该广告最后说："美国航空公司在准点飞行方面已领先于美国最大的六

---

① 我国的《广告法》虽没有直接使用"比较广告"这个概念，但有关于禁止进行某些比较的规定，亦即对不正当比较广告采取的是禁止态度。例如《广告法》第十二条规定"广告不得贬低其他生产经营者的商品或者服务。"根据国家工商局1993年颁布的《广告审查标准》（试行）第32条的规定"广告中的比较性内容，不得涉及具体的产品或服务，或采用其他直接的比较方式。"而且《广告法》第七条第2款第3项规定"广告中不得使用国家级、最高、最佳等用语。"除此之外，并不禁止在其他商品或服务上作比较广告。当比较广告构成商业诋毁，虚假宣传时，我国的反不正当竞争法也对其加以规制，或者是司法机关通过引用一般条款发挥其自由裁量权。但我国有关比较广告的法律规制不甚完善，许多学者都撰文阐述了不正当比较广告规制的立法完善问题。

家航空公司。时代真的变了！"

3. 广告理性诉求的时机

广告理性诉求以消费者的生理需要或基本需要为基础，假定消费者是高卷入的。它主要适用于高卷入或复杂消费品，如电冰箱、微波炉、汽车等。调查表明，人们购买大多数商品，特别是生活必需品，主要是为了满足生活中的基本需要，如安全、舒适、健康、方便、经济等。因此，在理性广告中，不仅要说明广告产品具有哪些重要特性，更要说明这些特性能够满足消费者的什么动机或需要。如果消费者看不到这种特性的必要性，就不会引起消费者的购买意向。

10.3.3 广告信息的诉求体系

广告信息的诉求体系指的是一个品牌怎样客观地分析和提炼出它的理性利益点和感性利益点，并根据周围的环境和品牌自身的发展状况对传播过程中的诉求策略进行灵活地选用及组合。而对于一些比较特殊的产品，本身较难同时发掘出理性和感性的利益点，则应该通过丰富创意执行方式来完善诉求体系。

感性诉求和理性诉求各有优势，也各有欠缺。理性诉求策略在完整、准确地传达商品信息方面非常有利，但由于注重事实的传达和道理的阐述，又会使文案显得生硬枯燥，进而降低了受众对广告信息的兴趣。感情诉求策略贴近受众的切身感受，易引起受众的兴趣，但由于过于注重对情绪和情感的诉述，往往会掩盖商品信息的传达。因此，在实际的广告策划中，时常将感性诉求策略同理性诉求策略结合起来，以求最佳的说服效果。广告信息的诉求体系应该从纵横两个方向展开：

1. 横向方面，在同一传播行为中，无论是在掷地有声，思路清晰的理性诉求中融入人文主义的情，还是在温情脉脉的感性诉求中切入丝丝入扣的理，只要主次把握得当，基调处理鲜明，不但无矛盾之忧，反而会使一个产品的诉求更加完整。

2. 纵向方面，即一个产品或品牌的传播过程或一系列延续的传播行为中，将品牌的感性诉求和理性诉求进行有机而合理的组合，不但不会混淆受众，而且会让受众跟随广告的指引，从多个方面对品牌加深了解。

百威首先通过一个颇为理性的诉求－世界上最受欢迎的啤酒，将其品牌引入市场。然后，为了挑战它的国际品牌 HENIKEN 在音乐、动感方面的感性诉求，百威突破性地将一系列"小蚂蚁"的广告带到了我们的面前，它通过将一群蚂蚁和人性化的生活结合，再将产品融入其中，通过一种拟人化的手段昭示了一种精神——百威精神，从而很容易地将品牌导入了受众的心理层面。紧接着，百威开始通过纯理性的诉求讲述它领先世界的原料、酿造技术和完善的质量保证体系，让受众在了解品牌之后进一步了解了产品。通过这样的一种传播结构，百威品牌和产品的竞争力暴涨。

百威广告再一次向我们证明：好的传播策略并不在于坚持某一种诉求方式，一成不变，而在于怎样全方位地发掘自身全方位的利益点和与之相适应的诉求方式，并在合适地时候恰当地运用它们，通过一种健全而有竞争力的诉求体系去赢得受众的认可。

第11章 广告创意执行

> 不是冲着飞机稿而去，我们将成为时代变革和行销变局的旗手。
>
> ——安瑞索思（Energy Source）

奥美创意委员会在1991曾宣布：本公司仍然有太多不具关联性，过分沉溺于创意的作品，这表示我们缺乏策略方向或管理监督。这说明：那时的奥美已经担心今天的飞机稿[①]了。为解决广告创意中频频出现的飞机稿问题，本文采用罗西特－珀西矩阵来明确广告的创意执行策略。罗西特－珀西矩阵的一般格式见图11－1。对于某一特定品牌的广告活动来讲，将有两个主要的沟通目标：一是品牌认知的两种类型之一，品牌识别，或者是品牌回忆——或者偶尔二者兼而有之；二是由低度介入的和高度介入的购买决策以及信息型和转变型的购买动机分割出来的四种品牌态度策略中的一种。图11－1罗西特－珀西矩阵包括六个相格，它们分别代表广告中不同的创意执行策略，本章对这六种创意执行策略进行说明。

[①] 许多广告人对飞机稿都有自己的理解：有人说，被广告主"枪毙"的创意稿叠成纸飞机，这就叫"飞机稿"；有人说，广告主不要，创作者自己喜欢的、自娱自乐、自我陶醉的就叫飞机稿；较权威的说法是林永强的观点："飞机稿"（Scam Ad）即假广告。通常为广告公司为了参加各种国外或国内的行业奖项，在非客户买单的情况下，为了迎合获得奖项声誉及得到评委的认同，而在各广告公司内部自行创作和制作的广告。它包括两种形式：一是自发稿。(a) 客户付款。通常是在非客户的要求下，广告公司自发地为客户进行创作后，其内容能够得到客户的认同，而被一些客户少量买单。多被客户用作不太起眼的内部刊物、或网络、户外等媒体。(b) 广告公司付款。一般来说，客户只是首肯广告公司的自发稿。至于制作费、媒体投放费，全数由广告公司支付。二是广告公司版本。即所谓的"Agency Version"。这些广告的参赛版本与在杂志或电视等媒体投放的版本不同。在广告公司，重修完稿是件很平常的事情。参赛的时候，通常会把完稿的商标、产品、标题等缩小，内文全部删除，力求简洁。简单的只是把商标缩小，甚至丢掉，严重的甚至判若两人。飞机稿和出街稿之间最大的不同有两点：一是飞机稿很多没有尖锐的诉求点，这种现象在出街稿上是绝对不能允许的。二是飞机稿可以绕很多弯，出街稿不可以。飞机稿是智力比赛，绕弯无可厚非，但出街稿要求迅速传达信息，消费者很可能没有解谜的耐性。飞机稿虽然不能保证营销效果，但作为保持开发创意人员鲜活想像力的工具还是有一定价值的。

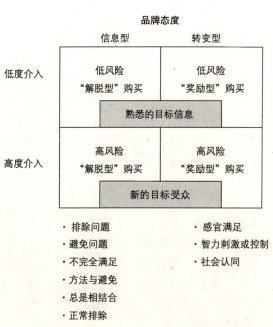

图 11-1 基于罗西特-珀西矩阵的广告创意执行策略

11.1 品牌识别的广告创意执行策略

在超级市场或者杂货店购物，以及直接反应购物时，品牌识别是品牌认知的主要形式，也是品牌认知沟通的目标。品牌识别的广告创意执行策略有三种，见表11-1。这些策略包括对品牌描绘策略、类别需求策略和展露频率策略。

品牌识别的广告创意执行策略　　　　　　　　　　表11-1

品牌描绘策略	保证在广告中充分的展露品牌包装和名称
类别需求策略	应该提到或者描述类别需求（除非它是非常显而易见的）
展露频率策略	在最初的发布之后，品牌识别所需要的媒体频率减少了

11.1.1 品牌描绘策略

品牌描绘策略保证在广告中充分展露品牌包装和名称。心理学实验表明，对图像的识别——例如对一个包装或标识的识别——至少看它2秒钟后才会达到最大化。减少观看时间会导致以后出现同一图像刺激因素时,对它的识别大大地降低。如果品牌识别就是目标的话,那么电视广告[①]每次应该至少展示品牌的包装或标识2秒钟。这个策略的另一个重要方面是,如果在品牌识别的同时还要求品牌回忆的话,例如在由品牌回忆促进的品牌识别中那样。就要在包装上显示品牌的名称,即品牌包装和名称展露策略。

11.1.2 类别需求策略

类别需求策略强调应该提到或者描述类别需求(除非它是非常显而易见的)。特别是对于一个新品牌来讲,目标受众中那些潜在的顾客必须了解这个品牌是一个特定产品类别中的成员之一,而且它和一种特定的类别需求相联系。因此广告中包装应该在特定的背景或环境中进行展示,以便说明品牌是什么(产品类别)和一般地它能带来什么(类别需求)。在广告中,把品牌的包装和类别需求联系在一起是非常重要的——也就是说和它的用途或目的联系在一起。对于新品牌来讲,我们建议在广告中展示正在被使用该产品或服务。

11.1.3 展露频率策略

广告大约在两次展露之后品牌识别会达到顶点。此后,品牌识别会非常缓慢地下降,因而程度较轻的媒体时间安排(特别是较少的频率)足以保持顾客的品牌认知反应。因而新品牌广告应该着力用一种重量级的最初的广告"狂轰滥炸",尽可能早地实现两次展露[②]后就可以以一种较低的频率重复广告,以保持品牌识别。当品牌识别的认知不是广告活动惟一的沟通目标时(如果转变型的品牌态度也是一个目标),那么经常以较高频率来重复广告就是必要的,并且这将超过对品牌识别的考虑。因此,在决定媒体计划时,必须把品牌认知和品牌态度目标放在一起加以考虑。

11.2 品牌回忆的广告创意执行策略

当顾客必须在到达购买现场之前思考选择何种品牌时,那么品牌回忆就是合适的品牌认知目标。对于在超级市场销售的产品,大约有35%的选择都由品牌回忆决定的。编码特征原理在品牌回忆中十分重要。品牌回忆绝对需要顾客了解类别需求和品牌名称之间的关联。因此,广告的结构必须促进那种编码——学习之间的关联。此原则是绝大多数针对品牌回忆的创意策略的基础。然而,还有一些补充策略同样可以使用。表11-2小结了品牌回忆的策略。

---

① 广播广告不能提供图像的品牌识别,除非在广播广告中详细地描述包装,像电视出现之前的情形一样。

② 指的是能够带来关注和学习的真正展露。

表 11-2　品牌回忆的广告策略

标题联系策略	在主要的文案标题中将类别需求和品牌名称联系起来
重复联系策略	重复这种关联（而不只是品牌名称）
个人联系策略	鼓励建立顾客和品牌的个人联系
代言人策略	考虑使用一个特殊的代言人
增强回忆策略	互动记忆法或（广播广告）音乐旋律可以增强品牌回忆
高频率策略	使用高于竞争对手的广告频率

11.2.1　标题联系策略

标题联系策略主张在主要的文案标题中将类别需求和品牌名称联系起来。严格地讲，类别需求在电视广告或印刷广告中可以用图像来体现，而且能够有效地产生与品牌名称的关联。然而，因为品牌回忆主要是一种文字现象，它涉及到包括类别需求（例如"我需要一个可靠的国内和国际的邮递服务"）和品牌名称（例如"联邦快递"）在内的心理的或者"内在的"表达方式，因此我们推荐使用的策略不仅依靠以形象表现的类别需求，而且依靠在主体文案标题中清晰地提到与品牌关联的类别需求①，如"你今天应该在麦当劳休息一下"、"美国运通卡，不带它别离家"。

11.2.2　重复联系策略

重复联系策略就是重复类别需求和品牌名称的关联（而不只是重复品牌名称），鼓励目标受众顾客去了解类别需求和品牌名称之间的关联。仅仅重复品牌名称并不会有任何帮助。仅重复品牌名称充其量可能会建立品牌名称和广告之间的某种关联。尽管这可能有助于降低我们前面提过的对广告的误解，然而，它忽略了品牌回忆的主要目标——建立远离广告背景的类别需求和品牌名称之间的联系，以便这种联系可以延伸到作决策的背景中去。当然，通过在广告媒体时间安排中重复其广告本身也可以实现对类别需求和品牌名称的关联的重复，这是品牌回忆的第六种策略。

11.2.3　个人联系策略

个人联系策略鼓励建立顾客和品牌的个人联系。如果目标受众发现广告拥有某种"个人联系"，那么他就更有可能努力地记住广告宣传的品牌②。一个可以一试的策略是使用诸如"我"或者"你"这样的人称代词，这些人称代词表示的是自我参照的表述。我们应该注意这些人称代词可以强烈地暗示出来而不是直接说出来，如

---

① 主要的文案标题是用文字表明的关于品牌的首要信息。它可能会出现在广告的任何地方，并且通常被总结为印刷广告的"标题"或"口号"，以及电视或广播广告的"标题句"。

② 曾经有一个广告文案人员和一个客户打赌，说他能够写出一个保证可以让客户阅读的广告标题句。这个客户的名字叫马克思·哈特。广告的标题句是："此页所有内容全部有关马克思·哈特。"采用直接邮件的广告客户所使用的"针对个人设计的"信封也是类似的策略。

"（你应该）使用爱美（Aim）牙膏防止蛀牙。"还可以使用物主代词，例如"把你的感冒交给康泰克（Contac）"。美国的广告客户似乎更喜欢用"你"这个词，例如"今天你应该休息一下……在麦当劳……我们所做的一切都是为了你"，现在它已被改为"今天你休息了吗?"

11.2.4　代言人策略

一个特殊的代言人，例如一位名人或一个由广告创造出来的中心人物，能够显著地增强品牌回忆。其想法就是代言人的"可视度"会把观众的注意力引导并且保留在广告上，因此使品牌名称更有可能被记住。代言人广告必须认真加以实施，使代言人在广告中不至于超过品牌；同时，类别需求必须向受众展示得十分清楚，以便使品牌与之恰当地联系在一起。对于要在拥挤的产品类别中争取回忆的品牌来讲，使用一位特殊的代言人是值得考虑的。

11.2.5　增强回忆策略

互动记忆法或（广播广告的）音乐旋律可以增强品牌回忆。如果一种互动的记忆方法在顾客的脑海中能够或者通过视觉形象；音乐的"旋律加上抒情诗"的回忆——特别是在回忆音乐的同时伴有视觉形象时，把类别需求和品牌名称联系在一起，那么它就能够显著地增强品牌回忆。品牌回忆的关键就是在产品类别或类别需求及品牌名称之间提供一种互动——图像的、口头的，或者二者兼而有之。

11.2.6　高频率策略

高频率策略就是使用高于竞争对手的广告频率。在大多数产品类别中，大量的品牌试图把自己和产品类别或类别需求"联系起来"，以便出现类别需求时顾客会回忆起它们。很显然，这是一种竞争的局面——不仅体现在品牌之间的媒体支出方面，还体现在顾客的脑海中！倘若广告客户已经在广告本身中正确地强调了类别需求和品牌名称的关系，那么对广告的重复将增强品牌名称回忆[①]。然而，由于产品类别中其他的品牌有可能正在做同样的事，因而非常重要的问题就变成了重复播出与竞争对手的广告相关的我们的广告（特别是到达相同顾客或消费者的媒体频率）。

11.3　低度介入信息型的广告创意执行策略

当目标受众决策者把购买品牌看作是一件低风险的事情，且态度是低度介入的品牌态度时：此时品牌要么是"试试看看"的新品牌，要么是已经买过的熟悉品牌。当低风险的购买决策以一种"解脱"（负面产生的）的购买动机为基础时，他的态度

---

① 忽视广告中的这种关键的关联，纯粹加大广告的力度，对于一个已有品牌来讲是不可行的；而对于一个新的品牌来讲，重复广告只会非常缓慢地发挥作用。

就是低度介入/信息型品牌态度。表 11 - 3 所示为低度介入的信息型广告的广告策略。对于这种类型的广告，正确的情感描述（思考点 A）不如充分的效用承诺支持（思考点 B）那么重要。因而，低度介入的/信息型的广告策略更多的是关心效用承诺支持和它实现的途径。

低度介入信息型的品牌态度战略的广告策略　　　　　　表 11 - 3

思考点 A（动机的情感描述）	
简单解决策略	用一种简单的解决问题的方式
负面情感策略	广告传递负面情感而不受人们喜欢
思考点 B（对于已觉察品牌转移的效用承诺支持策略）	
单一效用策略	只包括一点或两点效用，或单一的一组效用
极限效用策略	效用承诺应该被描述到极限
快速理解策略	效用应该在一次或两次展露中很容易就被了解（重复展露的作用主要是提醒）

11.3.1　简单解决策略

简单解决策略就是使用一种简单的解决问题的方式。针对负面引起的动机所采用的典型格式是首先提出问题（可以是五种负面动机中的任意一种），然后将品牌作为解决的方法，这是诱导品牌选择的最有效方法。对于低度介入的/信息型的品牌态度来讲这是最好的方式。

11.3.2　负面情感策略

低度介入的信息型的广告经常是惹人厌烦，特别是在电视这种"侵入型"媒体中，因为它们不断强调主要的卖点。这类广告经常强调的是一些不同意或不喜欢之类的主题，而这些主题是以负面情感进行刻画的。例如愤怒（排除问题）、恐惧或焦虑（避免问题）、失望（不完全满足），或者犯罪（解决与避免问题相结合的矛盾）。正如情感转移理论所阐明的那样，这些情感是动机体系的"实施者"（详见表 11 - 4、表 11 - 6）。信息型的广告必须首先刻画出一种负面的情感，生动地说明问题，然后以一种更加中性的情感（例如解脱）或者相当正面的情感（例如乐观）转向问题的解决。

信息型广告中典型的情感转移影响对应的五种负面的动机　　　　表 11 - 4

动　机	情感影响
问题排除	烦躁的→特殊的
问题避免	害怕的→轻松的
不完全满足	失望的→乐观的
解决手段与避免问题相结合	矛盾的→确信的
常规排除	有些烦躁→高兴的

11.3.3 简单效用策略

在低度介入/信息型象限中,品牌决策的低度介入意味着就信息点数量而言,或者就潜在买主为支持品牌态度而愿意反应(注意到并且学会)的效用数量而言,广告必须是相对简单的,即应只包括一点或两点效用,或单一的一组效用。"独特卖点(USP)"或者广告定位学派的倡导者基本上推荐用只强调一点效用的广告,如"七喜——非可乐"、"永远的可口可乐"。虽然一些低度介入的信息型广告都包括2~4个效用点,但是它们应该强调一个——独特的那一个效用点。低度介入/信息型广告也可以包括更多的支持品牌态度的信息点或效用,只要它们能形成单一的易于解释的一组效用群即可。例如维西尼眼药水(Visine)的广告首先提问:"什么时候你应该进行维西尼测试呢?"然后广告展示出四种情况(醒来之后、聚会之后、加班之后、晒了日光浴和游完泳之后),在这几种情况下,维西尼承诺它是非常有用的;换句话说,四个效用点组合在一起形成了一个单一的品牌态度点,即"维西尼防治红眼。"这就是潜在顾客要学习的品牌态度点。

11.3.4 极限效用策略

提出极限效用承诺的一个主要原因仍是低度介入。当选择品牌被目标受众看作是一个低风险的决策时,决策者很少会有足够的动力去解决或者讨论品牌的承诺。而且,受众已经逐渐开始希望看到在广告中有极端的、甚至是夸大的承诺,因而,在低度介入[1]的情况下,一个平淡的承诺将无法被人了解。极端的信息型的利益承诺[2]是获得初期试用的最好方式。如果在试用之后顾客信心十足地拥有赞成的态度时,将会导致重复购买乃至品牌忠诚的情况。

11.3.5 快速理解策略

低度介入/信息型广告应在一次或两次的展露中达到其在态度影响方面的效果。对于负面的增强效果,正如在排除问题和其他由负面产生的动机之中一样,增强效果的程度比体现这种增强的展露次数更为重要。潜在顾客或者能迅速地"抓住要点"(也就是说,了解极端的效用承诺),或者根本不得要领。潜在顾客在经过第一次或第二次展露之后,对品牌的态度和试用意向都将到达最高点。但品牌态度是建立在低度介入的基础之上的,所以它不可能被顾客自己主动地接受。因而,品牌态度必须通过周期性地重述广告信息[3]来予以维持[4]。广告的重复同时阻止了受众对同一产品类别中其他品牌广告的品牌态度的学习。

---

[1] 高度介入的目标受众一旦克服了试用风险而成为了重复购买者,那么他们将转到低度介入上来。
[2] 必须可被证实,否则为虚假广告。
[3] 广告频率可以较低。
[4] 假设行为的行动目标是重复购买。对于那种一次性购买行为来讲,这种重述就不必要了。

11.4 低度介入转变型的广告创意执行策略

当低风险的购买决策建立在一个"奖励"(由正面引发)的购买动机上时,品牌态度往往是低度介入转变型。针对低度介入转变型广告的策略列在表 11-5 中。对于这类广告来讲,正确的情感描绘(思路 A)优于效用承诺的支持(思路 B)。

低度介入转变型品牌态度战略的广告策略　　　　　　　　表 11-5

思路 A (对动机的情感描述)	
情感真实策略	情感真实是最关键的因素和惟一的效用
情感独有策略	情感的制作必须是品牌独有的
正面情感策略	目标受众必须喜欢该广告
思路 B (被感知的品牌传递的效用承诺的支持)	
品牌关联策略	品牌的传送是通过关联而实现的,并且经常是暗示的
双重重复策略	重复拥有建起功能和加强功能

11.4.1 情感真实策略

在转变型的广告中,目标受众是否感觉到情感描绘的真实性非常重要,因此情感真实是最关键的因素和惟一的效用。正如广告大师威廉·D·韦尔斯(William D. wells)说过的那样,广告必须"听上去是真实的"。转变型广告的整个思想就是使目标受众在情感上把自己投入广告品牌的角色中。转变型的"奖励"动机相应地可以来源于一种不太消极的或中性的情感状态(表 11-6)。

转变型广告中典型的情感转移影响对应的三种积极的动机　　　表 11-6

动　机	情感影响
感官满足	冷漠的(或中性的)→快乐的
智力刺激或控制	厌烦的(或中性的)→兴奋的 天真的(或中性的)→能干的
社会认可	忧虑的(或中性的)→愉快的 冷淡的(或中性的)→自豪的

11.4.2 情感独有策略

在低度介入/转变型广告中,最常见的错误是未能很好地把一个在其他方面有效的、真实的情感描绘和具体品牌联系在一起。有多少次在谈话中你会听到人们说,"那是一个棒极了的广告"(通常是一个转变型广告),但是后来他们却想不起那个品牌了!在转变型的产品类别中有太多"模仿"广告。模仿广告存在一种真正的风险,即它们在消费者心目中会彼此抵消。而一种独有的品牌制作可以防止这种情况的出现。再次用威廉·D·韦尔斯的话说,品牌及其制作必须是"紧密相连的"。万宝路香烟的广告就是很好的例子。

11.4.3 正面情感策略

低度介入/转变型广告是品牌态度策略的一种情况，在这种情况下，目标受众喜欢该广告是非常基本的。这里有两个原因：一是介入的特征要求。因为高度介入的品牌选择中，产品更为重要，而低度介入的品牌选择中广告相对更为重要。二是转变型的特征也要求广告讨人喜欢。因为在学习的过程中，目标受众必须通过一个正面的情感信息作出积极的反应。低度介入/转变型广告必须保证目标受众喜欢这个广告的一切——图像、演员、背景、语言、音乐，或是该广告中包含的其他任何因素。所有这些要素都有助于产生积极的反射。

11.4.4 品牌关联策略

在低度介入/转变型广告中没有正式的销售提议，品牌的传送是通过关联而实现的，并且经常是暗示的。广告并不必"证明"品牌传送的是感官满足、智力刺激或控制、社会认同等动机，而只需通过关联进行展现或暗示即可。例如，可口可乐的广告中并没有"合乎逻辑的证明"或"明确的承诺"表明它可以传送感官满足，利益承诺往往通过关联被暗示出来。因此，在低度介入/转变型广告中的图像内容以及由图片和文字所产生的视觉想像，在支持品牌态度"承诺"方面扮演了一个重要的角色。事实上，消费者并不能很容易地用语言表达出这些广告所提出的承诺。

11.4.5 双重重复策略

低度介入/转变型广告的重复拥有双重功能：建起和加强。第一种功能可以被描述为在试用之前的建起功能。转变型诉求的特性具有积极的增强效果，因为有这种效果，所以这一过程中的主要因素是广告展露次数而不是每一次展露加强的量。这样，广告的重复对于从低度介入/转变型广告中形成的品牌态度有累积的效果，这种效果的累积引发试用。虽然广告的重复可以逐步地在那些还没有试用过该品牌的个体目标成员的心中建立起正面的品牌态度并达到一个顶点，但是试用之后的重复是第二种关键的功能。它加强品牌使用者的自我形象。对于一个转变型的受支持的品牌来讲，在任何一个实际阶段停止广告是十分危险的，因为广告的中断会失去对品牌忠诚的"形象"基础。此时，要保证广告针对目标受众有一个高的频率是很必要的。用韦尔斯的话来说，转变型广告必须有足够的"展现"，以便使该品牌变成"消费者精神生活中的一部分。"

11.5 高度介入信息型的广告创意执行策略

高度介入/信息型品牌选择是高风险的购买决策，顾客在购买之前需要有态度信念，这时品牌的吸引力主要是由负面引发的动机之一：解决问题、避免问题、不完全满意,或解决问题的方法和避免问题相结合①,而且目标受众对品牌的态度通常是负面的,或者最多是稍稍正面的。建议的高度介入/信息型广告使用的策略列于表11-7。这个战略象限更加强调思路 B,即品牌传递给顾客的效用承诺支持。对动机的正确情感描述(思路 A)也很重要,但是,它在高度介入/信息型广告中的重要性在产品的生命周期中随着阶段的推进而下降。

高度介入信息型品牌态度策略的广告策略 表11-7

思路 A(对动机的正确情感描述)	
动机描述策略	正确的情感描述在产品生命周期的早期是很重要,但是随着产品类别趋于成熟期,它就变得不太重要了
主要效用策略	目标受众必须接受广告的主要效用承诺,但是不必喜欢广告本身
思路 B(被感知的品牌传递的效用承诺支持)	
最初态度策略	目标受众对品牌的"最初态度"是首要考虑因素
适度承诺策略	效用承诺必须定位在一个可以接受的更高水平的品牌态度上(不要过度承诺)
信服表达策略	效用承诺必须令人信服
客观代言策略	考虑增加一位内行的客观代言人
反驳观点策略	针对那些对该品牌有反对意见的目标受众,可以考虑使用一种反驳的方式
比较优势策略	与根深蒂固的老牌竞争者较量的小品牌,应该采用一种明显的对比方法
系统承诺策略	使用一个"总结性"的效用承诺;把你最有力的效用放在首位;广告提出的效用总数限定在 7 个左右

11.5.1 动机描述策略

目标受众中类别需求沟通效果所处的状况决定了是否要求正确描述动机。正确的情感描述在产品生命周期的早期是很重要。因为在产品进入和成长阶段,广告必须向大多数潜在顾客"推销"类别需求以及品牌。新产品(MP4 或 IPTV)的广告,必须使顾客在严肃考虑广告宣传的具体品牌前激励他们想获得这个产品类别。在产品生命周期的后期,大多数潜在顾客已经了解了这个类别并且很赞同地看待它,因此对动机的正确情感描述随着产品类别趋于成熟期而不太重要了。然而,对早期采用者来说是已有产品的产品,对后来的采用者来说仍然是新产品,对后来者销售这个类别仍然是很重要的,而对产品更新者就不必销售这个类别了。

11.5.2 主要效用策略

目标受众必须接受广告的主要效用承诺,但是不必喜欢广告本身。这个策略与前面为低度介入/信息型广告提出的策略相似:当品牌态度的基础是信息时,人们是否喜欢呈现这种信息的方式是一个无需过度考虑的问题。也许最好的例子就是宣称

---

① 正常排除不适用于高度介入,因为它只针对品牌忠诚者。

改善自我形象的直接反应广告一例如，减肥、健身、丰乳。这样的广告从整体上来看经常是很"蹩脚的"。它们致力于用令人信服的说法充满文案，并经常带有一种"如不满意则退款"的保证，以减少顾客感知的典型高风险。不必喜欢广告这条建议不应理解为有意去创作令人反感的广告。本文只是表明：在高度介入/信息型广告中，信息点是以令人喜欢的、还是不喜欢的方式提出并不重要，重要的是这些信息点必须被目标受众所接受。因此，必须认真设计信息点以达成目标受众的接受。

11.5.3 最初态度策略

最初态度在高度介入购买决策中比在低度介入购买决策中更加重要，因为作出高度介入决策的潜在顾客的最初态度反映出了更高的风险，并且这种态度被他们持有得很坚定。坚定的最初态度几乎肯定会在反应过程中激励认知反应。这些认知反应根据目标受众的最初态度的不同将会是否定的、中度赞成的。高度介入/信息型广告提供的效用承诺必须能预料这些反应，并且去反对它们或去加强它们。除非有效地强调认知反应，否则效用承诺将不会被接受，并且最终的品牌态度将不会有所改变或改善。就创意而言，为效用所提出的承诺必须针对目标受众量身定制，效用承诺都应该以一种与目标受众的最初态度产生共鸣的方式来陈述的，同时又在努力改变、提高或创造一种肯定的对广告品牌的最终（反应之后）态度。

1. 当针对的是一个对品牌持否定态度的目标受众时，例如已经拒绝了你的品牌的其他品牌忠诚者，或者是对该类别产品的所有品牌均持否定态度的新类别用户，效用承诺应该用一种令人信服的反诉（见本节稍后描述的反驳方式）。对广告来说最初的否定态度是最难改变的。通常必须有一个巨大的提高，从否定的观点到中立的观点，然后到达一个充分高的肯定立场，以产生一个明确的试用或再试用的意向[1]。通常，必须挖掘新的利益从而使如此巨大的变化成为可能。如果这种最初的否定态度是以情感为基础的，那么就试着用一种合乎逻辑的（聚焦属性）方式来进攻。相反，如果它以属性为基础，那么就试用聚焦情感的方式来进攻[2]。

2. 当针对的是一个持中度赞成态度的目标受众时，例如位于产品生命周期早期的品牌转移者，他们一直固定在某个喜爱的品牌上，并定期使用它；或者是"感兴趣的"新类别用户。这时利益承诺应多一些"保证"或加强性的语气。如果这种中度赞成的态度坚定地以经验为基础，例如，已经试用过我们的品牌的其他品牌转移者发现它不如最好的产品群，那么就不要作任何保证！这时应该尝试改变态度，把品牌定位到一个新的购买动机上。

3. 当针对的目标受众持有不坚定的先期品牌态度，或者他对类别持有一种否定的或"犹豫的"最初态度，例如勉强的新类别用户，那么此时利益承诺的措辞应该考虑到这种犹豫不决的情况，必须使潜在顾客所持的态度由犹豫的最初态度转变成

---

[1] 对于高度介入的选择情况来说，产生品牌购买意向是必要的。
[2] 详见品牌定位之 abc 策略。

一种更加自信的、足以激励其试用产品的肯定态度。

11.5.4 适度承诺策略

适度承诺策略将效用承诺定位在一个可以接受但更高水平的品牌态度上（不要过度承诺）。高度介入/信息型广告中的效用承诺不仅必须考虑目标受众的最初态度，而且必须按照它们可能引发的新的更加赞成态度的程度来对其进行调整，这在经典的关于态度的研究文献中被称为"接受程度"（的上限）。图 11-2 小结了接受程度的上限。

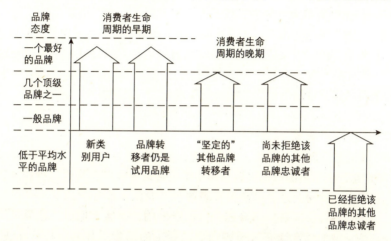

图 11-2 转变高度介入/信息型广告中的品牌态度的上限

一旦确定了目标受众接受程度的上限，那么创意者必须在最终的广告版本中，必须抵制主观上"做些改进"的诱惑，谨防过分承诺。例如，在斯多发（Stouffer）的低热量菜肴产品的引入期内，它的效用承诺是"热量不超过300卡的美味菜肴"，很容易地被目标受众接受了。如果把产品说成"热量不超过300卡的绝妙口味菜肴"，那么对于那些高度介入目标受众来说就是过度承诺①，并导致"飞去来器效果"②。

11.5.5 信服表达策略

高度介入/信息型广告中效用承诺被接受非常重要，所以效用的承诺必须令人信服地表达出来，而且不应错误地过低承诺。无力的表述可能会伤害品牌，使那些持否定态度的目标受众的最初态度变得更否定。如果目标受众自然产生的、对该品牌的效用疑问不能被非常令人信服的效用描述所排除，那么这些疑问事实上就被广告加强了，使顾客对品牌的态度比以前更加否定！一个承诺过低的例子就是几年前可口可乐广告中的承诺，"拥有可口可乐和微笑"。这个承诺显然不足以说服百事可乐的品牌忠诚者，而他们正是一群可口可乐努力争取的很可能是高度介入的目标受众。

---

① 针对那些低度介入的目标受众广告可以使用极端的承诺"绝妙口味"。
② 使最初的先期讯息发生回归现象的过度承诺称为"飞去来器效果"。

可口可乐后来采用了更强烈的、更令人信服的承诺,如"真东西"、"可口可乐就是它"和"永远的可口可乐"。虽然这种变化不可能是惟一的原因,但是可口可乐公司从那时起拓展了其市场领导力就胜过了百事可乐。

11.5.6　客观代言策略

社会心理学关于劝服的一项一般发现是,如果用一位人们非常信赖的代言人来传达信息的话,就可以扩展顾客的接受程度(向上,直到形成更加赞成的最终态度)。要使高度介入/信息型态度发生转变,仅是专家还不够,代言人必须是"客观的专家"。例如,"健康之选"冷冻菜肴的广告成功地说服了许多以前不买冷冻食品的顾客,并且试用这个品牌①。为什么?因为康尼格拉公司当时的首席执行官迈克·哈珀这位代言人不但是一位食品专家,而且还有一个个人的原因使其对该品牌的"对心脏健康有利"这个效用承诺是客观的,因为他刚刚从第一次心脏病发作中康复。

11.5.7　反驳观点策略

对于那些对该品牌持反对意见的目标受众,可以考虑使用一种反驳的方式②。20世纪70年代初,由于美国成年人误认为常吃马铃薯会发胖,导致马铃薯的销售量急剧下降。以国家马铃薯促进委员会为代表的国家农民合作社想通过一个广告运动用以改变美国人均马铃薯消费的下降趋势。调查表明,虽然人们仍然喜爱马铃薯的味道,但是这种肯定的信念正在被一种强烈的否定的信念所超越:马铃薯使人发胖。如果要使马铃薯消费再一次增长的话,那么就必须反对这种强烈的否定信念。但实际上马铃薯的热量要低于其他普通的淀粉类食物,如米饭、面包或面条。尽管确实人们经常把黄油或酸奶加到马铃薯里去,然而这些成分只增加了一点点在这一餐中消耗的总热量。而且,许多人已经转而使用人造黄油、低热量配餐和烹调方法。发现问题的症结后,广告主推出一则驳斥性广告。该广告由两部分组成,第一部分的标题是:"土豆果真那么可恶吗?"广告文章是:"……,你会不假思索地判定那是土豆的罪过,但事实并非如此。"第二部分的标题上面写着"丰富的维生素C"、"高能量"、"低价格"、"低热量"等。这次活动非常成功,在其后进行的消费者调查表明,相信马铃薯会导致发胖的人数有了相当大的减少,而相信马铃薯富有营养的人数大大地增加了。在这场活动中,在价格和其他市场因素没有明显变化的情况下,美国家庭的马铃薯平均消费量不仅停止了下降,而且上升了17%。

11.5.8　比较优势策略

高度介入/信息型广告的一种特定战术是使用一种对比的方法③。作为一种相当

---

① 对于新类别用户来说,这是一个绝对的高度介入信息型决策。
② 同理性诉求的驳斥广告。
③ 同理性诉求的比较广告。

激进的策略,只有在它会比传统的支持型广告更有效时才应该使用。成功的比较广告看起来有三个主要的特征:广告中的竞争者品牌在目标受众的心目中应该是根深蒂固的①;广告品牌应该在视觉上和文字上控制对比的展示方式,必要时应该指明并展示竞争对手的品牌;广告品牌必须能够展示它在一个或多个重要的效用方面的优势,并足以提高对其整体态度的评价。

11.5.9 系统承诺策略

高度介入/信息型广告的最后一个策略是一套相互关联的关于效用承诺的顺序和数量的系统承诺策略。高度介入/信息型广告通常会提出多项效用承诺,需要在广告的创意执行过程中决定这些效用的优先地位。首先,应该选择一个"总结性"的效用承诺作为从广告中得出的总结论。通常,这个效用承诺将提出来自品牌定位的I—D—U分析中强调的独特效用。总结性效用承诺不同于作为品牌标准的口号或标题,它是该广告讯息的主要文案标题。其次应该把品牌最好的效用承诺,放在整个效用顺序的首位。另外,在广告中提到的效用数量应以七为上限②。前七个非常重要的效用是影响高度介入选择的主要因素③;超过了7种,选择就变得更加混乱并且可能引导消费者考虑另一个描述得更简明的品牌。

11.6 高度介入转变型的广告创意执行策略

高度介入/转变型象限包括的是那些经过深思熟虑才购买的产品,此时正面的消费经验是品牌选择中的主要影响因素。表11-8所列为高度介入/转变型广告所推荐的策略,其中对动机正确的情感描述(思路A)比品牌效用/承诺支持传递(思路B)更为重要。

高度介入转变型品牌态度战略的广告策略　　　　　表11-8

思路A(动机的情感刻画)	
个性情感策略	情感的真实性是最重要的,并且应该针对目标受众中具有不同生活方式的人群分别确定
个性接受策略	人们必须从个人的角度识别广告中所描述的产品,并且不仅仅是喜欢广告
思路B(被感知的品牌传递的效用承诺支持)	
双重激励策略	许多高度介入/转变型广告也必须提供信息
超高承诺策略	推荐使用过度承诺,但不要承诺过低
双重重复策略	重复发挥了树立声誉的作用和加强的作用

① 一个老牌竞争者的存在是我们视对比广告为一个高度介入/信息型策略的原因,即广告要努力地劝说人们离开那个根深蒂固的品牌,并转向我们的品牌。
② 如果可以用少于7个的效用承诺就可以赢得目标受众的赞同,那么就少用一些。
③ 七个重要的效用应该几乎足以销售任何产品。

11.6.1 个性情感策略

在高度介入转变型广告中,目标受众对真实性的判断可能带有非常明显的个人色彩。这是因为高风险"扩大"了一个正确或不正确的品牌选择的情感后果。因此高度介入/转变型广告是惟一的对在所有的构成目标受众的潜在顾客(NCU、OBS、OBL)或者是当前的顾客群体(FBS 或 BL)中间进行细分的品牌态度战略象限。在其他所有的象限中,一旦目标受众找到了品牌的主要效用,那么就不大值得去进一步细分市场了,因为这些效用对受众通常有着相当普遍的吸引力。而高度介入/转变型广告中的品牌用户形象的效用的高度个性化特征,却使它成为了一种例外。对于高度介入/转变型广告的目标受众,最相关的细分要素就是生活方式。通过在广告中展示人物来描述品牌用户的生活方式[①],或许是高度介入/转变型广告的最有效的策略,因为被描述的用户充当了一个具有内在影响效果的代言人。对生活方式的描述表明:某类特殊的人群在使用这个品牌的过程中,正面的品牌态度加强了。

11.6.2 个性接受策略

个性接受策略意味着广告受众不仅要从个人的角度识别广告中所描述的产品,并且要喜欢品牌。不管是否使用描写多种生活方式的方法,高度介入/转变型广告所针对的每个人都应该按照广告中描述的情形来识别品牌。在对广告作出反应的接受阶段,目标受众决策者必须有一种"那是为我而做"的反应。对这类广告作出反应,很大程度上依靠个人的"消费形象"——也就是,人们看到他们自己开着广告展示的新车,或是到广告展示的度假胜地去度假,或者"把他们自己投身于图片中"。另外,喜欢广告是低度介入/转变型广告的重要特征,要识别出品牌所描述的特征则应超出只是喜欢这则广告。在高度介入的情形中,喜欢的必须是产品(品牌),因为喜欢广告本身的"外围"还不足以影响品牌态度。由于品牌决策带有高度介入的特性,所以喜欢以及进一步识别出来品牌所描述的情形才是基本的问题。

11.6.3 双重激励策略

高度介入/转变型的品牌选择经常是双重激励的(Dually Motivated),因为为了获得首要的转变型动机就必须满足次要的信息型动机。有许多高风险的产品和服务主要满足的是正面的动机。它们包括度假产品(感官满足)、影响投资者看法的公司"形象"(智力激励或控制),还有新车、时装和其他受参照人群影响的个人奢侈品(社会认同)。购买品牌时的高度介入特征经常意味着在受众的心目中,在取得正面效用的道路上需要克服一些障碍。例如,旅游度假可能有隐匿的成本;一辆新汽车要花很多钱,你在购买之前还会想了解一些它的技术特性和服务可获得性等。因此许多高度介入/转变型广告不得不提供信息以降低在购买该品牌时顾客感知的风险。

---

① 如果在广告中目标受众的不同生活方式群体有很多或差别悬殊,那么广告客户应该对品牌的形象效用进行"直接的"关注,而不在广告中展示人物,即以产品为主角而不是以用户为主角进行定位。

尽管这种提供可能被视为迎合一个负面的动机，特别是减少购买障碍的排除问题或避免问题的动机，然而因此认识到广告不是信息型就是转变型这一点非常重要。广告主要的吸引力仍然是转变型的：主要的购买驱动力满足一个正面的"奖励"动机。偶尔也会为了获得奖励而要排除一些负面的动机。

11.6.4 超高承诺策略

对高度介入/转变型广告来说，建议使用的策略是过度承诺（超高承诺）、甚至相当夸张，以及达到巅峰体验的水平。那些不做过度承诺的广告客户所面临的风险是不能诱导出购买行为。很显然，过低的承诺在这类广告中通常是失败的。采用过度承诺的原因是，来自于高度介入/转变型产品的效用几乎完全是主观的[①]，谁能真正说出广告客户是否"真的"在过度承诺呢？比如说，某个度假胜地有多么有趣，或者开一辆新车的体验？但如果你没有提出强烈的肯定的承诺，也许顾客就不会首先购买你的产品。因此这些高度介入/转变型产品（或服务）的"超高承诺"广告在很大程度上是很有效的，因为它影响了产品在那些从未体验过产品的人们心目中的公众形象，这些人没有体验过产品，因此也没有机会低估这些过度的承诺。这个虽然夸张但被接受的公共形象把顾客自己的态度提高到了一个超过产品"真实"水平的水平上。

11.6.5 双重重复策略

转变型广告的重复发挥了树立声誉的作用（经常为后续的信息型广告）和加强的作用[②]。在树立声誉阶段，转变型广告本身就足以劝导顾客购买低度介入的品牌。但是，对高度介入品牌来说，转变型广告（针对首要动机）经常被用来为后续的信息型广告（针对次要动机）或者其他为完成购买所必需的基于信息的销售方法扫平道路。高度介入/转变型广告需要重复的第二个原因是，给予那些已经购买了该品牌的人们一种加强的效果（这就是我们把 FBSs 和 BLs 作为高度介入/转变型广告的次要目标受众的原因；即使在技巧上可能是正确的，但是针对他们再开展一次低度介入广告活动通常是不值得一试的）。典型的高度介入/转变型购买行为是不频繁的——如新车和度假。但是，购买后的广告的加强效果非常有助于支持顾客的最初态度，使顾客下一次还购买同一个品牌。

---

① 对高度介入/转变型产品中的许多效用用户很难做出客观的判断，甚至在购买之后也是这样。当你说你刚在一个地中海俱乐部度假地度完假，或者你刚刚买了一辆新的梅塞德斯 SEL 系列越野车时，你朋友的嫉妒和产品本身一样，都成为产品效用的一部分。经济学家达比（Darby）和卡尼（Karni）把这些产品称为"可信产品"，它构成了与尼尔森（Nelson）以前研究分类产生的体验产品（试用就足够了）和寻找产品（必须在潜在顾客试用前说服其相信产品，大多数人是基于对朋友或经纪人的"信任"才购买人寿保险）并列的第三类产品。

② 除了有一点差别以外完全等同于针对低度介入/转变型产品的策略。

第12章 广告创意构思

创意有着某种神秘的特质，就像传奇小说一般，在南海中会出现许多岛屿。古代水手们所说，在航海图上所表示的某些点上，会在水面上突然出现可爱的环形状珊瑚岛，那里充满了奇幻的气氛。我想许多创意就是如此形成。它们的出现，好像突然漂浮在脑际表面，接着就是相同的奇幻气氛，并且是一种无法解说的状态。

——詹姆斯·韦伯·扬

詹姆斯·韦伯·扬的这段极富感性的朦胧描述曾经蛊惑了许多广告创意人员的创作灵感，以至于使许多广告创作人员在自我陶醉中步入创意构思的误区。这些广告创意人员相信，他们的灵感来自于某种天赋，为了表现其广告创作的不同寻常，与众不同、构思奇妙成了其根本的追求。这里必须提醒注意的是，广告创意构思虽然也涉及天赋，但是更需要的是长期的锻炼和经验的积累。在某种意义上创意构思只是一种技巧，是寻求最适合于广告创意执行策略的、最能有效地表现独特诉求的独特广告语言、独特广告表现手法以及独特媒体传播方式。本章从广告创意构思的二维特点、基本过程与思维方法三个角度（图12-1）对广告创意构思进行解析。

12.1 广告创意构思的二维特点

广告创意构思的最主要特征集中表现在创造力和促销力两个方面，正是这两种力量使广告创意构思在广告活动中具有了举足轻重的作用。

12.1.1 广告创意构思的创造力特点

著名的美国广告大师大卫·奥格威指出："要吸引消费者的注意力，同时让他们来买你的产品，非要有很好的点子不可，除非你的广告有很好的点子，不然它就像很快被黑暗吞噬的船只。"奥格威所说的"点子"，就是广告创意中的具有创造性的艺术构思，就是利用艺术的、品位的方式，将旧元素打破重新加以组合。

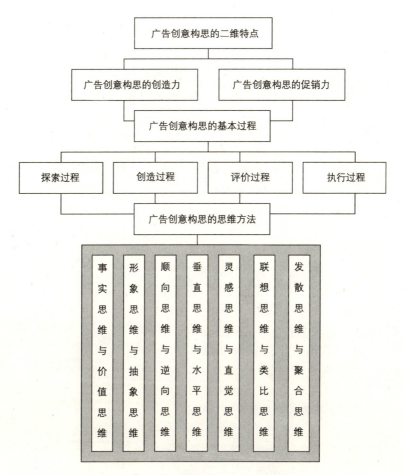

图 12-1 广告创意构思：特点、过程与方法

1. 超常规

"它的苦更甜美"（咖啡广告）；"今年二十，明年十八"（化妆品广告）；"沐浴后，干净不是好现象，妮维雅乳液使你的肌肤净而不干，滋润又健康"（乳液广告）。这几条广告有一个共同特点，即语言似与常识、常理、常规相矛盾。但当人们将广告语言与产品、与特定的情境联系起来思考时，就会感到悖理的后面是合情合理。超常规的好处在于，当悖理的语言进入人们的心里时，开始会与人们心中已有的常识和习惯看法发生冲突，这种冲突会产生一种心理张力和悬念，引起人们探究和思考的兴趣。当人们思考后，发现了悖理后的意蕴，又会为广告的绝妙意味和高超的手法而叹服，从而使广告印象牢牢留在脑海中（图12-2）。

2. 反趋势

多数广告都顺趋势而行，若反其道而行，进行逆向创意，就会给人以新奇和与众不同的感觉。因此，当广告纷纷追逐名人效应时，选用一个普通人为广告代言也

图 12-2 超常规的广告构思

许更好；当人们都在为歌星演出付费时，某些企业却给希望工程捐款，结果使企业的威望和影响大大提高。艾维斯租车公司（Avis）的"我们第二，但更努力"的广告是威廉·伯恩巴克创作的。这一主题的广告使濒临破产的艾维斯公司有效地对抗了出租车行业的老大赫兹（Hertz）并取得了自己的独特地位。图 12-3 这则广告的图画表现非常简单，但是文案令人叫绝。艾维斯出租汽车公司从老二的市场地位引出了自己的企业理念，消费者无不为其诚恳和勤奋所打动。

3. 极端化

奇异、怪诞、超乎常规是最常采用的用来形成新颖、与众不同的广告创意的基本思路和方法。麦当劳的"我就喜欢动刀子"、"我就喜欢没骨气"系列就是一种针对年轻人心理的极端化表达（图 12-4）。

图 12-3 反趋势的广告构思

图 12-4 极端化的广告构思

4. 刺激性

广告创意构思必须具有刺激性，体现出与众不同的及别出心裁的新视角、新理念，才能引人注意，唤起人们的欲望，引发购买行为。图 12-5 的广告分别为鸟类食品广告、人类平等公益广告和电视频道广告。

图 12-5　刺激性的广告构思

12.1.2　广告创意构思的促销力特点

广告是一种应用传播艺术，无论是公益广告还是商业广告，都具有很强的目标导向性和功利性。促销力的强弱不但已成为评价广告好坏优劣的标准，也成了广告创意构思的重要特征之一。

1. 主题性

广告创意构思是表现广告主题的艺术构思和意念。所以，广告创意构思一定是以广告主题为核心的，创意概念是广告创意的起点与基础。只有主题明确才能创造出引人入胜、新颖别致的广告。图 12-6 是 PARMALAT 辣酱的广告，瓶口倒出的辣酱如同一个人伸出的舌头，鲜红的颜色令人联想到辣酱的味道。

2. 简明性

把直接与简单换成故意造作的旁敲侧击，实在是非常浪费的事。只要将标题的字句稍加改换，就可能增加几倍的广告效果。例如，可对下列两个标题作比较："电视台提供新的工作"和"电视课程每周 11 元 6 角"。前一个标题比后者的反响多了 6 倍，也就是说在同一广告空间投资上产生了 6 倍的价值。仅仅一个标

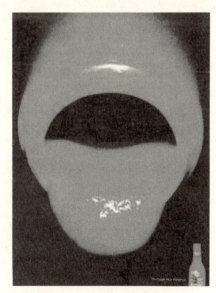

图 12-6　主题性的广告构思

题的变换就产生了如此大的差异。图12-7是巨能钙产品的广告：油条骨头。作品以油条来比喻骨头，强调补钙的重要性。画面简洁明了，令人一目了然。

3. 贴切性

广告创意构思只有贴近消费者的心理需求与审美文化，才能打动受众，进而产生心理和行为反应。百事可乐在抗衡可口可乐的战役中，极具洞察力地抓住了年轻一代的心声，对可口可乐实施

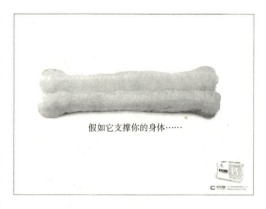

图12-7 简明性的广告构思

了攻击。此后的明星战略，不论是迈克尔·杰克逊、瑞奇·马丁，还是中国的王菲、郭富城，都极具青春动感，与产品的定位十分贴近。图12-8电通广告公司的形象广告就鲜明地表明了电通广告公司贴近消费者心理的经营理念。

有些人打开DIACOVERY频道，用眼睛呼吸极地的冰冷

有些人却飞行千万里，感觉零下40°的冰原空气

相异的生活观点，决定了旅行的终端消费模式

人，因为活而消费——生活中的生活者才是消费者的决策者

电通广告人对生活者的修业正在于

放掉自己的角度，承认生活者的所有状态

弯下腰来，走进对方的心里，在生活者的生活中寻找观点

90°的哲学

生活者。研修

图12-8 电通广告公司的形象广告

4. 形象性

任何广告作品都要确立一种广告形象，包括文字的、声音的、图形的形象。广告形象包含着特定的传播内容和方式，是经过创造性的构思而确定的。广告形象一方面必须是明确的、有特色的，要使消费者一眼就可以识别，使竞争者无法模仿或不便模仿。另一方面，广告形象与其所推介的商品或劳务必须相吻合贴切，即广告创意所构思的广告形象在"性格特征"上要与广告策划中确定的商品"性格特征"相吻合（图12-9）。

图 12-9 形象化的广告构思

12.2 广告创意构思的全程分析

广告创意曾经被当作是一种神秘的现象，那些有成就的创意人员也往往被认为是一些超越凡俗的天才。但在传播学家施拉姆看来，信息本身是一种基本符号，传达这种信息符号要达到被对象理解，就必须是双方经验领域所共有的，所以他认为："信息源能编码，信息传播终端能解码，只能以各方所具有的经验为条件。"显然，这种符号形式，在广告中主要就是广告创意构思，而编码也就是创意构思过程[①]。罗杰·冯·奥克提出了广告创意构思的四步历程，如今被许多跻身世界100强的广告公司所应用。按照奥克模式，在创意构思的不同阶段，创意人员仿佛都在扮演着不同的角色：探险家（Explorer）、艺术家（Artist）、法官（Judge）和战士（Warrior），经历着不同的心路历程。

12.2.1 探索历程

任何伟大的创意都不是凭空产生的。在探索历程阶段，创意人员好像探险家一样，不断寻找新的信息，关注信息来源的异常模式。创意人员需要收集构思创意的素材：事实、经验、史料、常识、感觉等。商品、消费者、竞争对手的广告、有关广告的书籍、商业杂志，甚至一些看似不相关的信息如一家咖啡店、一座建筑、一

---

① 施拉姆讲到了"经验"这种多少带有感性因素的成分，如果把经验作为编码的主要依据来看待，那么广告创意构思的感性因素确实不容忽视。因此，多少年来，广告创意构思在整个广告的链条中，一直被当作中心环节，而且由于很多创意人员的推崇，使其甚至笼罩着一层神秘的迷雾。

家商店、一个人等都可能激发创意人员的灵感，带来意想不到的收获。创意人员需要开阔视野，摆脱自己专业领域的限制，留意其他领域新的发现，综观全局，才更容易发掘出独特的构思与创意。科特勒在《营销管理》一书中曾引述一些有助于构思的问题，见表12-1。

激发新产品构思和改进产品构思的问题　　　　　　表12-1

有无其他用途？	——有使用该产品的新方法吗？
适应性如何？	——它与其他产品类似吗？还有其他构思吗？新构思与以往的构思有无相似之处？新构思的优势在哪儿？
是否要修改？	——要有新的变动吗？改变意思、颜色、运动方式、声音、气味、形状、格式吗？还有其他变动吗？
是否要夸大？	——增加些什么？更多的时间？频率更高？强些、高些、长些还是厚些？特别的价值？增加新内容？需要复制吗？需要增殖还是夸张？
是否缩小？	——减去点儿什么？更小些？浓缩点儿？小型化？低些、短些还是轻些？省略点儿什么吗？流线型？一分为二？打折扣地报道吗？
替代品如何？	——谁可替代？替代什么？有其他成分吗？其他的材料？其他过程？其他动力？其他地点？其他途径？其他语调？
重新安排？	——交换组件吗？其他模式？其他设计？其他顺序？因果互换吗？步调改变吗？时间安排改变吗？
反向思维？	——正负互换吗？反面情况会是怎样？翻转过来会是怎样？反向角色？一双鞋左右脚换一下？
可否组合？	——不妨考虑一下混合物、合金、集合体？组件？组合目标？组合诉求？组合构思？

12.2.2　创造历程

在创造历程中，创意人员扮演艺术家角色，不断实验并实施各种方法，寻找独特创意构思。创意人员通过回顾所有相关信息、分析问题、确定模式，以及搜寻关键的语言和视觉概念来传递所需表达的意义。这是搜寻好的构思（洞察力的闪现）的开端。这种构思可能突然而至，然而通常情况下，构思往往要在创新队伍将信息细细加工了一段时间后才会出现。创新人员用来激发洞察力的方法包括变换模式（意外的并列）、多角度观察事物（使陌生的变得熟悉或者相反）、改编（变换上下文）、想像（问问究竟）、逆转（寻找相反的方向）、连接（将互不联系的构思结合）、比喻（建立隐喻）、消除（减少或者打破规则）以及模仿（愚弄周围，寻找幽默）。这实际上是一种心智检索的过程，也是"形象化过程"或"概念化过程"，是寻找"大创意"（Big Idea）的环节。大创意是建立在战略之上的大胆而又富于首创精神的创意，以一种别开生面的方式将产品利益与消费者的欲望结合起来，为广告表现对象注入生命活力，使受众情不自禁产生兴趣。在寻找大创意的过程中，创意人员可能会遇到各种各样的障碍，包括创意人员在肉体与精神上所受的压力、思维定势的局限等，尤其是后者，常常使创意工作陷入模仿、重复、老生常谈的泥潭。

在寻找大创意的过程中,有一个事实是:集体力量在构想产生中尤为重要①。这是因为在群体活动中,信息量更大,联想更加丰富,但必须要克服相互抵消和制约的不利因素。创意构想创造中常用的方法是"头脑风暴法"、"集思广益法"和"帽子角色法"。

1. 头脑风暴法

头脑风暴法又称为"动脑会议",由阿克列斯·奥斯本(Alex Osbom)于1938年首创。其特点是由一个小组(一般是6~12人)围绕一个明确的议题,共同思索,相互启发和激励,填补彼此的知识和经验的空隙,从中引出创造性设想的连锁反应,以产生更多的创造性设想。为了确保产生更多更好的创意,头脑风暴法必须遵循自由畅想原则、禁止批评原则、结合改善原则和以量生质原则。一些典型的头脑风暴问题是:你能把提到的意见修改、缩小、改编、放大、替代、重新整理、颠倒或综合起来吗?这些问题可以推动整个创作小组人员的思考,并进入新的和新鲜的方向。这种方法的最大好处是可以避免孤军作战,弥补个人局限与不足,通过团队合作,集合众人的智慧,创造出大创意。

2. 集思广益法

集思广益法是由威廉·高登提出来的。它与头脑激荡法的不同之处在于,它并不专注于一个明确的问题,而是由大家围绕着一个与最终设定相关的笼统构思展开讨论。比如创意小组集体探求一种果味饮料的沟通文案,但讨论并不局限于这种果味饮料,而是围绕着一个宽泛的饮料主题,由此引发出多种构思。在多种构思产生之后,再由主持人员把讨论引向一个特定主题。这种讨论在时间花费上比"头脑激荡法"要长,其原因除了创意构思要由广播导入集约的归纳过程之外,还有一点是人们普遍认为在疲劳状态下有利于消除彼此之间的戒备。

3. 帽子角色法

帽子角色法以线性推理组合(在归纳和演绎中合乎逻辑地移动)和水平思维(在自由结合的基础上从一种思维向另一种思维跳跃)为基础,由创造学家爱德华·布诺(Edward De Bono)提出并应用。在布诺的工作间里,人们各自分到一顶帽子戴起来,并被要求利用帽子上提供的观点来回答一个创造性的问题(表12-2),从而产生多种可能性创意构思。

布诺的帽子角色法 　　　　　　　　　　　表12-2

帽子颜色	帽子角色
白色	事实、数据和信息。"我们有什么信息?缺少什么?我们希望有什么信息?怎样才能得到?"
红色	感觉、直觉、预感、情感和内心情感。"我觉得……"
黄色	乐观主义、对于事物的合理和正面的观点;重点放在益处上。"这可能会起作用;益处可能来自于……"

---

① 这一点一反我们惯常认为的创意构想更多地依赖于个人天才想像的误解。当然,个人的创意构思也具有极大的价值。

续表

帽子颜色	帽子角色
绿色	新主意、其他选择、可能性。"我们需要新的想法，有没有其他选择？我们能否换一种方法来做这件事？有别的解释吗？"
蓝色	正在使用的程序的分析、优先性、日程表。"我们花了太多的时间来寻找某个东西/谁该负责；让我们确定一下优先顺序；我们试一下'蓝色'一栏中的思维方法来多想一点新主意。"
黑色	警告和关键的判断。"规则上说……；我们以前这么做的时候……；如果……这将是一个错误……"

12.2.3 评价历程

在评价历程阶段，创意人员充当法官角色，判断创意构想是否可行，并决定是否完成、修改或放弃大创意。此时，创意人员要做到两点：第一，为值得的大创意拼搏；第二，避免扼杀艺术家的想像。在进行创意构想评估时，要回答以下问题：这个创意确实不错呢，还是凑合（第一反应是什么）？这个创意哪点对（或哪点不对）？如果不成功又会怎样（是否值得去冒这个险）？我的偏见是什么（受众是否有同样的偏见）？什么阻碍着我的思维（我是否一叶障目）？

12.2.4 执行历程

创意人员最后要扮演战士角色，克服一切干扰和障碍，直到实现创意构想。如果艺术家和法官的工作做得好，战士的角色相对就要容易得多。即使创意构想得到认可，得以制作并最终在媒体上发布，创意人员也需要同公司内部的其他人员、客户等进行一系列的"战斗"。对内，通过完整的信息战略文本，努力推销自己构思所包含的文案、艺术和制作成分并作出合理的解释，以说服公司的客户小组；对外，协助客户服务小组向客户陈述广告创意，以获得客户认同。这些工作完成后，战士又进入到广告设计与制作环节，再次成为艺术家，努力实现预算内尽可能好的广告作品。

图12-10叙述了一个创作团队如何展开创意构想的过程。该团队为百事可乐的"安全监视器"制作1996年橄榄球超级联赛期间播出的电视广告片。

图12-10　百事可乐"安全监视器"广告创意构想过程

BBDO/纽约公司的创作团队领到一项任务：为百事可乐制作一套系列电视广告中的最后一集，要求该片要嘲讽百事的主要竞争对手可口可乐。这是百事惯用的创意执行概念。创作团队成员杜恩和麦克携手担任主要工作，他们迅速了解了两大可乐竞争的背景与现状（探索历程）。在探索过程中，另一位成员泰德则经常提出建议和贡献想法。有一次，泰德对另两个人说，"安全监视器，我从来不知道它是干什么的，只知道它叫'安全监视器'"（创作过程）。杜恩和麦克起先觉得这个想法不怎么样，但并没有强烈反对。随后，大家开始从"安全监视器"的视角来思考创意构想。他们设计了一个饮料冷藏柜的场景，并决定把百事可乐和可口可乐的饮料冷藏柜并排摆放。几天以后，他们又想出一个让可口可乐的工作人员喝百事可乐的主意。这个想法被放在一边，沉了一周的时间。后来，杜恩画出了上面的一组草图。这组草图描绘了一个可口可乐的送货员正要拿起一罐百事可乐，恰巧被一位也在超市中购物的妇女看见了。送货员有点尴尬，马上走开了。不一会儿，他又转回来，抓起百事可乐，一溜烟儿地跑了（评价历程）。在执行过程中，广告又增加了一个结尾部分，因为客户认为那样更滑稽一些：可口可乐送货员抓起一罐百事饮料时，整个冷藏柜的百事可乐都压落在他身上了。该片在《今日美国报》的电视广告年度排名中，获得当年全美橄榄球联赛期间"观众最喜爱"的广告片。

12.3 广告创意构思的思维方法

在产生创意构思的过程中，创意人员的思维方法是决定创意构思水平的重要因素，也是广告理论工作者关注的研究课题。常见的广告创意思维的类型有：事实与价值、形象与抽象、发散与聚合、顺向与逆向、垂直与水平、灵感与直觉、联想与类比等思维方法。

12.3.1 事实思维与价值思维

事实型思维方法（Fact-based Thinking）就是把观念分解成细小的部分，然后对背景进行分析，发现最佳的解决之道。虽然事实型思维的人也可能具有创造性，但他们往往倾向于线性思维，喜欢事实与数字，习惯于逻辑、结构和效率，而不习惯模棱两可的东西。价值型思维方法（Value-based Thinking）依据直觉、价值观和道德观来作出决定，更善于接纳变化、矛盾和冲突，长于运用想像产生出新的观点，创造出新的事物。在广告创意构想过程中，这两种思维方法各有千秋，在不同的阶段具有不同的影响。当创意人员在扮演探险家这个角色时，他们需要从自己掌握的信息入手，仔细审核创意纲要和营销、广告计划，研究市场、产品和竞争状态，从客户方面和许多其他途径获得各种信息，这会使他们陷入事实型思维方法。但要创作出有效的广告，成为优秀的艺术家，创意人员又必须改变方向，采用价值型思维方法，否则，当广告公司的人开始"和客户想的一样"时，创意就容易陷入窠臼，创意障碍就可能出现。图12-11异言堂广告公司的形象广告表明了其创意独立性与价值追求。

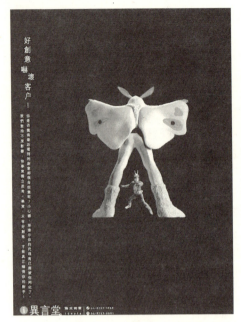 

好创意吓坏客户,你是否觉得最近看到创意都很合你的意呢,小心呐,那表示你的代理商已经被你同化了。我们坚持不受影响,依事实独立思考。毕竟,只有好创意,才能真正吓倒你的竞争对手。

坏广告不会手下留情:坏广告毒害人类精神的历史由来已久,坏广告污染社会文化、弱化人类高尚情操、践踏视觉品位,其谗害泛滥已经造成哺乳动物演化史上最大悲剧,在此多事之秋,依然万死不辞,坚持做有益全人类广告的仁人志士们,现在是跟我们一起站出来共同奋斗的时候啦。

图 12-11　异言堂广告公司的形象广告

12.3.2　形象思维与抽象思维

形象思维又称直觉思维,是借助于具体形象来进行思考,是一种具有生动性、实感性的思维活动。形象思维以直觉为基础,通过某一具体事物引发想像而产生创意。海王银杏叶片的电视广告"篮球篇",广告语触目惊心:"30 岁的人,60 岁的心脏;60 岁的人,30 岁的心脏",配以用非常形象的瘪下去的篮球和充满气的篮球来象征,给人的印象相当深刻,与产品功效的联系也十分巧妙。产品的信念"健康成就未来"和广告片契合得非常紧。

抽象思维即逻辑思维,是借助于概念、判断、推理等抽象形式来反映现象的一种概括性、论证性思维活动。在广告创意中常体现为运用抽象化手法来表现具体的事物、情感和意念等。由于抽象语言、意象语言具有一定的模糊性和弹性,因而可以使语言经过接受者的二次创造后,在消费者心中产生内容更丰富、更生动、更具美感的意象。图 12-12 邦迪的抽象思维广告以韩朝峰会为表现形式,深刻地表达了邦迪创可贴的品牌理念。

邦迪坚信
没有愈合不了的伤口。

BAND-AIDI邦迪创可贴

图12-12　邦迪的抽象思维广告

12.3.3　顺向思维与逆向思维

顺向思维是常规的、传统的思维方法，是指人们按照传统的从上到下，从小到大、从左到右、从前到后、从低到高等常规的序列方向进行思考的方法。这种方法在处理常规性事物时具有一定的积极意义，但是顺向思维的常规性容易形成思维定势，从而影响创造性思维的开发。广告创意中采用顺向思维是一条熟悉顺畅的路，但它往往会使创意思维陷入一种固定的方向，只想表达产品如何好，会给人带来什么好处等。当大家都从顺向寻觅时，逆向探索往往更能找到出奇制胜的创意新路。逆向思维是一种反常规的、反传统的思维方法，由于其思维不是"顺延"而是"逆延"，与常规思维相反，因此，它总能标新立异，常常让创意和策划工作获得新的突破。

12.3.4　垂直思维与水平思维

在《水平思维：一步步地创造》（Lateral Thinking：Creativity Step by Step）一书中，著名的创造性思维专家爱德华·德·布诺对比了垂直思维与水平思维的两种思维方法。在布诺看来，垂直式思维是分析的、选择的、判断的、连续的、否定的和小心的，一般延续常规路径发展。在广告创意过程中，创意人员往往要依据自己的经验对有关的商品知识进行思考，这种思考方法产生的创意，其改良的成分较多。

而新概念比较多地从水平思维中产生。水平思维指摆脱对某种事物的固有思维模式，从与某一事物相关联的其他事物中分析比较，另辟蹊径，寻找突破口。水平思维要善于捕捉偶然发生的构想，沿着偶发构想去思考，从而产生出人意料的创意。七喜汽水曾在1968年以"非可乐"的定位突围（图12-13），当其12年后遭遇销量下跌的局面时，很快重新将自己定位为"不含咖啡因"的可乐，20世纪90年代初又一次策划新的定位，标榜自己"与众不同、口味独特"，并塑造幽默、创新、重视自我的品牌性格。

图12-13　七喜汽水广告

图 12-14 以电脑为例,说明了垂直思维、水平思维、发散思维的具体表现,其中方块内为垂直思维的结果,三角内为水平思维的结果,圆圈内为发散思维的结果。发散思维将在 12.3.7 中介绍。

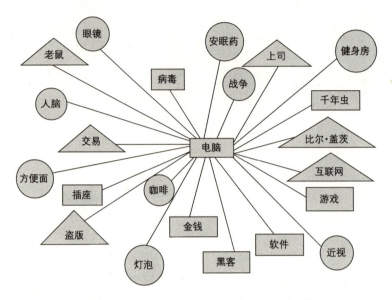

图 12-14 垂直思维、水平思维与发散思维的比较

12.3.5 灵感思维与直觉思维

灵感思维具有一般思维活动不具有的特性,如突发性、创造性、瞬时性、跳跃性、兴奋性等。灵感的出现并不神秘,它表现出的形式是偶然的,但实际却是必然的,是潜意识转化为显意识的一种特殊表现形态。广告创意灵感是创作欲望、创作经验、创作技巧和诱发情景的综合产物。灵感由于捉摸不定、瞬息万变,容易使人产生神秘感,因而被视为天赐神授之物。

直觉是一种对经验的共鸣的理解,是最敏锐的逻辑判断过程,是对问题的内在规律的深刻理解。这种理解来自于经验和积累,是在经验积累到一定程度后突然达到理性与感性共鸣时而表现出的豁然贯通的一种顿悟式理解,是由于判断过于敏捷而呈现的貌似感性实为理性的理解。直觉是一种素质高、经验多的人才有的能力,他们能进行高密集、高速度的信息处理,在理解力、判断力、鉴赏力和洞察力方面都具有非凡的能力。一个原创点子交到影视广告导演那里,就可以一下子拿出具体的分镜头脚本;而创作总监则可以凭职业直觉监督广告创意的具体执行,不至于使创意散落与变形。

12.3.6 联想思维与类比思维

联想是想像的一种表现形式,可以使广告的内容,转化成生动的艺术形象。我们通常看到的广告画面和文字在广告作品中是静止的。即使是电视广告也只不过是跳跃的形体。比如我们在广告中看到向日葵,就会联想到太阳;看到东芝空调,就会想到冷气十足,这就是联想的作用。例如,"贝尼顿彩色联合国"让全球的消费者穿出"四海一家"的感觉来,可以使人们想到同情与爱心。联想一般分为四种:即接近联想、相似联想、对比联想、关系联想。图12-15理光复印机的平面广告就应用了相似(色彩-新鲜)联想思维。

威廉·戈登(William J. J. Gordon)在一种被叫作共同研究(Synectics)的工作过程中采用了类比思维方法。他的方法的核心是使用类比,即基于不同事物或概念之间的某一相似性进行的对较,以便使相似的问题变得反常;这样创作人员就能从一个崭新的视角来审视这种现象。所以,类比思维是人们通过寻找我们的难题(难题意味着包含一些我们未知的东西)和概念、物体、情境或主意之间的相似性的思维过程。我们希望,这种比较可以揭示出问题的其他方面,而这些其他方面的情况可能是采用其他方法所难以发现的;以便提示出创造性的解决思路。戈登提出了四种类比方法:个人类比,直接类比,象征类比,虚幻类比。图12-16卡洛塔妮奶粉的平面广告"呵护健康 菌止通行"应用了类比(功能-抗菌)思维将奶粉与口罩有机结合在一起。

 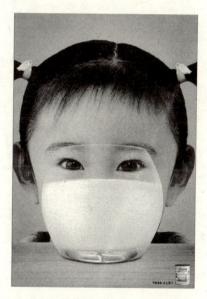

图12-15 理光复印机的联想思维平面广告　　图12-16 卡洛塔妮奶粉的类比思维平面广告

12.3.7 发散思维与聚合思维

发散性思维指由一点向四面八方展开想像、散发开去的思维方法。广告创意运用这种思维方法可以充分调动积淀在大脑中的知识、信息和观念,运用丰富的想像,海阔天空,异想天开,重新排列组合,从而产生更多的新意念和方案。离散式思维的目的是把各种可能的解决方案都摆在面前，分别进行推理分析，比较优劣，决定取舍。古尔福德（J. P. Guilford）提出创作能力可以根据离散思维能力的强弱分级。他提出了受到创作人员高度认同的三个创作特性：频率、灵活性和独特性。频率（Frequency）指快速进行概念推理的能力。灵活性（Flexibility）指横跨许多不同领域产生出独特概念的能力。独特性（Originality）是想出别人从没有想到的概念的能力。图 12–17 为发散思维训练导图，操作要点为：

1. 以品牌概念为中心，对概念进行分析；立足消费者，观察他们的心理，与他们一起思考，一起感受，让各种元素在头脑中过电。
2. 从中心点出发，设定出若干不同路线，让思路尽量打开。
3. 在各路线上尽力开发元素，进而展开捕捉闪光元素的活动。
4. 将有新鲜感的元素用图画鲜活起来，形成导图的闪光点。或者沉思一下，让大脑对导图产生新的观点，继而进行第二次重构。
5. 将几个有趣的闪光点连接起来，发展成一个创意雏形，继而提炼创意文案及广告语言。

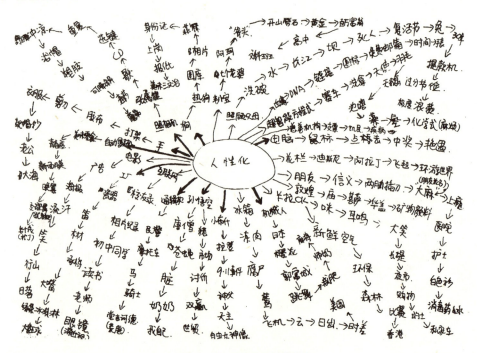

图 12–17　发散思维训练导图

聚合性思维是以某个问题为中心，运用多种方法、知识或手段，从不同的方向和不同的角度，将思维指向这个中心点。发散思维与聚合思维有着明显的区别。从作用上讲，发散思维有利于开阔思路，有利于空间上的拓展和时间上的延伸，但容易散漫无边，偏离目标；聚合思维则有利于思维的深刻性、集中性、系统性和全面性，但容易因循守旧，缺乏变化。在图 12-14 对发散式思维和线性的聚合式思维进行了比较。聚合式思维导致产生合乎逻辑的结论；发散式思维则探索可能性，而非结论。在开发创意阶段，发散思维占主导；在选择创意阶段，聚合思维占主导。好的广告创意就是在这种发散－聚合－再发散－再聚合（图 12-18）的循环往复、层层深入中脱颖而出的。在操作过程必须突破习惯性的横向、纵向思考模式，提倡放射性思维，培养即放得开，又收得住得能力，努力在不同元素之间找到关联，继而发展成若干能回应主题概念得思考路线和创意构思。同时要必须在二三十分钟的时间内，让思想尽快转动起来。因为大脑高速工作时，松开了平时的锁链，再也不管习惯性的思维模式，因而激励了新的、通常也是很明显的荒诞的一些念头。这新的明显的荒诞的念头包括了新眼光和打破旧的限制性习惯的关键，可能正是独特的创意构想的源头。

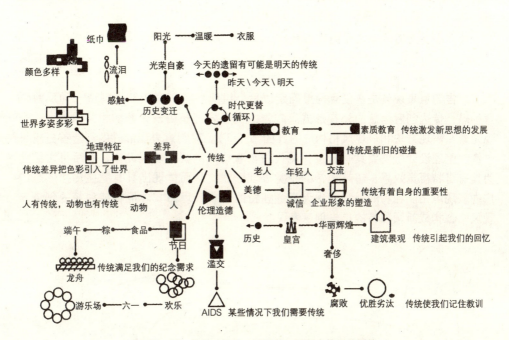

图 12-18　发散－聚合－再发散－再聚合的思维训练

第13章　广告创意表现

> 好广告会是图片与文字的快乐联姻，而不是他们之间的竞赛。
>
> ——李奥贝纳

广告创意表现就是在创意构想确定以后，组织各种创意材料，创造一种反映创意构想，传达创意信息的外在形式。广告的创意表现是由三大密切相关的要素：表现元素、表现方法和表现风格构成的（图13-1）。对创意表现形式的创造首先就是收集、整理设计所需要具有新意并能代表创意构想的视觉表现元素，然后将之组合为具有奇特视觉效果、超越恒常的视觉表现形式，从而体现出具有完整传播形态的广告表现风格。独特的视觉表现元素、独特的形象表现方式才能构成独特的创意表现风格，构成新颖独特的广告创意表现。

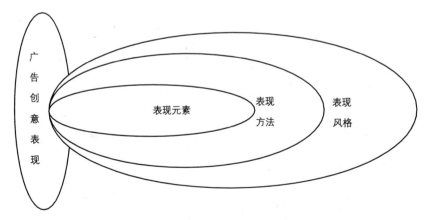

图13-1　广告创意表现的构成模型

13.1 广告创意的表现元素

广告表现元素,是广告创意表现时应用的文字、图像、音响等视听觉符号。在广告创意表现过程中,文字元素承载着传达广告信息主要内容的任务,非文字表现元素担负着演绎信息、创造氛围的重任,并赋予文字信息特殊的意义,决定着受众对文字的感觉。非文字元素主要包括三种形式,即视觉元素、听觉元素与视听觉综合元素①。

13.1.1 广告创意表现的文字元素

奥格威曾说"广告是词语的生涯",广告效果的50%~75%来自广告的语言文字部分。随着各种新字体的不断出现和电脑对字体运用得更加快捷灵活,文字创意表现在广告创意中逐渐流行。平面广告中的文字已经由原来处于从属地位的"说明性"或"表述性"角色,上升为"表现性"或"意象性"角色。图13-2是儿童哮喘协会的公益广告,文字在这则广告中起到了核心作用,广告引用了一名儿童哮喘患者的话,通过明喻的方法来形容哮喘患儿的极度呼吸困难,以加强广告情感力度,力图打动目标受众。

广告作品中的语言文字部分构成了广告文案。广告文案通常包括标题、正文、口号、随文四大部分②,各要素是与受众心理效果层次相一致的(图13-3)。

广告文案是平面广告的主要内容,平面广告的主要构成部分及其表现要求见表13-1。

图13-2 儿童哮喘协会的公益广告

另外,创作广告文案时还有一些基本原则:如KISS原则(Keep it Simple, Stupid)和简单(S)、清晰(C)、幽默(H)和机智(C)等要求。

---

① 广告偶尔也会采取其他形式如嗅觉元素等,因为不具普遍性,本文不予论述。
② 不是每则广告都必须同时具有以上四项元素,有的正文与口号合而为一,有的广告甚至没有正文等,不一而足。

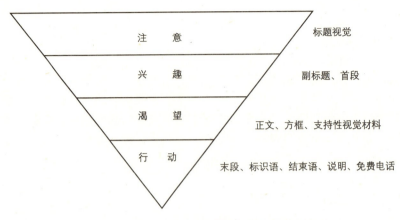

图 13-3 广告文案要素和受众心理效果层次

平面广告构成及其表现要求　　　　　　　　　　表 13-1

标题	要与整个广告创意相符，反映广告创意的本质。标题有命令式、晓理式、提问式、新闻式、告知式等几种
副标题	（有些广告除了标题外，还有一个或几个二级标题。）副标题的字号要略小于标题，强化卖点或广告口号、广告主题
插图	要和标题互相配合，互相补充，尽量避免重复
标语	能联系各广告，起到广告形象和定位的指向作用，使受众对产品产生一致的联想。
专用标志	使广告达到持续效果，并能够瞬间被识别（清晰的标示在一定程度上能够发挥标题和插图的作用）
正文	遵循广告创意和标题的意图； 明确产品的哪一优势最能唤起消费者的购买欲望； 集中陈述产品或服务的优势，并将之按照重要程度进行排列； 保持与熟人的对话语气，考虑表达的节奏； 仔细选用过渡词汇、引语，注意表达的情绪与强度等
结尾和反馈	结尾标明反馈电话，并强调你希望受众/消费者采取的行动
语言	广告文案要精雕细琢，尊重语法规则，表达合理规范。巧用语言技巧，从而起到引人注目的作用
艺术设计因素	一定要顾及平衡感，考虑是否采用上下、左右等对称、平衡的原则； 按比例分割广告平面的空间，包括长宽比例、大小比例、彩色与非彩色比例、深浅颜色比例等； 要有明显的视觉方向感，引导读者注意力的移动方向； 要有整体感，整合广告作品中的各个元素，如字体、空间比例、颜色等； 有一个起统领作用的广告元素，以便重点讯息能够突出出来

13.1.2　广告创意表现的视觉元素

广告创意表现的视觉元素包括插图、色彩与布局。这三个元素的不同组合会创造出截然不同的广告效果。表 13-2 说明了广告创意视觉元素的表现要求。

广告创意表现

广告创意视觉元素的表现要求　　　　　　　　　　表 13-2

插图	注意插图的风格、明暗颜色的协调性以及制作难度
颜色	颜色的展示要注意格调、协调性以及选用的连续性、色彩突出等原则，使颜色发挥最大的作用
布局	将广告中的各个部分：标题、副标题、插图、正文、说明文字、标语、各种标识等有机地编排在一起；分配它们的比例、大小以及篇幅

1. 插图

在印刷广告中，插图指实际构成广告图像的绘画、图片，或电脑生成的艺术品。合理地使用插图可以吸引目标受众的注意，凸显品牌，表现产品的特点和利益点，营造气氛和感觉，启发读者阅读正文和为品牌制造预期的社会背景。在使用插图时，要注意与广告文案战略相结合（图13-4），把产品或品牌当作插图的一部分加以表现，以助于实现广告战役的具体目标。

2. 色彩

广告设计者应充分利用色彩的纯度、浓淡、亮度、色调、色彩面积、色彩对比与衬托、色彩节奏等，来达到广告表现的目的。同时，广告色彩具有抽象性，能够诱发人的多种情感和联想，具有文化的内涵。这种色彩

图 13-4　广告中的插图

的传达和表现，关系到了传达对象的民族、文化、社会地位、个人经历等因素，关系到商品上所附加的精神价值。个性的广告色彩表现不仅能传达商品和企业的信息，而且能造成丰富多彩的审美意境，给人以感官和心理的满足，启发人的心智，使消费者得到物质和精神的双重感受。IPOD 的广告就一直使用色彩鲜艳的背景与奇特的造型来打动年轻人的心（图13-5）。

图 13-5　IPOD 的平面广告

3. 布局

布局指印刷广告在美学方面和风格方面的规划，它体现了创意人员为具体安排印刷广告的所有元素并使之达到优美、有条理的效果而付出的努力。优美指布局总体平衡，比例赏心悦目，广告在视觉上给人以美的感受；有条理指广告插图、文案与特殊元素的组合有利于读者阅读，广告的各个组成部分该协作以显示整体性，并突出重点元素（见图13-6）。

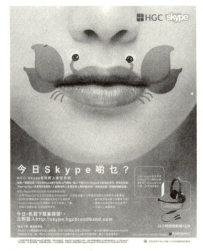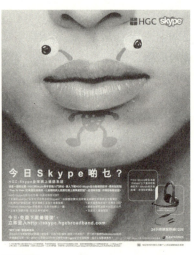

图13-6 SKYPE的平面广告布局

13.1.3 广告创意表现的听觉元素

广告创意表现的听觉元素包括语言、音响、音乐三种基本要素。三种要素互相配合，共同为表现广告主题和创意构想服务。

1. 语言

语言是三要素中最重要的部分，主要依靠人声（或模拟人声）表现。人的声音由音高、音量、音长及音色四个声音要素构成，声音的高低不同，音量的大小不同，音速快慢不同，以及音色的不同能反映人的不同性别、不同性格、不同气质。据此，根据创意的不同，可以采用不同的声音来增强广告的效果。包括用典型声音塑造产品形象，赋予产品某种象征意义；用真实人物的声音，增强广告的可信度；用与目标消费者相类似的声音来推荐产品，比较有亲和力；采用独特的声音给听众留下深刻的印象，使声音符号与其他听觉要素一起形成某个产品或品牌的识别。

2. 音响

音响就是增强广告效果的声音。由于音响可以用来说明时代、地区、时间、环境，可以用来表现人物的动作或物体的运动、人物的内心情感、产品的品质和形象，所以在电子广告中恰当地运用音响，更易引起听众注意，增强广告的形象性、感染力和记忆度,使广告信息的传播更为有效;反之,就会无助于甚至会干扰广告信息的传达。音响包括自然音响、人工音响和无声三种。自然音响是自然界本身就有的,如风声、雨声、动物鸣叫声等;人工音响是由人工制造的声音,如汽车刹车声、跑步声等;无声也属于音响的范畴,是一种特殊的音响。在使用音响时,要考虑受众的接受心理,而不要一味地制造各种奇特的声音,以免引起反感或者分散了听众对于产品或品牌信息的注意。

3. 音乐

音乐在电子广告中的运用由来已久。最古老的民间叫卖,就已经开始运用音乐的元素来促进销售。如果音乐运用得当,可以极大地增强广告的吸引力、感染力和记忆度。广告音乐有两种类型:一是背景音乐,二是广告歌曲。在电子广告的制作过程中,要注意发挥听众的想像力,通过声音使讯息在听众的脑海中生动、准确地展现出来,从而使他们产生身临其境的感觉。

广告创意听觉元素的表现要求　　　　　　　　　　　　表 13-3

语言	少用倒装句和缩略语,要口语化,可增加地方色彩,注意用词不要混淆,要简洁明快,注意节奏和韵律,适当重复重要讯息,可运用多种修辞手法
音乐	区别使用背景音乐和广告歌曲
音响	要做到有特色,模拟真实准确,与语言和音乐紧密配合

13.1.4　广告创意表现的视听觉元素

电视广告和网络广告综合运用了视听觉元素——画面与声音,制造出更生动更真实的效果。电子画面的构图、设计与布局可以借鉴印刷广告在视觉元素安排上的技巧和原则,但由于电子画面具有动态的特点,所以多了一个评判的维度:时间。时间概念在电子广告制作中有两种体现:第一,除悬念广告外,广告片中的主信息应尽早出现,以 30 秒的广告为例,主信息一般在 5 秒钟左右必须出现,否则,会使观众失去兴趣和耐心。第二,不同片长的电子广告传达的信息内容含量有异,效果有别。5 秒电子广告只能出现口号与产品或品牌的名称与标志;15 秒广告可以对产品进行简单的说明;30 秒广告可以叙述一个故事,表达一个主题;45 秒和 60 秒的广告可以提供关于产品和品牌的更多的信息;超过 60 秒的广告除在特殊情况和有特别大的预算外,一般很少使用。

电子广告要特别注意声音元素与视觉元素的配合。电子广告中的声音表现形式有两种:写实音和写意音。写实音指能从广告画面中交代声源所发出的声音,它包括台词、音响和音乐,通过写实音可以把广告信息传达得更加清楚明白、通俗易懂,但同时也具有过于写实不能提供更多信息,缺乏想像空间的不足;写意音指完全脱离写实意义的声音,主要是为了创造一种形象、一种情趣、一种意境,从而引发人们丰富的联想和美好的情感。

广告创意视听觉元素的表现要求　　　　　　表 13-4

视觉	视觉元素要突出，必须能够吸引受众的注意，众多视觉元素必须互相配合，背景摄制、亮度、颜色、画面动感、辨识标志等要素都应该发挥作用
听觉	语音大多展示广告重要的信息内容，除此之外，在电子广告中声音部分主要起到烘托、配合视觉效果的作用，要营造协调的、有利的气氛和情调
信息量	确保电子广告只传递一个清晰的焦点，不要有太多的兴奋点，讯息最好单一，并与图像和声音相配合

13.2 广告创意的表现方法

广告创意表现方法，是联结表现元素与表现风格的桥梁。广告创意人员通过各种艺术方法，将各种创意表现元素组合在一起，从而构成完整的传播信息。广告的创意表现方法变化多端，在此选择其中最主要的新颖创意法、逆向创意法、矛盾创意法、情感创意法、娱乐与游戏化创意法、意识形态创意法六大类进行说明。各种创意表现方法并无优劣差别，可以依据创意构想来选择使用其中的一种或几种。现将具体的创意表现方法分析如下：

13.2.1 主体广告创意表现方法

主体广告创意表现方法可以以广告商品本身为主体进行创意表现，也可以以广告客体——顾客为主体进行创意表现，还可以以某种观念为主体进行创意表现。

1. 商品主体广告创意表现方法

李奥贝纳认为，广告创意最重要的任务是把产品本身内在的固有的刺激发觉出来并加以利用。商品广告创意表现方法就是根据消费公众的商品心理以及商品自身特性，以某种商品文化为主题素材，创造理想的商品表象意境、商品生产意境、商品消费意境的创意方法（见图 13-7）。具体创意来源有：来源于商品名称或商标；来源于产品的包装；来源于产品的制造方式；来源于产品的产地。

图 13-7　SEIGNIOR 以音箱为主体的广告创意表现方法（True Sound）

2. 顾客主体广告创意表现方法

顾客主体创意法就是根据消费公众的生活背景和时代特点，以公众形象为主体、以商品为"道具"而进行意境创造的方法。在这种创意思维中，顾客成为广告作品的中心内容和明星角色，而商品则完全退居次要，成为"明星顾客"的衬托（图13-8）。顾客主体创意法主要是利用"公众自我表现机制"来获得公众的认可，即通过塑造大众化的人物形象，让公众获得自我满足感。因此，在操作运用上，强调选择普通公众的生活背景和日常型而非明星型的人物作为意境表现符号。否则，就会使公众产生距离感，公众很可能拒绝认同广告宣传的内容。

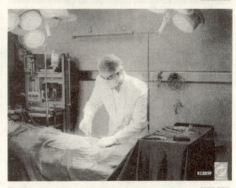

图13-8　碧浪洗衣粉以顾客为主体的广告创意表现方法

3. 观念主体广告创意表现方法

观念主体广告创意法就是指通过创造旨在倡导对社会进步、人类发展具有促进意义的意境，来完成商品的创意思维。观念主体广告创意法的方式主要有两种：一是恢复性倡导法，即在广告作品中，倡导现在仍然具有生命力或导向意义的传统价值观念。二是全新性倡导法，即在广告作品中，倡导一些具有时代特色、既有导向教育意义又有取向操作意义的全新观念（图13-9）。

13.2.2 新颖广告创意表现方法

这种方法就是谋求广告形式上的新颖，以全新的方式给观者一种强烈的新鲜刺激，引起消费者的好奇心，从而实现广告的宣传目的。

1. 模仿广告创意表现方法

广告创意是一些旧因素的重新组合。模仿就是借鉴这种组合的方法或组合中的某些因素，用到新的广告中，模仿可以是潜意识的模仿，广告人对许多优秀的广告作品留下清晰或模糊

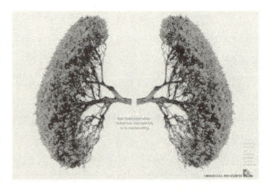

图13-9 观念主体广告创意表现方法：
保护热带雨林广告

的记忆痕迹，在创意时无意中可能倾向于自己喜欢的某种创意表现形式，从而造成潜意识的模仿。初入广告界的人也可以进行有意识的模仿。

2. 解构广告创意表现方法

"解构"就是将原有的形象解体，在打破原来的结构关系的基础上重新进行排列组合。这是一种不增加新的视觉元素，仅以原有形象要素的重新组合来创造新视觉形象的图形处理技巧。"解构"通过分解、消解、挖掘和揭示，使被解构的东西在怀疑和超越中产生新的意义。解构图形往往以反空间、反结构、反透视的异常面貌出现，在视觉上有强烈的吸引力，能够从心理、生理诸角度引发人们进行新的联想和逻辑推断。例如金铃洗衣机的《脏系列》广告

图13-10 金铃洗衣机的解构广告创意表现方法

中（图13-10），使用的表现元素为衣服，但这些元素已不再是原有的形态，它们被改造为保持卫生的垃圾铲，观者仅能从衣领和钮扣部位辨别出衣服的存在。文案为"衣服再脏也不怕"，因为有了金铃洗衣机的超强洗涤功能，即使衣服变得像画面中的物品那么脏也不用担心了，衣物经过解构之后形成新形象，有了新意义，更好地烘托了广告主题。

3. 变形广告创意表现方法

"变形"就是通过夸张手法，将视觉元素的局部和整体改变，从而改变人们对事物固有的、常规的看法，制造出怪诞的画面效果（图13-11）。"变形"的方法有很多种，它可以是对表现元素作形状、方向、位置、肌理、色彩等方面的改变，使原有视觉形象产生完全不同的形象变化。它也可以是对形象进行特定意义和具有其他物质性质的变化处理，以使形象产生质的变异，被赋予新的含义。它那违反逻辑思

维的形象和化平淡为神奇的魔力，打破了人们对事物的常规认知模式，使画面产生独特的视觉效果和强烈的艺术感染力。它那意味深长的形象，往往会给人们以意想不到的惊奇并使之产生丰富的联想和回味。

图13-11　Frux草场肥料的变形广告创意表现方法

4. 拼贴广告创意表现方法

"拼贴"就是超越客观现实和时空的限制，把不同的时间、地点，不同事件中的人、物、事按主题与创意需要进行创造性的组合与剪辑。广告中的拼贴手法不是简单地将多种形象罗列堆砌和东拼西凑，而是具有卓越的创意，画面元素与广告诉求目标相一致，作到情与理的高度统一。它不再注重对象三度空间的真实感，追求的是现实与想像，意念与审美的完美结合，将图形的表形功能的怪诞性和表意功能的一致性统一起来，形成了以反常求正常，以形象的不合理性求传播的合理性的效果（图13-12）。在运用拼贴手法时，既可对单一形象进行分割，经过夸张、变形、添加、减少等多种变化，按一定的法则和需要进行多种剪接与组合，也可对多个形象在形体、色彩等方面进行有目的的取舍、加工，巧妙地构建出新的综合形象。

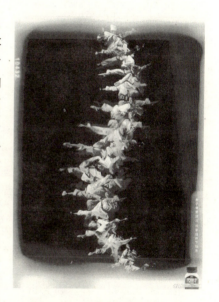

图13-12　白兰氏钙锭的拼贴广告创意表现方法

5. 互悖广告创意表现方法

表现元素构形中的"互悖"就是人们利用透视关系和前后遮掩关系等视觉原理，在二维平面中显示出不同的三维空间。"互悖"利用平面的局限性、视觉的错觉，通过有意违反透视规律，违反正常的空间观念，改变观察事物的顺序，并采用共用线、共用形等方法，形成耐人寻味的矛盾空间，它可以把客观世界不可能存在的空间理念形态在二维平面上充分显示出来，使物象在人的视觉中呈现出忽上忽下、忽前忽后的空间变幻效果（图13-13）。"互悖"是广告擅长使用的表现手法之一，"其所呈现出的迷惑与怪诞会使观者暂时摆脱理性的束缚，使人的思想游弋于超现实的世界之中，在心理上获得一种从繁琐世事中解放出来的快感。视觉元素的真实可信此时已不重要，意义在于其显示出的自我矛盾、自我冲突的独特个性"，传递了广告所要表达的特定意义内涵。

13.2.3　情景广告创意表现方法

情景广告创意表现方法通过展示一种与产品有关的生活模式，创造出深远的消费意境①或意识形态，并以这种情景模式引导受众进行联想和想像，从而实现传播效果。按照情景发生的层次，情景广告创意表现方法可分为生活情景广告创意表现方法、意识情景广告创意表现方法与幻想情景广告创意表现方法。

1. 生活情景广告创意表现方法

生活情景广告创意表现方法是将一位理想的品牌使用者摆放在典型的生活情景②中，然后描绘他如何从某个品牌中受益。使广告受众看了广告后就能把自己的生活与广告联系起来，按照广告中提供的模式来规划自己的消费方式，从而进入理想化的消费情景之中（图13-14）。20世纪初，斐济岛上的居民素来不穿鞋，当时英国有两家制鞋企业的推销员先后来到这个岛上推销鞋子。前一位推销员到岛上走了一圈之后，便回去汇报说，当地土著人部落没有穿鞋的习惯，因而毫无市场。而后一个推销员来岛上考察后，认为当地人没有穿鞋习惯正说明这里有一个巨大的潜在市场。因此从英国运来一批价廉物美的布胶鞋。因为当地人不识字，就设计了一个巨大的广告牌，上面画的是一个土著壮汉，穿着胶鞋，肩上扛着丰富的猎物。当地人看了非常眼红，认为穿上这种鞋就能打到猎物，于是争相购买这东西，很快

图13-13　艺术展的互悖广告创意表现方法

图13-14　恐惧的负生活情景强化了交通意识

---

①　情景和意境既有联系又有区别。情景是具体的，是可视可感的，或通过想像产生出某种图景。意境是情和景交融之后所产生的更高层次的主观感受，是抽象的，是可感不可视的。情景产生意境，而意境却不能产生情景。

②　引导广告受众追求的生活情景为正生活情景，引导广告受众避免的生活情景为负生活情景。

就在岛上流行起来。

念慈庵·润饮料做过一则成功的情景再现广告，广告围绕黄健翔的成名之作，即在解说2006世界杯意大利对澳大利亚的那场比赛的场景。广告开篇就是黄健翔在解说比赛的场景，接着就是黄健翔充满激情的呐喊"点球、点球"的狂吼，随即就是"伟大的润，继承了念慈庵的光荣传统"，最后就是黄健翔拿着一罐念慈庵·润饮料，煽情地说"我的声音需要润"。整个广告将黄健翔与念慈庵·润搭配得天衣无缝，既迅速聚焦了广大电视受众的目光和注意力，又迅速的突出了念慈庵·润饮料的产品特点——润喉养声。让受众在娱乐笑谈的氛围中，接触和认知了念慈庵·润饮料这个老品牌的新产品。

2. 意识情景广告创意表现方法

意识情景广告创意表现方法是指以直接诉求产品功效，通过影响意识形态来间接达到销售目标的广告。意识形态广告没有产品的物理功能的表达，没有完整性的故事情节，脱离商品本身的价值，强调影像就是商品。广告要给消费者的是一种象征性领域的价值、审美价值、一种文化标记、一种视觉感觉，引起受众的话题和关切。意识形态的沟通策略颠覆了广告的思考逻辑，使得广告在影像、语言、形式、信息方面都爆发了更丰富的可能性。意识形态可以说是在整合营销传播还未流行开来就准确的对它的核心——以消费者为中心进行了准确的把握与精彩的演绎。

意识形态之所以在广告界引起轩然大波，很重要的原因在于在广告画面中的具有的行为艺术的冲击力和震撼以及它所造成的非现实梦境式的迷离美感。它符合了读图时代人们以视觉形象为中心的感受方式和思维方式，使受众在感受文字冲击力的同时享受视觉盛宴，使人拥有极大的想像空间。2004年中兴百货一则电视广告片以一个陶磁娃娃全程动画演出极抢眼的震撼枪击效果，冲击消费者的视觉神经与消费意念。一个中国瓷娃娃摇着屁股照镜，不满意镜中之我，于是举枪自爆头颅，没有了头仍自得的继续摆弄臀姿，并配以旁白，"时尚说自毁才能得永生"。这则广告诉求时尚必须藉由自毁才能重生，消费也是自毁又重生的象征，尤其片中喊出最具台湾本土特色的时尚民粹消费口号"我很不中意照镜的感觉，我要去买衣服"，让内在沉睡的消费意识重新出发，进而带动买气。

意识形态广告通过各种视觉元素的重新组合营造怪诞的、扭曲的非现实幻境，产生痉挛的美，造成难以抗拒的视觉上的冲击力，形成人物、构图、符号的场景化和仪式化，极具平面装饰美感。在画面中的人物服饰华丽、表情冷漠、肢体语言优雅，环境舞台、表演群体化和模特化，具有洛可可式的华丽和日本浮世绘的优雅。在中兴百货春装上市的电视广告中，在装满了色泽暗沉质地厚重的书架前，扮冷艳前卫的年轻男女在画面中穿梭来回，有头顶着书本展示时装的，有打着阳伞在室内散步的，也有扭曲身体跳舞的，还有模拟世界名画摆姿势的，还有身黑色长袍的古板的白发老先生威严的目光……光怪陆离的景象、反差强烈的构图和色调、飘忽不定的节奏、如梦似幻的光影，均给人以似真非真、似幻非幻、亦真亦幻、不真不幻、恍惚迷离的感觉。书店在通常情况下就是看书吸收知识的地方，但是在这个广告片里成了展示时装的舞台,各色人等在这里表演了一场时装秀,看似荒唐实则有其合理性,这里用了戏仿的手法将人们观念中的书店变成了 T 形的伸展台,视觉上的非真实其中隐含着感觉的真实:当我们只剩下无灵魂的空壳时,我们至少可以对所谓的内涵内在、所谓的崇高、威严、高雅予以了无情的消解与嘲笑。"有了胸部以后,你还需要什么?脑袋。到服装店培养气质,到书店展示服装。"图 13-15 是中兴百货秋装上市的两则意识形态广告,左面作品的标题是:脱掉衣服之后,你不知道自己是谁;右面作品的标题是:脱掉衣服之后,你才知道自己是谁。

图 13-15 中兴百货秋装上市的意识形态广告

意识形态广告擅长风情万种的修辞表达,它用时尚前卫的词汇拼盘、解构主义的文字戏仿、多文化杂糅的文字蒙太奇、炉火纯青的文学式解剖让人折服于它的精致和华丽。经过精心的修辞与修饰,意识形态的文案形成了一种独特的味道,这味道,不是街上便宜的大碗茶里那粗劣叶茶的苦涩,而是铁观音或乌龙茶中飘溢出的异样的清香!信息的传达并不是大声的叫卖,而是静静的以自己的品位去感召每一个受众。请看中兴百货春装系列《森林/樱花篇》:

衣服是这个时代最后的美好环境

他觉得这个城市比想像中还是粗暴

她觉得摔飞机的几率远大于买到一双令人后悔的高跟鞋

他觉得人生脆弱得不及一枚流行感冒病毒

她甚至觉得爱人比不上一张床来的忠实

不安的人们居住在各自的衣服里寻求仅存的保护和慰藉

毕竟在世纪末恶劣的废墟里

衣服会是这个时代最后的美好环境

3. 幻想情景广告创意表现方法

幻想情景广告创意表现方法以梦境式的形象，运用畸形的夸张，以无限丰富的想像构造出神话与童话般的画面，在一种奇幻的场景中再现广告产品（或理念），使受众接受全新的后现代审美效果，感受其"狂欢"的愉悦。在 Visa 卡的电视广告中，广告主要诉求 Visa 的功能，便利用了幻想表现方法进行夸张。每个孩子的童年都有一个美丽的梦想，而广告中的女孩是希望能够拥有一只大象。于是。在画面中我们可以看见她和一只大象的"相濡以沫"：散步、嬉戏、喝茶、倒立……他们之间建立了深厚的感情，甚至当女孩去学校上学时，大象还拖着庭院的栏杆尾随她的校车而去。这么美丽的画面在瞬间消失了，原来这些都是女孩的幻想。那到底怎样才能使这些美梦成真呢？广告中告诉我们的答案是：使用 visa，能够给你任何你想要的。在广告的最后，小女孩手牵着一匹斑马一脸得意的从镜头前走过，好像是在说：你瞧！有了 visa，我想要什么都易如反掌！此外，片中的音乐清脆、跳跃、舒扬、充满了童趣，画面处理朦胧、唯美。片头特别强调了女孩的梦想，最终她实现了她的愿望，因为有了 visa，就可以梦想成真。在这则广告中成功的运用了幻想的艺术表现手法，无声的告诉您，如果拥有了 visa，你就可以梦想成真。

幻想情景广告创意表现方法带来了丰富的想像空间，从而使广告趣味盎然。Sminoff 酒的广告是这样描述的：酒吧中一位年轻的女子焦急而紧张地等待自己男友的出现。在男友冲破房门的同时，女子开枪了。子弹向 Sminoff 酒瓶飞去。这时画面开始变化：坐在椅子上开枪的女子变成了躺在床上，而子弹变成了蜜蜂。这时男友破窗而入，救走了女友。紧接着他们从窗户逃走。透过对面窗户的 Sminoff 酒瓶，画面又发生了变化，窗户的逃生变成了船舱的逃生，一个浪打过来，Sminoff 酒瓶开始在船板上滚动。画面再次发生改变，原本葡匐的船板变成了一辆快速行驶的火车底盘，男友打开车底板，把女友拉上来。这时恶势力的头头也找到了他们。透过桌子上 Sminoff 酒瓶，画面变成了他们驾驶着吉普车在荒漠中逃生，而敌人在后面紧追。当他们向一座房子跑去时，透过 Sminoff 酒瓶，男友变成了在小巷子里被汽车追逐的镜头。走投无路的男友，奋力抽开一扇门，这时，透过 Sminoff 酒瓶，男友又回到了原来的酒吧。子弹打碎了酒瓶，但又迅速恢复原来的样子，女子与男友相见。原来一切都只是幻想而已。这则广告典型地展现了 Sminoff 给人带来的奇妙的想像空间。酒瓶的透明一方面是因为影视广告蒙太奇手法的需要，可以使前后的故事更加流畅、连贯；另一方面也表现了 Sminoff 的纯正性，因为上等的伏特加是无色透明的。透明的酒瓶也体现了 Sminoff 在广告创意表现上的特别，增强了受众的记忆度。而在结尾，随着酒瓶的破碎，男女主人公都回到了现实世界中来。通过酒瓶这种外在的东西，强调了 Sminoff 内在的纯正性，并且带给人无限奇妙的想像空间。

13.3　广告创意的表现风格

广告创意的表现风格是广告创意表现方法的整体体现，是按照媒介特点以及审美构成法则创造性地利用和开发新素材、新科技而实现的广告创意表现类型。广告创意表现追求传播者与受众之间符码的沟通，一旦这种沟通成为定势，这种广告创意将成为受众所公认的表现风格。广告创意表现风格的形成就是这种符码的转换过程。广告创意表现风格可以从许多方面归纳，本文介绍广告创意表现的怀旧风格、幽默风格、怪诞风格与浪漫风格。

13.3.1 广告创意的怀旧表现风格

广告创意可以通过挖掘旧因素而呈现出怀旧表现风格。这些旧因素包括：对过去的历史文化遗迹的追忆、对古典艺术极品的赞颂、对故乡难灭的思恋、对逝去的大家庭的温馨回忆、对难以忘怀的朋友情谊的讴歌、对刻骨铭心的母子亲情的倾诉。今天的文化是历史流传下来的文化统一体的延续，怀旧表现风格的广告不是采用简单复古的做法，而是强调不同历史的互渗，有选择、有改造地对待传统文化遗产，对传统做出自己的理解、阐述和重构，选取传统中具有"意味"的部分加以肢解、截取、移植，目的在于找回在理性崇拜的工业社会中失去的历史文脉，使传统重新注入现代精神，以维持传统巨大的生命力和影响。"一股浓香，一缕温情"，南方黑芝麻糊影视广告的整个画面、背景、底色、人物装束打扮和声音的处理上，处处渲染和营造着一种怀旧的氛围。当人们在看这则广告片时，会不知不觉的被吸引到了一个南方小镇，特别是有同样生活经历的人，很容易在内心油然而生对过去生活的怀念和追忆。画中那个可爱的小男孩，吃得满嘴黑糊糊的，还在舔着碗边，馋馋的伸出碗向那位大婶讨吃的样子，会令人想起自己的童年的情境，会心的露出微笑。而小男孩直勾勾的眼神，馋馋的动作，又会刺激受众的味觉，让他们感到香郁滑软的芝麻糊正穿过他们的舌尖、喉咙滑进胃里。人是在经历中成长的，对成长中的回忆有时可能会使人终身难忘。南方黑芝麻糊广告片中舔碗的小孩子宛如自己小时候吃某种喜爱食品时意犹未尽的影子；另外，江南小镇黄昏的静谧和民谣式朴实悠扬的音乐，可能会牵动每个游子的思乡之情；卖芝麻糊的大婶和蔼的笑容和对小男孩的爱怜，可能会让人体会到母性的怜爱和父老乡亲的朴实。最后主题广告语"一股浓香，一缕温暖"，给南方黑芝麻糊营造了一个温馨的氛围，深深的感染了每一个观众。当人们在超市里看到南方黑芝麻糊时，可能就会回忆起那片温情。

13.3.2 广告创意的幽默表现风格

广告创意的幽默表现风格再现了现代社会中大众追求表层感官满足的特性，让作品以一种轻浮、滑稽的风格来嘲弄往日的神圣，埋葬艺术的崇高，战胜道德的正统，通过种种戏谑、调侃的方式来博得社会大众的关注与兴趣。幽默利用"理性的倒错"的特殊手法，通过对美的肯定和对丑的嘲讽两种不同感情的复合及强烈的戏剧性增加了广告创意的趣味性，能有效地调动受众的情绪与兴趣。广告中的形象常被夸张到漫画式的程度，使其具有喜剧性的特征，造成一种充满情趣、引人发笑而又耐人寻味的诙谐幽默的风格。幽默滑稽的广告以生动的情趣、新奇的角度、独到的理解使广告信息能在一种特殊的审美情趣中得以传递,促使接受者直接地领悟到广告所要表达的真实概念,从而产生一种会心一笑的特殊审美效果,极大地提升了广告的被注意值和印象度。

13.3.3 广告创意的怪诞表现风格

为了创造新的刺激和兴奋点,广告不得不以反常的创意表现风格吸引受众,这样,从怪诞文学和恐怖电影等艺术形式中移植过来的怪诞创意风格诞生了。维克多·雨果认为怪诞是一种新型的艺术,其特点是把丑恶引入艺术,使之与优美一样,也成为艺术的表现对象。怪诞是由滑稽可笑和丑陋恐怖两种因素共同融合而成,它在审美中的作用是衬托崇高与优美。怪诞的表现方法是极端的反常化,即将正常事物极端地反常化,是"对立物的合成"和"冲突、抵触、异质事物"的混合体。它包括五种具体的形式:极端陌生化、极端惊悚化、极端丑恶化、极端超现实、极端逆向化。美国西屋公司一则灯泡广告,属于一种极端超现实的广告。一间卧室里,准备睡觉的妻子对正在读报的丈夫说:"快把灯关了!"丈夫随即按下台灯开关,可灯泡竟光亮如处。于是丈夫把插头拔了下来,但灯泡还是亮着。无奈之下,他索性取下灯泡,谁知它照亮不误。这位丈夫只好把灯泡放进木箱里,可它依然闪闪发光。妻子不耐烦地催促丈夫关灯,这位"无能的"丈夫无计可施,只好手持发光的灯泡呆立着……这时,画外音响起:"西屋公司的灯泡较其他灯泡寿命长达几百小时以上。"这则广告近乎荒诞的滑稽剧。但是人们正式从这一"荒诞的滑稽剧"中记住了西屋公司的灯泡。

刘法民在《怪诞—美的现代扩张》(中国社会出版社2000年版)一书中论述了广告艺术中的怪诞,认为怪诞广告通过新奇异怪的创意风格,突出的主题和单一的表现手法,具有吸引注意、衬托商品形象的功能。广告创意的怪诞表现风格就是"取消一切界限,抹平一切差别,填平一切鸿沟,把世界的既在理性之外又在理性之中这一根本内涵呈现出来。"怪诞恐怖形象的突出展示,满足了人类求异求变的心理趋向,这种反常的风格给人一种并不愉悦的滑稽感、厌恶感、恐怖感,犹如置身恐怖电影放映场中,令人不寒而栗。但其具有悖论性质的爆发力,夸张到极致的强烈冲突对比,能让人们以一种全新的眼光看待、认识广告,获得一种清醒的、真实可信的亢奋和乐趣。绿色和平这则广告(见图13-16),是想提醒大家对食物基因改变的警惕性。原来有些饲养的食用鱼被加入人类的基因,令它加速成长和变得更肥大。

图13-16 绿色和平组织的怪诞公益广告

13.3.4 广告创意的浪漫表现风格

广告创意的浪漫表现风格最初来自于意大利的孟菲斯设计集团。"为了反抗长期单调、乏味的国际主义设计风格的垄断,他们认同通俗文化、大众文化、古代文化装饰的立场,本末倒置地处理设计中的关系,让功能服从于形式,设计的中心是形式主义的表现,而不是功能的好坏,有意埋藏艺术的崇高,挑战道德的传统,作个人主义和文化观点的宣泄。这一观念成为后现代平面设计艺术中非常典型的立场和方法,对现代广告的创意风格也产生了很大的影响。麦克卢汉曾说过:"显而易见,浪漫广告和电影偶像一样,是塑造生活方式的东西。"广告作为传播当代消费文化的表现形态,与今天许多文化传媒一样,采用感性取向的策略诉诸于人们的欲望冲动、潜意识等感性心理,意在挑起人们的消费欲望和自然欲望,唤醒人们意识深处无形无知、历久不衰、潜在涌动的生命冲动力,以期推动消费者走向广告所代表的商品品牌和服务。在创造"浪漫艳俗"的创意风格时,"设计家以一种非理性的、淡淡的、随意的自由嬉戏态度对待事物,大量采用各种复杂、色彩鲜艳的图案、纹样、肌理,充满了不切实际的幻想和浪漫的细节,用世俗美感来嘲弄往日的神圣,一直以来在艺术中被放逐的'艳俗'和'恶俗'似乎成了赢得大众青睐的有效手段,满足了当代生活中大众文化追求表层感官满足的特性。"这种"浪漫艳俗"的风格使广告设计表现出种种感性化的征象,如大众性、亲和性、低幼性、平面性、快餐性,一改现代主义广告理性、冷漠、高雅、简洁的风格,显得轻松、流动、活跃,充满了人性化的情趣,令人感到亲切、温馨、柔美、友好,难以抵御它的魅力。"滨湖雅筑"(商品住宅名称)的广告文案就自然地流露出温馨的浪漫表现风格。

湖畔序曲

沉醉,于湖畔的小夜曲

风,吹皱了一池春水

天际,飘起如织细雨

绿柳依依

两三黄雀,和一抹微云

上方山情人般温暖的怀抱里

静谧的石湖像个豆蔻少女

斜阳却在嗔怪

谁弹起了曼陀铃

千年的古塔呵,竟失了凝重

和婀娜的运河一起

舞步渐迷离……

滨湖雅筑的生活,终日

沉醉,于湖畔的小夜曲

第14章 广告媒体战略

在5~10年内,媒体的价值将存在于那些培养用户的公司,而不是那些控制内容的公司。

——Vinod Khosla

在现代广告活动中,尽管"伟大构想"甚少出自于媒体策划者,但媒体策略在广告运动中的作用却十分重要。一方面,广告信息必须借助于广告媒体来发布和传播,媒体是广告信息的载体;另一方面,媒体策略对财务的影响极为深远。通常媒体费用在广告预算中是最大的项目。因此,合理有效地确定广告媒体策略,是广告策划研究的重要课题。本章论述广告媒体的目标战略、广告媒体的到达战略和广告媒体的应用战略(图14-1)。

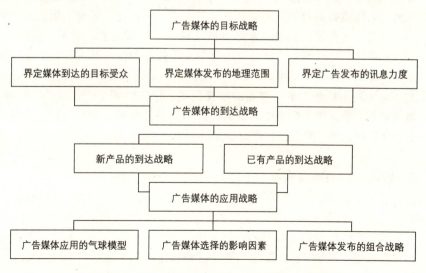

图14-1 广告媒体的目标战略、到达战略与应用战略

14.1 广告媒体的目标战略

媒体目标（Media Objective）确定具体的媒体发布目标：到达的目标受众，发布的地理范围，信息力度或针对目标受众的广告总量。媒体战略的目标最直接的就是要确保达成广告目标，进而最终实现市场营销的目标。

14.1.1 媒体目标的逻辑关系

媒体目标是媒体计划希望实现的目的和完成的任务。媒体目标与品牌战略相关，与营销目标、营销战略直接关联。媒体目标的逻辑关系就是指媒体目标与广告目标、营销目标的逻辑关系。

1. 媒体目标与营销目标、广告目标的联系

媒体目标的制定，也取决于广告运作环节中已经明确的营销目标和广告目标。营销、广告的战略、目标是制定媒体战略、媒体目标的前提。不同的营销战略、营销目标，不同的广告战略、广告目标，要求要有与之相适应的，能满足实现这些战略、目标的媒体战略、媒体目标的支持。从制定战略的方向来说，营销目标、广告目标、媒体目标这三种目标的排列顺序应该是：先有营销目标后有广告目标最后制定媒体目标。从各项目标实现的先后次序来说，这三种目标的顺序则刚好与上述次序相反：先实现媒体目标才能谈到广告目标最后完成营销目标。

2. 媒体目标与营销目标、广告目标的不同

营销目标是以商品的销售和收益、销售量等有形的变动为结果；广告目标是以对象者的态度和意见的变化等心理方面来把握，是无形的。媒体目标是广告目标的延伸和细化。从目标的性质看，媒体目标与广告目标都具有无形的信息传播效果的特征，同属信息传播效果目标范畴。从具体表述看，广告目标经常被描述为：建立知名度、偏好度、美誉度；创造、推动或提高销售；传播企业、产品、品牌形象；树立企业、产品的品牌个性；体现社会效益与经济效益的统一等。而每个媒体策划都有一系列目标，这些目标反映了广告主实施战略行动计划后期望实现的基本目标。通常基本目标关注于广告对象、覆盖的地理范围、广告时间、广告运动持续时间、广告的规模和长度等。因此，媒体目标的量化指标经常被描述为：达到多少的毛评点，确保多少的到达率、有效到达率或暴露频次等。

14.1.2 媒体目标的基本内容

媒体目标设定一般应包括以下内容：人物（目标受众）、何地（位置）、何时（时间框架）、多长时间（耐久力）等，成本也是一个关键的因素。媒体策划、决策人员必须了解实现媒体目标所需要的全部成本、受众的基本状况、完成目标的时间框架等。简要地说，媒体目标主要是由受众目标和信息分布目标（包括媒体范围与信息力度）组成。

1. 界定媒体到达的目标受众

目标受众可以按人口特征、地理、生活方式或消费心态进行划分。一般的媒体调查公司可以提供目标受众的媒体习惯和购买行为方面的详细信息，这些信息不仅可以提供人口统计方面的信息，还可以提供品牌、购买量、购买频率、支付价格以及媒体接触方面的信息，因而可以大大提高媒体选择的准确性。这些信息可以帮助我们可以解决下面这些问题：

（1）目标受众中有多少人尝试过广告主的品牌？
（2）有多少人对品牌保持忠诚？
（3）哪个因素对品牌销售的影响更大？是广告量的增加还是广告文案的变化？
（4）购买广告品牌的消费者还经常购买其他什么产品吗？
（5）哪个电视节目、杂志、报纸在目标受众中到达的人数最多？

2. 界定媒体发布的地理范围

从理论上讲，只要找到与广告主分销系统覆盖的地理区域相吻合的媒体就可以了。当地理市场在某个产品种类或某个品牌上表现出特别强的购买趋势时，媒体策划人员就应该以地理性瞄准（Geo-Targeting）作为媒体发布决策的依据①。例如在东北地区，某种皮装的购买指数比全国的平均消费购买指数高36%。有了这样的信息，媒体策划人员就可以采用地理性瞄准方式购买媒体，以巩固自己的重度使用者群体。但是，在实际运作过程中，确定媒体发布的地理范围并不是那么简单的事，它要受到许多因素的影响，比如还需要对品牌表现、竞争对手活动这类因素加以考虑。

3. 界定广告发布的讯息力度

信息力度（Message Weight）指媒体载体在一次排期中提供的广告信息总数。媒体策划人员之所以关心媒体计划的信息力度，是因为信息力度可以简单明了地指明针对具体市场的广告量大小。信息力度通常用总印象数（Gross Impression，或称接触人次、视听众暴露度）来表示。总印象数指媒体计划中整个媒体投放的露出总次数，或指一个媒体排期计划接触的总人次，它应该跨媒体类别计算，且重叠地计算。

$$总印象数 = 视听总数 \times 视听率 \times 刊播次数 \qquad 14.1$$

信息力度目标只给媒体策划人提供了一个比较宽泛的概念。在具体的媒体计划中还应结合到达率和暴露频次等指标。下表是强调到达率或暴露频次的不同情况。

强调到达率或暴露频次的不同情况　　　　　　　　表 14-1

强调到达率的情况	强调接触频次的情况
新产品	竞争者强大时
扩展中的类别	产品信息复杂时
副品牌	经常购买的产品
竞争力强的品牌的加盟	品牌忠诚度低时

---

① 地理性瞄准指在品牌表现出强劲购买趋势的地区发布广告的做法。

续表

强调到达率的情况	强调接触频次的情况
广泛的目标市场	目标市场狭窄时
不经常购买的产品	消费者对品牌或类别抗拒时

14.1.3　媒体目标的设定原则

媒体目标的设定依据为：营销目标所赋予的传播任务。同时，媒体目标应是具体的、详细的、可测量的，有可能完成的。

1. 营销目标一致性原则

不同的营销目标与广告角色，将使媒体在目标的设定上有所侧重。从营销目标看，既有以消费者为主要目标的营销战略，此时媒体对象将以本品牌消费者为主，优先保证足以让消费者对品牌维持认知与记忆的传送量；也有以争夺竞争品牌消费者为主要目标的营销战略，此时媒体诉求对象除本品牌消费者外，必须兼及竞争品牌消费者，在发布量、行程上与竞争品牌相比较必须具有相对的优势；还有以地区市场扩张为主要目标的营销战略，此时媒体应以保证扩大暴露的地区涵盖面来设定目标。

以竞争为导向的营销战略，将引导媒体目标往竞争优势上设定，包括对象设定、地区暴露、媒体行程以及到达率与接触频率的制定。在传播上若以知名度为主，则在媒体目标设定上偏向广泛地区的高到达率；在传播上若以理解度为主，则目标设定应偏重有效接触率；若以建立品牌形象、支援铺货或促销活动为目的，它们所需的行程与传送量也将有所差异。

某啤酒品牌的营销目标在于品牌建设，并强调竞争与市场份额，广告媒体目标应该为为：提高、加深目标消费群对品牌的认知度和美誉度；让消费者对系列产品清晰区分；配合活动和旺季，刺激需求和消费量；抗衡竞争品牌的广告干扰和渗透。

2. 详尽表述性原则

媒体目标阐述得越详尽，目标越具有指导媒体计划的作用。当目标是"我们需要高到达率和适度频率"时，应当解释一下"高"和"适度"的含义，但并不是直接规定到达所需要的频次。媒体计划应阐明所获得的到达率水平和接触频次水平，这些水平可根据计划者的意愿或高或低，但它们只是可选择的行动，而不是目标。

某广告公司为客户某产品制定的媒体计划中的第一年的媒体目标：

（1）瞄准大家庭，重点是家庭中负责食物采购的人；

（2）将广告主要火力集中在城市地区，这类地区加工食品一般比较好销，新观念也较易被人们接受；

（3）在创牌子期间额外增加广告量，然后保持全年广告印象的持续性；

（4）向与地区性食品销售有关的每个地区传递广告信息，制造影响；

（5）运用那些能巩固文案的战略重点（如：方便、便于准备、口味和实惠）的媒体；

(6) 只有需求与文案大纲的要求相符,才有可能达到最高广告频次。

在该媒体目标的陈述中:清楚地表明谁是目标受众;以准确的词汇指明信息发布目标、信息发布的原因与场所,以及广告发布的时间与频次。这种自上而下的策划,一般采用地理人口划分法来确定自己的目标受众。而采用整合营销传播策划模式的广告主,往往从细分目标受众(按品牌购买行为,如忠实用户、品牌更换者或新生力量)入手,然后根据每一品牌的利润进行排名,用加强或调整顾客的购买行为,或在一定时间内改变消费者对产品的感知这类句子来表述媒体传播的目标。

14.2 广告媒体的到达战略

确定媒体计划的到达战略①是实现媒体目标的重要决策,是广告媒体计划的重要内容。媒体计划的到达战略要求媒体计划者考虑广告在全年中何时应该到达典型的目标受众,同时还要考虑每次广告应该到达哪些目标受众个体。本文分析针对新产品和针对已有品牌的两类媒体到达战略。

14.2.1 新产品媒体到达战略

针对新产品的媒体到达战略包括:闪电战模式、楔子模式、反楔/PI 影响模式及短暂时尚模式。

1. 闪电战模式

当我们引入新产品或服务时,实际上不可能存在广告过度的情况②,只要在资金允许的情况下,理想的模式就是在头一年里运用连续广告的"闪电战",如图 14-2 所示。

图 14-2 广告媒体到达的闪电模式

---

① 到达战略的思想是由业界人士兼研究人员 Ken Longnan 早先提出的。约翰.R 罗西特与拉里.拍西在合著的《广告沟通与促销管理》继承了 Longman 在这个领域的开拓性努力,首次提出了 8 种到达战略的分类,供经理们选择。

② 过度广告只适用于已有产品,而不适用于新产品。参见:D. A. Aaker and J. M. Carman, Are you overadvertising? Journal of Advertising Research, 1982, 22 (4), p57-70。

在闪电战模式中，追求的是100%地到达目标受众，即将整年都认定为广告周期，在整个周期内对相同的个体采用资金所允许的最高频率。闪电战模式不仅使试用比率达到最大化，而且通过使用持续优胜战略也趋于抑制任何竞争对手的广告效果。对于真正的新产品，因为难以精确地定义目标受众，实质上每个人都成了潜在的新产品用户。闪电战模式耗资巨大，但由此产生的首创优势同时也会带来丰厚的回报。

2. 楔子模式

这种模式可能是新产品发布所采用的最常见的模式（图14-3，图中柱条的宽度表示频率，即暴露频次，下同）。"楔子"实际上是指广告花费的模式，它开始时像闪电战那样，之后在持续的引入广告周期内逐渐减少。如使用楔子模式发布的新产品，若在前几个月中会每月购买400个总收视点，而到年底逐渐减至50个左右。但需留意的是，针对目标受众个体的楔子模式并不是楔形的，相反它呈现为连续的广告投放——每个阶段都有着等高的到达，只是频率逐渐降低。

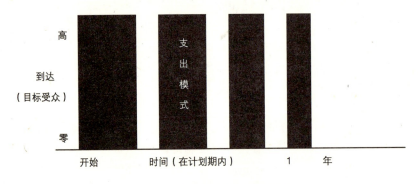

图14-3 广告媒体到达的楔子模式

对于试用风险小的低度介入的产品和服务而言，楔子模式作为一种引入型媒体战略会非常有意义。一开始需要高频率来创造新产品的品牌认知，而且使得潜在试用者了解新产品的益处（信息型）或了解其意欲推广的形象（转变型）。如果一切顺利，大多数试用过的人将会对新产品表示赞成，从而发生品牌转移，变成品牌忠实者，在后期的广告周期中对于这些顾客要维持沟通效果状态所需的频率就要低一些。

3. 反楔模式

和楔子模式一样，"反楔"是指计划阶段的媒体花费，不是表示目标受众接收到的展露。目标受众个体收到的每次广告投放的频率是递增的，而且到达率也维持在100%的目标受众的水平上（图14-4，其中星号表示强调目标受众内的革新者）。

反楔到达模式非常适合于那些具有社会认同的购买动机的产品或服务。这时广告客户愿意将人际影响用做广告的补充，比如口碑。这种观点认为，低的初始广告频率将使产品或服务看上有点"另类"，但之后随着乐观的"个人影响"开始传播，

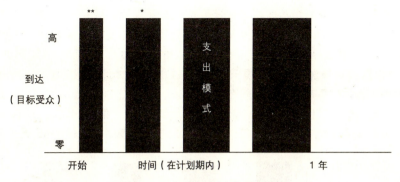

图 14-4　广告媒体到达的反楔模式

此时广告频率的提高，可以帮助劝服越来越多的潜在顾客采纳新产品。

4. 短暂流行模式

有些严格意义上的"流行"产品，其生命周期很短。这样的产品在流行时会不止购买一次，例如廉价的时髦服饰或新玩具。短暂流行模式（图 14-5）类似于一个短的闪电战模式。在流行产品生命周期的导入阶段，你必须尽早获得收益，这时就需要广泛的到达和高暴露频次；然后，在生命周期的成长阶段，广泛的到达和高暴露频次必须被保持，以获取准备采用流行产品中的大多数人，尽管对大多数流行产品来说这一阶段的持续时间并不长。

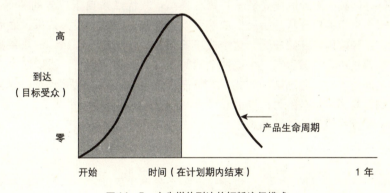

图 14-5　广告媒体到达的短暂流行模式

适合短暂流行模式的产品包括：新电影、新的减肥节目、儿童玩具和游戏等。这个模式在工业市场不太合适。

14.2.2　已有产品的到达战略

已有产品和服务的媒体到达战略包括：规律型购买周期模式、了解模式、移动到达模式和季节性引动模式。

1. 规律型购买周期模式

许多产品或服务的购买周期是有规律且相对较短的,即在一年中,消费者购买该产品或服务的"时间间隔"是可预测的。大部分通过超市、杂货店、便利店销售的快速更新的消费品(Fast-moving Consumer Goods),都有一个规则的购买周期①,许多服务(像洗店和健身俱乐部)也是如此。媒体计划制定者可以用适合于产品购买周期的广告周期来取代一般在媒体计划中使用的标准广告周期②。在规律型购买周期模式图形中(图14-6),显示了一个大约45天的购买周期③。广告被安排在每个相继的购买周期中,因此,每个45天的广告周期都紧接着一个45天的间隔期。

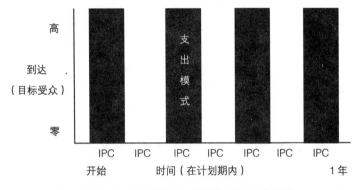

图14-6 广告媒体到达的规律型购买周期模式

规律型购买周期到达模式是一种跨栏模型。其优点来自于广告的"滞后作用"现象:一个特定的广告从开始后很快就可以达到促进购买的最大效果,之后即使广告持续,这种效果也开始减退。这个战略就是在广告还在起作用,但效果减退还未产生之前停止广告,然后在一个或两个购买周期之后再运行它,所以这个广告看起来还像是新的一样。通过这种方式,即使在广告不持续的情况下也可以保持一个持续水平的销售额。这是因为在停止或"间隔"的购买周期中,因为有广告延期效果,加上目标受众在最近购买该品牌过程中产生的购买强化,销售额比率依然可以维持在一定范围内。

2. 认知模式

认知到达模式(图14-7)应用于有一个长购买周期和一段长决定时间的消费品(长时间的假期旅行、新汽车及其他奢侈品消费项目)及工业品或服务(公司建

---

① 从尼尔森调查公司得来的有关数据显示,美国家庭用品的购买平均水平是:人造黄油19天/次,卫生纸20天/次,金枪鱼31天/次,花生酱48天/次,调味番茄酱50天/次,K. Helsen and D. C. Schmittlein, How does a product market's typical price promotion pattern affect timing of household's purchases? An empirical study using UPC scanner data, Journal of Retailink, 1992, 68 (3), pp. 316-338。

② 即使目标消费者的购买周期在持续的时间上相等,但也不代表每个消费者的购买都在同时开始,又同时结束。所以在平均购买周期的基础上设置暴露频次,将易于对每个人都产生合适的广告暴露频次比率。

③ IPC为一个购买周期。

立一个新的计算机系统、采用全面质量管理或者雇佣一个顾问协助建立顾客数据库等)。这些产品或服务并不是经常被购买的,有些甚至一年一次或者几年才买一次。而且在购买之前还要经过很长一段时间"思考"。因为营销者无法预期潜在顾客究竟何时做购买决策,因此"认知"模式战略就是使所有潜在目标客户"认知"① 这个品牌。

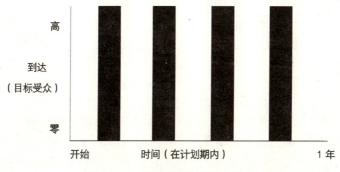

图 14-7 广告媒体到达的认知模式

认知到达战略需要很高的到达率,基本上要求达到所有的潜在目标客户,但是每一个广告周期的暴露频次相对较低,同时广告周期性进行的时间间隔很长。每个广告周期都必须控制在充分广告刊播的最低暴露频次水平,以保持较高的"认知"延期效果。如果这种"认知"把品牌回忆或转变型品牌态度作为沟通目标,那么它就会对竞争性广告高度敏感,即该品牌广告声音所占的这一类产品品牌广告声音的份额具有很高的敏感度。

3. 转移达到率模式

转移到达率模式适合有较长的购买周期但做购买决策时间较短的产品或服务(家庭用具替代品、办公场所的重新装修等)。这些购买活动,消费者或企业往往会拖延,直到出现一个紧急突发的需要,促使他们行动,或者这类购买计划刚好被暴露在一则与最近的需要相关的、具有说服力的、有助于问题解决的广告之中。对于这类产品或服务,广告主希望广告能出现在目标对象需要产生的任何时候,而且希望目标对象能接触到广告;但广告主却负担不起在任何时候对每个目标对象都提供广告暴露。此外,目标对象一旦购买了这类产品或服务,在此后很长一段时间内就成为非目标对象。这就是改变媒体到达率的动机。转移到达率模式总是有规律地变换目标对象(图 14-8)。这类媒体计划通过从一个群体向另一个群体的转移,依次扫描 100% 的目标对象,企图说服不同时刻存在市场中的不同群体的每个成员。如图 14-8 表示的 8 个周期,每个周期的到达率大约是 12%,重新开始下一轮之前,8 个周期的到达率之和大约是 100%。

转移到达率模式是闪电战模式与认知模式合理的折衷。在转移到达率模式中,

---

① "认知"是指潜在顾客拥有品牌认知和赞成型品牌态度。

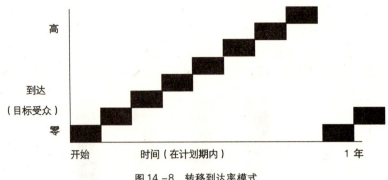

图 14-8 转移到达率模式

要决定的最主要的参数值是确定广告周期的最短值,但这个最短的广告周期必须对到达的目标群体提供最低的有效暴露频次。转移到达率模式的执行是通过将一个广告周期内的广告集中在一小部分媒体载体上,然后在下一个广告周期中将转移到与前面没有重叠的另一小部分载体上,以次类推。例如,第一个周期的广告可能集中在早晨的电视节目中,然后第二个周期集中在中午时段的连续剧中,第三个周期集中在傍晚时段,跳过特级时段,最后一个周期集中在深夜时段。在不同的时间带之间视听众的重叠是非常小的,这样,通过每一个广告周期,将到达率不断地转移到新的目标视听众身上,就实现了转移到达率模式。另外,转移到达率模式也是应用于直效广告的理想模式。因为直效广告,尤其是短距离的直效广告,目的大多是立即促进销售,一般情况下,这类购买也表现出较长的购买周期和快速的购买决定的特征。

4. 季节性发动模式

季节性发动模式适用于在销售额上有一个或几个较大的季节性高峰特征的产品和服务(图 14-9)。低购买风险的产品通常都有明显的季节性,如月饼、防晒产品、户外烧烤用的调味品等。高购买风险的产品或服务包括滑雪装备、税务咨询服务等。

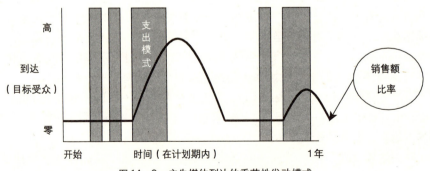

图 14-9 广告媒体到达的季节性发动模式

季节性发动到达模式的投放,是在季节性高峰发展之前的一个月或两个月内,发动两三个系列的高到达率低暴露频次的广告运动。季节性高峰前的广告将为季节性高峰期广告作好准备工作,使消费者向有效暴露频次水平移动,而这正是高峰期品牌所需要的。当然,这些较早发动的广告,到达的是还处在低特定类别需要状态的人,所以它不可能卖出产品。它所能做的是在没有竞争干扰的时候建立品牌认知。不过,大部分其他的竞争者也会采用相同的媒体战略,所以在高峰期,会有许多相互竞争的广告出现。

14.3 广告媒体的应用战略

14.3.1 媒体气球模型

广告媒体计划必须有效处理三个基本参数的关系:到达率、频率(暴露频次)和年度广告周期数。图14-10展示了它们之间的关系,我们将之比喻为"媒体气球"。

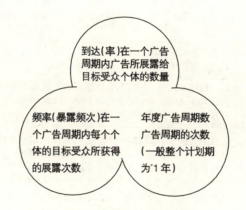

图14-10 媒体计划的气球模型

在气球体积固定大小(即固定媒体预算)的时候,管理者要扩大其中的一个气球,就必须挤压"媒体气球"的其他两个部分中的一个或两个(如通过减少达到率或暴露频次来增加广告周期数)。但如果管理者能将气球充大到任何想要的尺寸(即媒体预算不受限制),那么在扩大其中的一个气球的同时,其他两个部分都可以被扩大,在这种情况下,管理者就能够做出理想的媒体计划。然而,现实的情况是"媒体气球"将有一个固定的尺寸,这个尺寸要受到广告活动中媒体预算的限制。预算的限制使媒体气球三个部分之间的平衡和协调成为必要。因此,在媒体计划中我们必须做好三个基础参数相互之间的平衡和协调。到达率、暴露频次、年度广告周期数这三个媒体基础参数之间相互影响,构成了一个三维博弈的关系。其中,有效暴露频次是其影响的关键因素,表14-2解释了媒体计划的主要参数。

媒体计划的主要参数　　　　　　　　　　　表 14－2

术语	定　义
到达 (Reach)	一个广告周期中，广告展露给目标受众个体的数量。如果可以清楚地确定目标受众个体的基数，那么到达和有效到达则可以用百分比来表示，即我们常说的到达率
有效到达 (Effective Reach)	一个广告周期中以有效频率水平到达目标受众个体的人数
个体连续性 (Individual Continuity)	在计划阶段内贯穿几个连续广告周期的、针对典型目标受众个体的展露时间分布
时机选择 (Timing)	选择媒体，以使广告尽可能地靠近目标受众个体的类别需求或决策点的短期个体连续性战略
频率 (Frequency)	一个广告周期中，每个个体目标受众成员所收到的展露次数
有效频率 (Effective Frequency)	一个广告周期中，能使目标受众最大化采取行动的展露次数。有效频率一般被表述为最低有效频率（MEF），其上限则被称为最高有效频率（MaxEF），超过这个最高有效频率的展露反而会使顾客的行动减少
暴露 (Exposure)	在以知或预计目标受众会看见、听见或读到的一个媒体上做广告；与看见机会（OTS）相同。暴露使目标受众注意到广告的机会，而不是指实际的关注
暴露分布 (Exposure Distribution)	一个广告周期中的频率分布，表述为到达比例；由于包括了未到达的情况，因此比例频率合计达目标受众的 100%
优胜 (Dominance)	是一种频率战略，按照这个战略所确定的最低有效频率高于最大的或主要竞争对手（LC, the largest or leading competitor）所使用的频率（在最低有效频率的公式里被称为 LC＋1）
广告周期 (Advertising Cycle)	广告期间的一个广告的投入。它的两个极端是连续型时间安排和间断型时间安排，在前者中有一个与整个广告时间等长的长广告周期，而后者中，广告周期可以短至 1 天甚至 1 小时
购买周期 (Purchase Cycle)	一般目标受众成员的类别购买之间的平均时间长度，也称为购买之间的间隔
总视听点 (GRPs)	又称"权重"、"总视听率"。一项媒体安排的总收视点是一个广告周期内每次插入的广告的到达比例之和。总视听点为 1，意味着插入的广告到达了 1% 的目标受众，以次类推。它适用于所有的广告和媒体，而且普遍地拥有相同的定义
有效收视点 (ERPs)	是以展露分面为基础的有效收视点，仅计算有效频率水平到达的比例。因此它是对"总有效收视点"的一个估计值，而且它也是用百分比表示的有效到达
看见机会（OTS）	看见（或听见）广告的机会。它可以用做单数或者复数。单数时，看见机会与一次"展露"相同；复数时，看见机会与频率相同

14.3.2　媒体选择因素

　　广告媒体计划的媒体选择就是明确媒体战略中对媒体类别和媒体的选择。通过媒体的"质"的分析判断，媒体策划人员可以明了媒体在说服力方面的效果，以便决定采用哪些媒体类别和媒体；而通过媒体的"量"的分析（即媒体的接触人口，指覆盖面的广度),通过计算和判断,媒体策划人员可以决定真正要使用的媒体类别和媒体。再结合媒体选择的其他判断因素,媒体策划人员可以确定具体的适应广告战役的媒体。

1. 媒体选择的质的考量

所谓媒体的质,指的是不能根据统计加以量化,但实际影响媒体投资效果的因素。媒体的质强调媒体说服的深度和效果。媒体的质化评估强调的是个别品牌及活动,因而媒体所能提供的价值在评估项目上会因为个性差异较高、主观性较强而出现不同的结论。一般说来,评估的主要项目有:

(1) 接触关注度。受众较为关注地接触媒体时,广告的效果会比他们漫不经心地接触媒体时更高。

(2) 干扰度。指受众在接触媒体时受广告干扰的程度。广告所占媒体时间或版面的比例越高,表示受众受到的干扰越高,广告效果越低。

(3) 编辑环境。指媒体所提供的编辑内容对品牌及广告创意是否适合及适合的程度。媒体本身的形象以及地位和素质常被用来说明、评估该指标。

(4) 广告环境。指媒体承载所有信息后所呈现出的媒体环境。它与干扰度不同,干扰度是通过计算媒体内广告的量来衡量,而广告环境则指媒体内广告的质。

(5) 相关性。指产品类别或创意内容与媒体主题的相关性。如果受众对于该类型内容的媒体有较高的兴趣,他们便会选择接触该媒体,据此线索,品牌便可以接触到对本品类或创意有兴趣的受众群体。

2. 媒体选择的量的考量

对媒体进行量的评估,可以在三个层面上展开:受众、区域、媒体。首先,我们可以从受众的角度,了解对象阶层在各区域内对各媒体的接触状况及各媒体的受众构成;其次,我们可以从区域的角度,了解各区域中各媒体的受众构成,及各对象阶层的媒体接触状况,并可以由此提供当地媒体市场的状况;再次,我们可以从媒体的角度,了解该媒体在各区域的受众构成,及对象阶层在各地区的接触状况。对媒体进行量的评估,其主要指标有:

媒体选择的量化评估指标 表14-3

媒体量的评估指标	具体内容
收视率	指暴露于一个特定电视节目中的人口数占拥有电视人口总数的比率
收视人口	指暴露于某一特定节目的人口数
开机率	指所有电视户或人口中,在特定时间段内暴露于任何频道的家庭或人口的集合
对象收视率	指在确定的商品的对象消费群中,暴露于某个特定电视节目的人口数占所有对象消费群人口的比率
观众组合	指一个电视节目的各阶层观众占该节目所有观众的比率
发行量	指刊物发行到读者手上的份数,包括订阅发行量、零售发行量、赠阅发行量
阅读人口	指固定时间内阅读特定刊物的人数

续表

媒体量的评估指标	具体内容
阅读率	指在固定时间内阅读特定刊物的人口占总人口的比率
对象阅读人口	指固定时间内,对象阶层阅读特定刊物的人数
阅读人口特性	指每份刊物阅读人口的统计变量结构,包括性别、年龄、教育程度、职业、收入等
刊物地区分布	指跨地区发行的刊物在不同区域内由于不同的媒体接触而形成的在地区分布上的差异
媒体角度	指户外载具本身的形式及大小,即载具本身被注意的能力。在评估上可以从高度、尺寸、能见度、材质及露出时间等项目上进行检测
户外载具受众量	指设定目标对象在活动路线上可能接触到的户外广告的地缘位置价值,即户外载具可能接触目标消费者的数量
千人成本	指针对不同节目,广告每接触1000人所需花费的金额。目标市场千人成本①是更有价值的一个指标
收视点成本	指针对不同节目,每购买1个收视率(点)所需花费的金额算时,可用节目广告单价除以节目收视率,又称单位收视成本

3. 媒体选择的其他考量

影响媒体选择的判断因素是复杂多变的,但是根据经验,以下几种因素是在了解了媒体的质和量后,选择媒体时应该考虑的问题:

(1)品类卷入度。对于卷入度较低的品类来说,由于消费者对品类不关心,会连带他们对该品类广告的注意力相对较低。如果广告安排在低强制性的媒体上,将因为消费者对信息接收的主动过滤而使广告效果大为降低。而对卷入度高的商品,消费者作出购买决策所需的时间也较长,消费形态偏向慎虑型购买,因此消费者通常会主动寻找和收集商品信息,消费者所需的信息量较大,因此媒体类别以印刷媒体为宜。

(2)品类相关性。媒体内容与商品品类的相关性越高,在广告讯息传播上越具有价值。例如书籍广告刊登在杂志媒体上,因受众本身具有较强的阅读能力,因此接受广告诉求的可能性也较大。同样,书籍广告如果出现在以介绍新书为内容的电视栏目中,观众对书籍的购买兴趣也较高,销售机会较大。

(3)广告创意形式。各种媒体本身传播声音与画面的能力不同,使不同媒体类别承载广告创意的能力不同,因此对各类广告活动的价值也会有不同的限制。以表现色彩为主的彩妆化妆品就不宜使用无彩色画面承载能力的报纸广告媒体。

---

① 广告主通常可以从媒体那里获得有关广告成本、总印象数和目标受众规模的信息,另外还可以通过媒体调查机构,如央视-索福瑞或A.C.尼尔森公司等,获得详细的受众信息,以进行目标市场千人成本的分析。

（4）品牌形象。媒体的编辑环境、广告环境与品牌形象和个性的契合度，也将影响广告的效果。编辑或广告环境与品牌形象、个性相辅相成或相容的，对广告说服力具有加倍时效果。例如，温馨的家庭剧适合形象传统的品牌，介绍科技新知识的媒体载具则适合以创新为形象的品牌。

（5）消费者习惯。消费者习惯与媒体选择的关系在于购买行为与媒体接触时空的关联上。除根据消费者媒体接触时间来选择媒体外，媒体策划人员还可以采取"跟随环绕"的媒体选择战略，即随着消费者生活空间的媒体接触安排各类型媒体，以跟随的方式随时进行说服。

（6）竞争态势。指面对竞争采取的应对战略。媒体策划人员根据评估本品牌和竞争品牌在市场上的竞争态势，确定本品牌的营销战略是采取积极进攻，还是采取保守维持；相应的媒体选择也应该采用全类型媒体广泛覆盖，与竞争品牌直接对抗，或选择某类媒体强化投放量，以使本品牌占有相对优势。

14.3.3 媒体组合战略

媒体组合，即在同一时期内运用各种媒体发布同一广告目标指导下的各类广告，以期增加广告传播的广度和深度，提高广告传播的力度，从而产生立体传播效果。媒体策划人员可以采用两种媒体组合方式：集中式媒体组合和分散式媒体组合。

1. 集中式媒体组合

集中式媒体组合（一元型媒体组合）将全部媒体发布费用集中投入于一种媒体，这种做法可以使广告主对特定的细分受众产生巨大的影响。集中式媒体组合具有以下优点：

（1）可以让广告主在某一种媒体中占有绝对优势；

（2）可以提高品牌的熟知度，尤其在接触媒体种类较少的目标受众中提高品牌的熟知度；

（3）只在非常显眼的媒体——如黄金时段的电视节目或一流杂志的大型广告版面——中发布广告，促使流通渠道产生热情，形成品牌忠诚；

（4）对于采用高度集中式媒体亮相的品牌，分销商和零售商可能在库存或店内陈列方面给予照顾；

（5）集中的媒体费可以使广告主获得媒体的可观折扣。

2. 分散式媒体组合

分散式媒体组合（多元型媒体组合）利用多种媒体到达目标受众。借助不同媒体的组合，广告主可以针对相同（或不同）的目标受众发布不同的信息，从而实现广告传播的延伸效应、重复效应与互补效应。多媒体协同宣传并不是对各种广告媒体的随意凑合，而应当根据各种媒体的功能、覆盖面、表现力等方面的特征，从广告宣传的目标和任务出发，对它们进行有机的组合，使其能产生出综合立体效应，表14-4说明了各种媒体组合形式。

媒体组合形式　　　　　　　　　　　表14-4

媒体种类组合	视觉媒体与听觉媒体的组合	视觉媒体表现丰富，听觉媒体可以给人以丰富的想像
	瞬间媒体与长效媒体的组合	瞬间媒体（电子媒体）需要与有保留价值的长效媒体（印刷媒体）组合，才能使广告信息既能吸引受众，又便于查阅
	大众媒体与促销媒体的组合	能作到"点""面"结合，起到直接促销的效果
媒体载体组合	全国性载体与区域性载体的组合	全国性载体做品牌，区域性载体做促销，通过更接近消费者的广告形式，扩大市场占有率并提升销售量
	区域间载体的组合	在一省内部或相邻相近省份以及部分省、省会之间的广告载体组合，强调重点区域的作用，可以在重点区域取得理想效果
媒体单元组合	电子媒体单元的组合	时段的组合、栏目的组合、时间长度的组合等
	印刷媒体单元的组合	版面与版位的组合
媒体覆盖组合	全面覆盖	覆盖整个目标市场，选择覆盖面广、观众数量多的媒体组合
	重点覆盖	选择销售潜力大的市场重点覆盖，能节省广告费
	渐次覆盖	对几个不同地区分阶段逐一覆盖
	季节覆盖	主要针对某些季节性强的产品
	特殊覆盖	在特定的环境条件下，对某一地区或某特定的消费群体有针对性地进行覆盖，常如撇脂战略

14.3.4　媒体排期战略

广告以什么样的频率和进度推出，要依据人们的记忆曲线来进行设计。媒体排期有三种形式：连续式、起伏式和脉冲式（图14-11）。

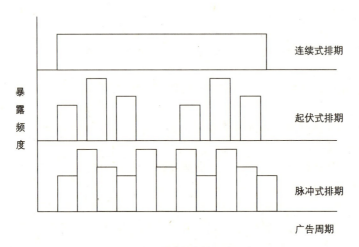

图14-11　媒体排期的三种形式

连续式排期指在一段时间内集中投放广告的形式。起伏式排期是在一段时间内大量投放广告，然后在一段时间内停止全部广告，然后又在下一段时间内大量投放广告。脉冲式排期就是将连续式排期技巧和起伏式排期技巧结合到一起的一种媒体排期战略。广告主在连续一段时间内投放广告,但在其中的某些阶段加大投放量。三种排期模式的特性见表14-5。

三种排期模式的特性　　　　　　　　　　　　　　表 14-5

排期模式	优点	缺点	适用类型
持续式	广告持续地出现在消费者面前； 不断累积广告效果,防止广告记忆度下； 排期涵盖整个购买周期	在预算不足的情况下采取持续性暴露,可能削弱冲击力； 竞争品牌容易采用较大暴露量的方式切入攻击； 无法应品牌的季节性需要而调整暴露	竞争较缓的品类； 高卷入度品类； 购买周期较长,或周期不固定的品类； 消费季节性明显的品类； 预算受到较大限制的品牌； 促销广告活动
起伏式	可以根据竞争需要调整最有利的暴露时机； 可以配合铺货排期及其他传播活动排期； 可以集中火力,获得较大的有效到达率； 可以得到较大媒体购买折扣	广告空档过长,可能使广告记忆度跌至谷底,增加再认识的难度； 竞争品牌可能以前置方式切入广告空档	竞争剧烈的品类； 卷入度较低的品类； 购买周期较短,且周期明显的品类； 消费季节性明显的品类； 预算受到较大限制的品牌； 促销广告活动
脉动式	持续累积广告效果； 可以依品牌需要,加强在重点期间暴露的强度	必须耗费较大的预算	全年销售比较稳定,且又有季节性需求的产品,如服装

第15章 整合营销传播工具

今天,许多公司和企业已经越来越倾向于整合营销。整合营销传播使顾客与公众对于一个企业的重要意义趋向一致化,它把责任放到了某个人的手中——一个以前从未有过的某个人手中——以统一一个通过各种企业行为产生的企业形象。

——菲利普·科特勒

整合营销传播就是营销者使用各种传播工具与消费者对话,致力于让消费者对品牌有连贯的和全面的了解,有助于在品牌和消费者之间建立起长期关系,强化消费者对品牌的忠诚度。本章集中探讨整合营销传播战略的主要工具手段,具体来说包括促销、直接营销、公共关系、事件营销、特许经营和赞助等工具(图15-1)。这些手段连同广告,都属于营销组合中的"推广(Promotion)"活动。欲使整合营销传播获得成功,所有的手段必须为共同的目标协同工作,以实现企业目标和营销目标。近年来,越来越多的大型广告代理公司建立或扩大了整合营销传播部门,以满足市场客户对这方面专业服务不断增长的需求。

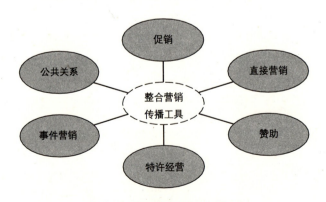

图15-1 整合营销传播的主要工具

15.1 整合营销传播的促销工具

促销（Sales Promotion）是指利用降价手段或者赠送附加值回馈的办法，对消费者的消费行为产生直接的影响，达成额外的，通常是近期的销售增长。尽管传统上把促销看作是营销计划中的一种急功近利的做法①，但我们不应该低估其在战略上的重要意义。除了推售产品以外，消费促销可以直接与消费者接触，这是其他营销传播手段所不能比的。

15.1.1 促销工具的类型

通常情况，促销要考虑两个对象：消费者和行业，因此促销可分为消费促销与行业促销。消费促销（Consumer Promotions）是利用较低的售价或者其他优惠待遇，鼓励人们到商店购物，通过刺激消费需求，来拉动销售，因而也称作拉动策略（Pull Strategy）；而行业促销（Trade Promotions）则是向零售商或分销商提供优惠激励，如额外的折扣和优惠，鼓励他们从厂家更多地进货，因而称作推动策略（Push Strategy）。表15-1列举了消费促教与行业促销的主要形式。

促销工具　　　　　　　　　　　　　　　表15-1

消费促销	店内横幅	展示品牌名称或销售信息的横幅，鼓励顾客购买
	附赠包装	更大包装或者双份包装
	优惠券	购买商品时可以获得减价
	试用样品	提供给顾客免费试用的小包装货品
	货架走道两侧和两端的货品展示	促销期内在上述部位布置的特别展示
	包装内/包装外附赠的优惠券	包装内或者包装标签上的优惠券，可供下次购物时使用
	减价标签	现在购买可以获得减价折扣的说明标签
	退款	在符合商家承诺的情况下，向退货的顾客退还购物款
	货架发券机	安置在货架上，自动向顾客发放优惠券
	连带促销	某一促销活动覆盖若干种商品，有时甚至是不同公司的商品

---

① 20世纪80年代初期，由于经济萧条，许多公司削减了传统媒体广告费，而把大部分的经费投在消费促销活动中，依靠促销工具来刺激销售，也使消费者渐渐形成只在产品降价时购买的习惯。经济形势转好之后，许多公司发现他们已经陷入了需用促销手段来提高近期销售额的循环，而且周而复始越陷越深。

续表

行业促销	再购让利	根据头一次的购买量，生产厂商对零售商再次购买该种商品给予让利折扣
	现金返还	根据购买总量给予的现金折扣
	合作广告	生产厂商帮助支付的广告
	销售补贴	生产厂商根据实际销售量而非订货量所提供的补贴
	经销商列名	生产厂商把经销商或者零售商的信息刊登在自己的广告上
	展示补贴	生产厂商为销售店内的特殊布置陈设支付的费用
	专题广告补贴	为零售商自己打广告刊登生产厂商的品牌产品而支付的补贴费用
	确认活动	鼓励经销人员的奖项或奖励
	货位补贴	零售商为厂家产品预留销售货位的费用补贴
	个人单件销售回报	这是直接给予推售厂商产品的经销人员个人的奖励

15.1.2 促销工具的优点

采用促销手段有三大好处：短期销售增长，效果直接可测以及品牌转换和尝试。

1. 短期销售增长

商品降价，会促使消费者立刻购买。这样，销售就会因此而增长，至少是短期的增长。对于确定了短期销售目标的产品和公司来说，这种做法非常重要。这样做当然也会带来问题，即陷入周而复始的降价循环之中，以致产品必须依靠促销才能实现销售指标。

2. 效果直接可测

广告对销售的影响通常是难以测量的，而促销则不同。它的效果可以相当直接和容易地测量出来。如果宝洁公司在星期天的报纸上刊登了多芬（Dove）香皂的降价优惠赠券，几天或者几周之内就可以知道该产品的销售额是否上升了；清点顾客使用的赠券，就可以准确地知道促销的效果了。

3. 品牌转换和尝试

尽管大多数消费者会购买他们经常使用、熟悉并满意的货品，但在超市有 2/3 以上的购买活动是现场临时决定的。因此，促销是劝说人们使用别的品牌的同类产品，或者尝试新产品的一种工具。商家提供的促销优惠，可以通过价格上的诱惑或其他"额外"优待，来减轻消费者的冒险压力，并使他们在试用新产品时获得某种补偿。

15.1.3 促销工具的缺点

促销工具的缺点在于只有短期效果，稀释品牌价值以及单位利润下降。

1. 只有短期效果

促销在短期内提升销售量，但它的影响通常是短暂的。一旦优惠券过期或者让利有效期终结，消费者和零售商也就停止购买有关的产品了。这样有可能导致一种恶性的循环，即产品必须依赖促销才能卖出，促销结束，则销量下滑，迫使商家想出别的促销手段来推动销售。

2. 稀释品牌价值

如果某一品牌频繁地降价促销，消费者就会在心目中对它产生一种不好的印象。人们慢慢地就会认定该品牌不值它原定的全价。同时，品牌稀释还造成商家的广告宣传大打折扣；因为做广告是为了树立形象，促使消费者相信他们为该品牌付出的钱是值得的。

3. 单位利润下降

顾客用优惠券购买商品，生产厂家的获利水平就要比全价销售时低。所以，虽然促销能够在短期内抬升销量（可能增加短期利润）；但从长远来看，公司也许是亏本的。消费者囤积了一定数量的产品，就可能几周或几个月内都无需去市场，这意味着商家失去了接触这些潜在顾客的机会。这种现象在行业促销中，就叫提前购买（Forward Buying）①。

15.2 整合营销传播的直接营销工具

直接营销是最早启用的商业传播工具之一②。直接营销（Direct Marketing）是一个相互作用的营销系统，是销售与促销的结合，它运用一种或多种广告媒体以实现一种可测量的反应或在任意地点的交易。其主要目的是，通过和销售对象或称预期消费者（Prospect）一对一式的人际交流来实现销售。

15.2.1 直接营销工具的类型

直接营销通常有三种工具：邮寄、电话和面访。这里我们主要讨论邮寄、电话以及基于数据库的直接营销工具。

1. 直接邮寄

一些批评人士称，有些直接邮件简直就是垃圾邮件，但消费者对它的整体反映还是肯定多于否定。直接邮件成功的原因之一是它将相关信息直接传给感兴趣的消费者。而这些消费者的姓名是从电话簿、信用卡购物记录、各州驾照登记表和产品保修回执卡中挑选出来的。直接邮寄的覆盖范围比较广泛，本地广告商可以向某一邮局管辖下的所有地址，邮寄发放赠券和优惠卡。直接邮寄工具成功的关键在于所使用的邮寄名单。邮寄名单的好坏取决于上面所列客户的"质量"，或者回复客户人数在名单总数中所占的比例。邮寄名单必须经常使用，并且需要定期更新，以减少不准确性。

---

① 零售商或经销商可能会购买大量的促销产品，储存起来，待促销结束后提价，以获取更多利润。
② 早期走家串户兜售"富勒刷"（Fuller Brush）产品和《大不列颠百科全书》的销售人员，使用的就是直接营销工具。

2. 电话直销

电话直接营销（Telemarketing）指通过打电话和消费者直接交流的工具，来销售产品或服务。这种直销包括两种类别：对外电话直销和对内电话直销。对外电话直销（Outbound Telemarketing）是公司直接给消费者打电话，鼓动他们转换电话服务公司，或者申领的信用卡，或者订阅报纸。对内电话直销（Inbound Telemarketing）指消费者拨打免费服务电话或者 900 电话号码[①]，向公司咨询或者购买产品服务。71% 的美国人声称使用过免费号码来获取信息；而 55% 的人通过拨打免费电话，来订过产品或购买过产品。电话购物的消费者大都比较富裕，他们中间 70% 的家庭收入在 4 万美元以上。提供免费电话信息的工具也越来越多，比如通过报纸、杂志、电视和电话簿，以及宣传单和小册子。

3. 数据库营销

数据库营销（Database Marketing）指收集电脑记录，包括系统搜集和经常更新有关个人和家庭的统计资料和财务信息；然后，利用这些信息记录，来开展针对个人需要的营销活动。数据库信息的建立，可以依据信用卡信息或人口普查资料，也可以依据超市和其他商店里的收款扫描器收集的数据。数据库营销的难点是要将各类信息整合成为一种便于使用的形式。数据库在零售业中的应用非常普遍。顾客使用商店发出的购物卡，店家就不仅知道消费者自身的情况，还可以准确地记录下他的购物历史。通过这种工具，对不同的消费者进行针对性宣传。要把作为整合营销传播工具之一的数据库营销活动持续地开展下去，需要转变观念；也就是说，要从只重短期的技术性效果，转到建立长期的战略性思维上来。因为构建一个数据库至少需要 2~4 年的时间，而且花费很高，需要一个较长的时间才能收回成本。

15.2.2 直接营销工具的优点

直接营销的最主要好处是，它是一种个性化的传播，可以测量反应，可以构建数据库，以及获知消费者反馈。

1. 个性化传播

直接营销是和每一个消费者单独进行直接交流，而不是像广告那样面对成千上万的消费者。如果对象选得准，直接营销可以提供非常个性化的产品信息，说服消费者马上采取行动。以前，直接营销通过邮寄工具进行，现在万维网提供了相近的功能，可向每一位电脑用户分别发出独特的信件。每个人都喜欢受到重视，不愿意淹没在人群中间，而直接营销恰巧提供了一种与消费者进行个性化交流的有效途径。

2. 可测量反应

由于信息是传给某一个特定的个人，此人接收后是否有反应，就很容易测量出来。这一优点是大多数广告和促销手段办不到的。广告可以促进销售，但是我们并不知道确切的结果。同样，促销效果也可测量，但这不是就个人而言。一旦了解有

[①] 是顾客付费的电话形式。

多少人对直接营销作出反应，商家就可以制定后续对策，也比较容易预测需求量和销售结果。

3. 构建数据库

公司把对其优惠活动作出反应者的姓名收集起来，就可获得关于它的消费者的宝贵信息。公司从中可以了解到还有哪些人士没有作出反应，分析原因，以及采取后续对策。根据消费作出反应的工具和频率，可以将消费者分类，从而更精准地修改信息迎合消费者。

4. 了解消费者反馈

直接营销除了有助于收集消费者和销售趋势的信息以外，还可以帮助公司收集消费者的反馈意见，以便改进产品和服务。总部设在亚特兰大的美国南方银行（BankSouth）采用直接邮寄工具，邀请1500名客户分组参加有关该银行业务和客户满意度问题的小型讨论会。结果发现，消费者对银行的营业时间和营业网点数量有限不满意；于是，南方银行着手在超市等其他地点增设支行，并延长营业时间。现在，这些新建网点和延长营业时间所带来的业务量，占到该银行业务总量的1/3。

15.2.3 直接营销工具的缺点

直接营销工具的主要缺点是绝对成本高，消费者回避，以及接触面小。

1. 绝对成本高

直接营销是个性化传播，所以它的信息必须直接传递到每家每户，甚至是家中的某一个人。因此，它传递信息的费用，要比广告昂贵。直接营销传播要求列出邮寄对象，而就不同的接收对象来说，收集或购买这类对象名单的费用也比较可观，或者可能更加昂贵。

2、消费者回避

直接营销是根据人们的反应和接受情况，对印刷传播的内容做更仔细的调整。因为，消费者会主动滤掉他们不相信或与他们无关的信息，比如删掉垃圾邮件，挂断电话或者在看到电视广告时转换频道。如果信息不能直接传给目标受众，或者不能在适当的时机或地点传给目标受众，那商家的钱就算白花了。

3. 接触面小

直接营销具有很强的目标指向性，因此只有少部分人能接收到信息。在通常情况下，直接营销是向几百或者几千个消费者发出信息，而不是几百万个消费者。因此，这种做法对于像麦当劳或宝洁公司那样希望所有人都知道其产品或服务的公司，一般不太适合。不过，这也不是说大公司就不采用这种直馈工具，而是当他们这样做的时候，他们可能聚焦于某一特定群体，而不是所有人。

15.3 整合营销传播的公共关系工具

公共关系（Public Relations）是指社会组织与各类公众之间，为取得一定的相互理解、支持而发生的各种信息交流，以树立组织的信誉，塑造组织的形象。其核心是依据信息传播的科学原理，运用恰当的新闻和传播工具，在社会组织的内外部建立双向信息沟通网络，从而不断改善组织的经营和管理，树立企业形象，赢得社会公众的信任与支持。

15.3.1 公共关系工具的类型

公共关系可分为公司公共关系（Corporate Public Relations）和营销公共关系（Marketing Public Relations）两种类型。公司公共关系只着眼于公司与非消费性的公共组织——媒介、投资商、政府、社区组织、供应商、分销商和雇员之间的关系。公司公共关系在必要的时候，负责宣传公司对某些问题的看法和立场。在耐克公司的有关案例中，具体的做法就是驳斥劳工组织指责耐克在东南亚的工厂使用童工生产运动衣服和运动鞋。公司同意加强对其产品供应商的监督，以表明公司支持为其所有雇员提供良好工作环境的坚定决心。另一种公共关系与整合营销传播关系更密切，这就是营销公共关系。营销公共关系的目的是专门帮助协调好公司与消费者、非消费者性质的公共组织的关系。这种公关形式通常和促销手段一起使用，来推动前面所说的"推—拉"销售策略。换言之，当行业促销措施把商品"推进"商店以后，公共关系就要通过宣传这些促销优惠，把消费者"拉进"商店。当公共关系被看作是一种鼓励人们善意地对待一个公司和它的品牌的方法时，它的营销作用就变得非常本质了。

公共关系实现目的的途径有很多种，涉及使用其他整合营销传播工具常用的传播工具。这些工具包括向印刷媒体散发新闻稿，让他们知道公司和其产品目前的情况，向电视台提供影像新闻，直接向某些舆论领袖发出信件；赞助将相关人士集合到一起的活动，以便向他们传递有关产品的信息。图15-2列出了公共关系活动的其他类型。

15.3.2 公共关系工具的优点

开展公共关系活动的好处有三点：强化公司形象，加强与消费者的关系以及扩大信息传播范围。

1. 强化公司形象

当召开新闻发布会，宣布赞助美国史密斯学会（Smithsonian Institution）150周年纪念活动时，它不仅赞助了这个非盈利机构，也在公众面前树立起一个"好公司市民"的形象。

咨询集团
年度报告
宣传册
公司新闻简报
会议
教育材料
热线电话
商业信息片
国会游说
媒介运作
新闻稿/电视新闻片
记者招待会
公共服务声明（PSAs）[①]

图15-2 公共关系手段

---

① 公益广告，是广告的一种形式，也可视为公关的一种形式。

当重大危机即将来临时,公共关系活动可以发挥关键作用①。AT&T 宣布要裁减 4 万名员工时,引发了相当负面的社会报道,但是该公司利用公共关系工具,在主要报纸上刊登整页的广告,说明其裁员规模和影响并不会非常严重;并公布了免费电话号码,希望其他有招聘意向的单位前来联系。AT&T 向公众显示了对即将下岗员工的关心,希望以此改善公司的形象。

2. 加强与消费者的关系

公司可以通过公共关系的多种手段来满足不同消费者的要求。对于炒股的人来说,直接邮寄也许是一种宣传工具,而赞助公益事业能使现有用户更信赖相关的品牌或公司。公共关系活动还可以强化消费者现有的态度和行为模式,并提示消费者购买该产品是一种明智的决定。这种作用的意义超越了产品本身。金宝汤罐头公司把它的产品和教育事业联系起来,宣布收集一定数量的浓汤罐头标签,就能换取学校教学仪器。

3. 扩大信息传播范围

当其他传统营销工具无能为力时,许多公司使用公共关系手法来传播信息,尽管这种做法人为操作的成分稍大一些。比如,宝洁公司推出某一新产品时,没有使用广告,因为使用广告必须详细解释产品的优缺点。它采用了向全国报纸和电视台发布新闻消息的工具。媒体收到这些新闻资料,再据此编制成报道或节目②。这样,消费者就会相信,他们收到的是来自媒介的独立和公正的信息,而不会把这种信息作为有倾向性的广告来看待。

15.3.3 公共关系工具的缺点

公共关系工具的主要短处是:讯息生命短暂,难于改变行为,效果不可测量。

1. 讯息生命短暂

一个成功广告可以使用很多年,其间无须做大的修改调整;而公共关系主要是为公司和产品制造"新闻",所以要想取得效果,就必须不断变化,定期推出新内容。不过,一旦媒介发现某个公司总是在利用公关手法自我炒作,那么他们就会蔑视和忽略该公司发出的信息。

2. 难于改变行为

一则广告、一份直邮材料或某一促销优惠可以直接针对消费者需求,促使消费者采取购买行动;但是,公共关系活动只能让消费者对产品和公司产生良好的感觉。因此,公共关系活动主要的效果是,帮助改变或者强化人们的态度,而不涉及具体的行为结果。

3. 效果不可测量

公共关系是一种促进销售的市场推广手段,但很难定量测量结果。通常使用的评估公关效果方法包括:追踪统计在媒介上提到公司和产品的情况,既统计简单地

---

① 危机公关的作用在现代社会越来越重要。
② 这与有偿新闻有区别,因为这样不需付费。

提到名字的次数，也包括细致的内容分析；对公司的目标消费者进行面访，评估公共关系活动是否有助于改变人们的态度和行为。不过这些简单的统计并不能表明这些信息在消费者身上产生了怎样的影响，甚至不能表明消费者是否看到了这些信息。

15.4 整合营销传播的其他工具

除了上文所说的促销、直接营销和公共关系这三大形式以外，还有其他一些很有用的营销传播工具可供使用。这里主要介绍其中的三种：特许经营、赞助和事件营销。

15.4.1 特许经营工具

特许经营（Licensing）是指特许人将自己拥有的商标（包括服务商标）、商品、产品、专利和专有技术，经营模式等以特许经营合同的方式授予被特许者使用，被特许者按合同规定，在特许者统一的业务模式下从事经营活动，并向特许者支付相应的费用[①]。特许经营所涉及的行业类型相当多，尤其是零售业和服务业居多。企业实施特许经营后，拥有的门店可分为直营店和加盟店两类：直营店是由企业自己经营，经理只拿固定工资，实行固定收入契约；加盟店是由受许人拥有特质产权并进行日常经营，受许人是加盟店的经理，拥有该店利润的剩余索取权，实行分成契约。特许经营的主要目的是，扩展和培植品牌名称或资产的生命力，并获取品牌使用费。

15.4.2 赞助工具

赞助（Sponsorship）指公司为某一活动提供一定数额的资金支持，从而以公司名或品牌名为该活动冠名，或者作为该活动的指定赞助商。赞助和广告活动有些相似，其商业目的是：提高品牌或公司名称的知晓度。两者之间的不同处是，赞助商同时借此展示它的良好意图，或者改善它的形象。

同广告一样，赞助这种形式适于接触广大的消费群体。通常，赞助商的名字将出现在所有报道这一活动的媒体上。另一种赞助工具是，掏钱为体育馆重新命名。百事可乐花了5000万美元把科罗拉多州的丹佛市的一座体育场，重新命名为"百事中心"，冠名期为20年间。旧金山著名的蜡烛台公园（Candlestick Park），现在更名叫3Com公园；芝加哥公牛队在芝加哥的"联合中心"打球，该中心是以总部设在当地的联合航空公司的名字命名的。这种公司赞助形式的魅力在于，不仅参加这次活动的人们能看到，而且在家看电视的观众也能看到。

公司赞助不仅可以吸引大量坐在家中收看电视的观众，而且也是一种有力的公关形式。也就是说，公司通过赞助某项活动，希望给它的股票持有者、当地社区领袖或者自己的员工留下良好的印象。烟草巨头菲利浦－莫尔斯（Philip Morris）公司

---

① 我国原内贸部的定义（1997年）。

是美国舞蹈表演最大的赞助商，它还赞助其他一些艺术活动。它希望通过这些赞助活动来减少人们对销售烟草产品的抵制。

15.4.3 事件营销

所谓事件营销，是指经营者在真实和不损害公众利益的前提下，有计划地策划、组织、举行和利用具有新闻价值的活动，特别是各种重大的社会活动、历史事件、体育赛事和国际博览会等，通过借势、造势等方法吸引媒体、社会团体和消费者的兴趣和关注，以达到提高企业或产品知名度、美誉度，并最终达到产品或服务的销售目的的手段和方法。与广告和其他传播活动相比，事件营销以小博大，能以最快的速度、最短的时间创造出强大的影响力。事件营销的独特优势主要体现在：

1. 促使受众对信息接收程度提高。运用事件营销可避开由于媒体多元化而形成的噪音干扰，提升企业品牌的注目率。而事件营销因其传播往往体现在新闻和人际传播中，能迅速抓住公众的"眼球"，增强受众对所传播内容的信任感，提高信息传播的有效性。

2. 传播有深度，层次高。有创意的事件营销无论是在投入还是在知名度提升方面，回报率都超过其他广告形式。一个事件如果成了热点，就会成为人们互相沟通的话题，传播层次不仅限于直接受众，还可以形成二次传播。因此，事件营销能够快速地传播和扩散，利用快速复制的方式传向更多受众，传播面广且程度深。

3. 投资回报率高。运用事件营销能够避开传统媒体的高费用陷阱，为企业节约大量的宣传成本。国内媒体近年来收费居高不下，而事件营销却可以将企业的信息在短时间内达到最大最优的传播效果，甚至能让企业或产品一夜成名，为企业节约大量的宣传成本。据统计，企业运用事件营销手段取得的传播投资回报率约为传统广告的三倍。

利用事件策划营销活动，尽管有许多优势，但也应注意风险。首先要注意事件营销的有效性，把握切入时机。重大事件一般会成为一个时期的热点，具有很强的时效性。因此企业开展事件营销既要有一定的前瞻性，又要反应迅速。如在北京申奥成功的第一时间，海尔在中央电视台投入5000万元的祝贺广告在申请成功后即时播出。同时要注意事件策划的技巧，不能对有轰动效应的事件盲目跟上，而不考虑是否与本企业有相通性。比如某足球明星代言的"金嗓子喉宝"，一提到这位足球明星，有多少人会想到跟他毫不相关的"金嗓子喉宝"呢？请看下面的案例《肖像被廉价使用罗纳尔多恼怒金嗓子》。

据《青年周末》2007年1月25日报道：因为一则在中国家喻户晓的广告，被中国球迷戏称为肥罗的巴西球星罗纳尔多不仅要告广西金嗓子集团，还有可能把中央电视台列为第二被告，据知情人透露，罗纳尔多的经纪人法比亚诺已经请了两名中国律师收集证据，经纪人决定在下月初忙完肥罗转会事宜后来北京与律师会面，并有可能召开新闻发布会。

罗纳尔多的经纪人透露，金嗓子发布的罗纳尔多代言产品广告没有得到罗本人同意，罗纳尔多也根本没有和金嗓子集团签订任何合同。他们认为金嗓子在广告中滥用罗纳尔多的形象，致使罗纳尔多的形象在中国受到严重破坏。

2003年9月，国内媒体大炒的"皇马中国之行"结束不久，金嗓子的新广告开始在央视等媒体大规模投放：随着罗纳尔多凌空射门，熟悉的声音"金嗓子喉片，广西金嗓子！"响起，接下来的画面是肥罗拿着一盒金嗓子喉片冲观众乐。

图15-3

电视广告立刻在观众中引起较大反应。人们不相信是罗纳尔多本人在替金嗓子作广告，以为是模仿秀或者是用图片合成的结果。在后来的年度"十大广告"系列评选中，该广告位列"中国十大受争议电视广告"第六名，罗纳尔多也跻身"中国十大最不受欢迎广告代言人"前三位。

某报驻西班牙撰稿人王磊是与罗纳尔多经纪人走得最近的人之一。通过越洋连线，他给本报记者讲述了罗纳尔多"金嗓子广告"诞生的来龙去脉。

30万美金买照片

2003年皇马在北京的时候，金嗓子通过广州某报找到一个西班牙中间人（媒体报道的意大利人有误）。"企业和中间人怎么说的没人知道，但是中间人跟罗纳尔多说，是一个企业朋友请他参加一个私人宴会，并许诺给罗纳尔多几十万欧元，肥罗就去了。这笔钱就相当于出场费。"根据王磊描述，一天中午，企业派人把罗纳尔多从下榻的北京饭店拉到长安俱乐部，连吃饭带拍照，用了不到一个小时。"当时他们跟罗纳尔多合了张影，并让罗穿着印有'金嗓子喉片'的球衣，拿着一盒药拍了张照片，当时肥罗问，'不是要让我当形象代言人吧？'中间人说不是形象代言人，他就拍了。"

那次见面，据罗纳尔多的经纪人说还是很愉快的，因为吃饭的时候没有人跟他提任何关于代言的事情。当时罗纳尔多从前的经纪人、那个西班牙中间人都在场，金嗓子那边出席的有他们的女董事长。"其他还有什么人肥罗也不清楚。就是以吃饭的理由，去拍了一张照片，结果被他们反复使用。金嗓子总共给了罗纳尔多30万美金。"王磊说。

肥罗气得摔椅子

王磊提到罗纳尔多穿着球衣拍的那张照片，并没有被告知作为商业用途，只说企业的内部宣传。"内部宣传是指什么？"记者问。"比如说老板用于珍藏，在企业内部做个相册什么的，但不会公开宣传。"拍完照片后，过了一段时间广告就开始在中国播出，后来中国的一家企业专门去马德里找罗纳尔多谈代言，谈到了金嗓子的广告，他们表示不能理解肥罗为什么会拍这样的广告，罗纳尔多才第一次知道自己做金嗓子的形象代言人了。"这大概是2005年初，他知道消息的时候我们都在场，当时在罗纳尔多的屋子里，他非常生气，我记得他把自己坐的椅子提了起来，'啪'地摔到屋外头。后来大概过了一个星期，我们就得知他把一起去过中国的那个经纪人给炒了，后来雇了现在这个经纪人。"对这件事，王磊记得很清楚。

金嗓子对手逼肥罗

"那个时候罗纳尔多已经想要告这个公司，但经纪人跟他说，你告他没有用，你在中国不会拿到很高的赔偿金，还等于给他做广告，不值了。"

王磊说，当时经纪人告诉罗纳尔多，目前中国法律不完善，没有相关的赔偿法，肖像权纠纷没有赔出天价的例子，经常以很低的价格就了了，所以当时肥罗也决定先不追究。

出人意料的是，今年中国另外一家药厂主动找上门来，也想请罗纳尔多做广告，他们跟罗纳尔多提的条件就是首先要解除和金嗓子的合同，不管你们之间是怎么回事，一定要断了关系。

只有这样，该药厂才能与罗纳尔多签订正式的代言合同。"这让罗纳尔多有了打官司的想法，他开始让他的经纪人收集证据，不久前我看到他桌面上有中国的报纸，还有从中央台截的金嗓子喉宝的广告视频。"

对于现在要找罗纳尔多代言的中国制药厂是哪家，经纪人没透露，他表示因为还没有签合同，属于商业机密。但王磊预测，这个药厂很有可能和金嗓子喉宝是竞争关系。

经纪人提出四点疑问

王磊告诉记者，小罗纳尔多为联想做代言，只签了半年合同，代言费大约在1500万元人民币，这个合同在小罗的所有代言费里算低的，但当初小罗看中了联想是2008年北京奥运会的赞助商，拥有积极的形象。"那个广告是我们亲眼看他在巴赛罗纳拍的，联想请了很多的西班牙人给他做背景，拍了四个半小时。"

而2004年罗纳尔多是双料足球先生，跟小罗份量一模一样，怎么可能30万美金让你金嗓子做个没完没了？

对于金嗓子广告，罗纳尔多的经纪人曾跟王磊谈过四点疑问。

如果肥罗给一个品牌做代言，他一定会在自己的官方网站上链接该公司的标志，比如耐克。他的私人赞助商和名字，都会被放在他的官网上。"这算是一条行业规则，一般明星代言都会这样做。"

国内一名广告人曾表示，这样的广告片制作费也就几万元，完全没有创意，画面之粗糙也让人不忍目睹，说得严重点，就是在糟蹋该公司和肥罗的形象，这和罗纳尔多的国际球星身份根本不配，如果说金嗓子舍得花血本请国际巨星，也舍得在媒体进行广告轰炸，那么其在广告制作上投入之"节俭"实在让人费解。这也是经纪人提出的第二个疑问："没有一个球员的代言广告，几乎在三年的时间里，没有任何的改变。用的是同一条广告语："保护嗓子，请用……"而且拍摄也是粗制滥造。

此外，如果真的是私人赞助商，罗纳尔多肯定会定期参加他的商业活动，一般的代言，明星在一年中得为企业做一次或几次商业宣传，但是罗纳尔多从来没有参加过金嗓子的活动，除了那惟一的一次见面，没有过第二次接触。

最令球迷关心的一点是，球星拍任何商业广告，都涉及到自己的形象，他的经纪人必须要知道这个广告是不是损害球员的形象利益。但是这个广告跟他们从来没有过任何沟通，在国内播放的情况他们一概不知。"罗纳尔多做广告，至少化妆一小时，你看他那个广告化妆了吗？你见过有一个代言人穿着便装，胡子拉碴，邋里邋遢就做代言人了？这样产品不是也烂掉了吗？"

哪个球星能容忍肖像被廉价使用4年

皇家马德里占有罗纳尔多50%的肖像权，他一年要交上去1200万欧元，也就是说他每年在年薪之外平均收入能达到2400万欧元，把2400万分摊在7个企业里，意味着每个企业的代言费税前应该达到300多万欧元，而到现在为止金嗓子付给罗纳尔多的只有20多万欧元，从2003年起，20多万欧元，让你使用肖像权近4年，世界上有这样的球星吗？20多万欧元是一个圈套，就是我请你吃饭，比如罗纳尔多去家乐福参加一个剪彩仪式，他的身价是30万欧元，你给我30万欧元我就去，但是家乐福不能说罗纳尔多就是他的形象代言人。那钱就是为了参加这个活动一次性付的，罗纳尔多也参加过别人的宴请，也是这个价位。任何一个人都不会相信罗纳尔多拿人家20多万欧元去充当一个几年的形象代言人。

啥时承认跟金嗓子老板关系特殊

金嗓子的老板曾说和罗纳尔多关系特别，但是据我们了解，从2003年见过一面到今天，两人之间没有任何联络。通话和交流都没有，罗纳尔多不知道金嗓子是怎么回事，金嗓子也拿不出任何东西证明他们拥有罗纳尔多四年的肖像权。

金嗓子和罗纳尔多之间根本就没有坐下来谈超过一个小时，短短一个小时的见面能谈下四年的超级合作吗？罗纳尔多代言的有世界第十银行桑坦德银行、意大利电讯、耐克、奥迪，金嗓子怎么挤进去呢？以罗纳尔多代言的最低价位计算，罗至少应该从金嗓子每年收获110万欧元，从2003年到现在4年就是440万欧元，合人民币4400万。金嗓子也许会说这是友谊价格，但是罗纳尔多从2003年到现在没有和金嗓子的老板有任何交往和联系，没有喝过一杯咖啡。这友谊价格从何而来？

金嗓子是故意的吗？

罗纳尔多已经根本记不清楚，关于那次见面和拍照，就一顿饭的时间，他是跟着俱乐部来的中国，偷偷去参加的这个活动。他那时觉得我见你一面已经给很大的面子了，他没想到我们中国人聪明，见我一面，我让你一辈子为我这个企业做广告。开始是小规模地登，后来一看没事，就大张旗鼓，大街小巷、机场车站电视台就开始了。

罗的经纪人曾说，我想金嗓子不懂代言的国际行规，也许他们的失误就在于他们不懂。他们认为，你已经穿上我的衣服了，你就是我的代言人了。也许这件事情金嗓子不完全是故意的，而是他们确确实实不懂。

七匹狼联想的职业化

七匹狼曾签下皇家马德里的集体肖像权，用马德里七大巨星的肖像，签了半年。结果他们拖延了，但是该企业非常职业地向皇家马德里提出申请，请求延长两三个月，在到期后立即拆掉了所有的灯箱和广告。

联想和小罗签的合同也非常守规矩，时间一到，联想的副总裁马上宣布和小罗的合作结束。按时撤掉了广告。他们为了宣传推广，曾印了很多宣传册，到期马上停止发布。

金嗓子可以说他有合同在手，但是他能告诉我们，这个合同签了多长时间吗？

1月20日，记者在联系广西金嗓子集团办公室未果的情况下联系到金嗓子集团的经营部门，工作人员说金嗓子的广告由北京科嘉艺广告公司全权代理，请记者自己查找联系方式去问他们。

广告代理公司：听说过合同但没见过

1月22日清早，记者根据北京科嘉艺公司在网上留下的地址上门拜访，却发现铁将军把门。写字楼一楼大厅的名牌上还有该公司的名字，但大厦物业人告诉记者，科嘉艺已经搬走好几年了。

随后记者致电广西科嘉艺广告公司，工作人员表示，公司代理一部分金嗓子的广告，但只是代理执行。

当记者问起："你们这边负不负责金嗓子的广告策划或者代言？"对方反问："你是不是想问罗纳尔多的事？那这个无可奉告。"工作人员表示金嗓子一直都是由罗纳尔多做代言，但具体怎么回事他不是很清楚。

"当时是有合同吗？"记者追问。"有的。"对方肯定地回答。

记者：这个合同在哪里？广西还是北京？

科嘉艺：合同是厂里跟罗纳尔多那边签的，你直接找厂办公室吧。

记者：您见过合同吗？

科嘉艺：没有。

记者：那您怎么知道有合同啊？

科嘉艺：没有合同我们不会播的，我们领导肯定看过合同。你直接到厂家问吧。据我所知合同是有的。

金嗓子：领导不在，无法接受采访

从1月20日到发稿前的几天里，记者一直努力与金嗓子集团负责对外的办公室联系核实，始终没有人接听电话，但销售部人员肯定地说"办公室有人，我刚才还看见了"的承诺下，记者的采访电话也一直没有打通。

1月23日下午，记者在用办公室电话反复拨打无人接听的情况下，尝试用手机拨打金嗓子办公室电话，终于有人接听。接电话的陈先生说金嗓子与罗纳尔多之间确有合同，并告诉记者，有关领导不在，更多内容无可奉告，他以正忙为由挂机，记者便再也打不通了。截止发稿，记者仍未收到金嗓子方面的回复。

记者登录金嗓子官方网站首页，罗纳尔多穿着"金嗓子喉片"黄色球衣的形象仍赫然在上，而奇怪的是，图文并茂记录金嗓子发展大事的大事记栏目里却对罗纳尔多的代言这么大一件事只字未提。

央视广告部：代言纠纷和我们无关

"中国的媒体对广告到底有没有严格的审查？而像中央电视台这么大的媒体，应该能够知道罗纳尔多代言的价位是多少，他们心里没有一个概念吗。"B 在说出自己的想法时透露，罗纳尔多经纪人提到，这回起诉将把大量播放金嗓子广告的中央电视台列为第二被告，这一消息还未被媒体披露。

央视广告部的工作人员告诉记者，到央视做广告需要营业执照、商标注册证。至于看和代言人有没有合同，有的需要有的则不需要，但具体怎么区分她不肯细说。"片子上有什么纠纷是企业、制作方和代言人之间的纠纷，跟我们没有关系，只要他手续齐全就可以播出。"（资料来源：网易新闻中心，http://news.153.com/07/0125/10/35M6HN0U00011229_4.html）

第16章 广告效果测定

一个广告和另外一个广告之间的差异是用销售力的尺度来衡量的,它可以是19∶1。

——大卫·奥格威

广告效果,是广告作品通过广告媒体传播之后引起的社会公众各种心理及行为变化的总和,它包括广告的传播效果、心理效果、经济效果和社会效果①。其中广告的社会效果,指广告对社会道德、文化教育等方面产生的影响和作用。如广告对消费者的价值观、道德观以及对市容、生态环境等产生的影响。广告能够传播商品知识,可以影响人们的消费观念,会被当作一种文化现象而流行推广等。因此,广告的社会效果是深远的,是广告作品的高层次追求,反映一个社会的文明程度,需要加以重视和引导。广告社会效果一般不纳入广告目标体系②,其测定也是普通的社会科学调查研究方法,本章不再单独论述。

16.1 广告传播效果的测定

广告的传播效果,指社会公众接受广告的层次和深度。广告的传播效果是广告其他效果的先导和基础,也是广告效果测定的一个重要内容。广告传播效果测定包括广告作品效果测定和广告媒体效果测定。广告作品效果反映消费者接触和接受广告作品的一般情况,如广告主题是否准确,广告创意是否新颖,广告语言是否形象

---

① 狭义的广告效果就是指销售效果,本文不使用这种狭义的概念;一些著作把传播效果与心理效果合并,统称为传播效果,本书将之分开论述。

② 广告战略目标的主要内容是增加产品销售,提高产品的知名度,而这正是衡量广告效果的中心内容。但广告战略目标也不同于广告效果。广告战略目标是广告活动的预定目的,而广告效果则是广告活动实际达到的目的。由于主客观方面的复杂原因,广告效果可能超过预定目的,也有可能达不到预定的目的,而广告活动实际达到的目标才是广告效果。

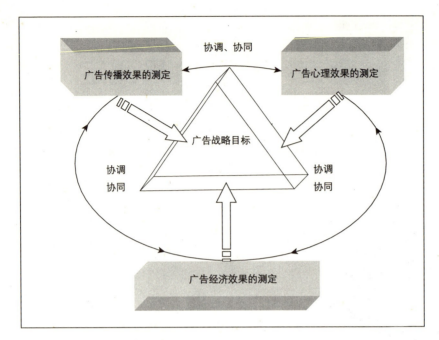

图 16-1 广告效果测定的内容

生动等体现广告作品水平的各种指标,其测定包括广告创意概念测定和广告文案①测定。广告媒体测定主要是媒体分布、视听对象、视听率(阅读率)等。

16.1.1 广告创意概念测定

广告创意概念测定(Concept Test)是在广告作品完成前,对广告创意的构想及设计方案是否可行而进行的检验和测定。广告创意概念测定通常采用实验室测验,即邀请被测试者进入实验室参加测试。在诉求点等主要广告概念的形成阶段,就可以开始进行概念测试。同时,概念测试也是寻求和确定品牌价值主张的有力工具。概念测试的主要思路是:从消费者的角度测试品牌的价值主张是什么,广告传达得是否清楚,广告讯息中是否提供了广告受众最关心的内容。例如,在测试中,我们可以关心"青岛啤酒的广告有没有提供能诱导消费者尝试该产品的理由"。相比之下,广告真正在媒体上发布之后,我们就只能去关心广告受众记住了多少广告讯息,他们对品牌价值主张理解到什么程度,是否记住了广告口号或广告品牌等。

概念测试测试的宗旨是预防重大失误,预防那些广告创意人员熟视无睹而第一次看到该广告的消费者却完全能明显感觉到的东西,诸如无意的双重指向或隐晦的性意味,或广告在跨越国界时对其中视觉图像的出人意料的理解。广告策划可以参照概念测试的结果,寻求最恰当的方式和最具冲击力的诉求策略,以此作为推出广

---

① 不仅包括文案,也包括广告作品的其他组成部分。

告的依据。表 16-1 列举了广告创意概念测定的种类与方法。

创意概念测定　　　　　　　　　　表 16-1

	记忆化的手法	反应测定法（直接法、间接法）
文字记号	单字表现 文章表现 图形表现（形态、色彩、文字） 声音表现	自由表述法 联想法 选择法 　　一般比较法 　　顺位法 　　多项选择法
样本广告	标题 草图 故事版	配合法 语句完成法

创意概念（包括文字记号与样本广告）的测试可以使用记忆化手法和反应测定法。"记忆化手法"要求被测试者把创意概念以文字记号的形式单纯地表现出来，也可以样本广告的形式表现出来。而"反应测定法"可以直接询问或诱导被测试者谈论广告商品与构想的关系，无论是直接法还是间接法，都可以使用自由表述法、联想法、选择法、配合法、同意法及文案测定手法来进行。

1. 自由表述法

即用指示的口吻询问被测验者的建议和意见，如"你认为如何?"，"你是怎么想的?"，等等。但这类问题的答案通常有两个缺点：一是含义不明确，二是冗长拖沓，解释起来颇费周折。

2. 联想法

即指给定一些简单的创意符号，如文字、图形、文章等，让被测试者说出所想到的事物。

3. 选择法

是指在被选的各个项目中，请被测试者选出他们认为最恰当、比较易行的一种。即将备选项目两个一组分开，让被测试者在每组中选出一个自己喜欢的，将第一轮选出的项目再两个一组分开，让被测试者再从中选择，直到最后确认一个最满意的广告为止。选择时也可采用多项选择，即由多个当中选一个最喜欢的。还可以采用顺位的方法，就是将各个项目按其重要性依次排列起来，最好的列为第一位，次为第二位，第三位……

4. 配合法

即让被测试者选择两个项目群之间如何配合最为恰当的一种方法。例如多种商品名称和多种创意概念并列在一起，由被测试者确认哪种商品名称和哪种创意概念配合最为恰当。

5. 语句完成法

语句完成法（Sentence Completion Test）是利用不完全的提示、刺激，来表现出潜意识动机的方法。其做法是向受试者提示不完全的或未完成的文句，然后，由受试者按照自己的意思完成未完成的部分，借此了解其动机。在语句完成法中，如果测试回答的范围受到限制，就是限制完成法；如果不受到限制，就是自由完成法。下面的例子就是针对汽车所做的自由完成法的调查问题：

(1) 汽车是＿＿＿＿＿＿＿＿＿＿＿＿＿＿＿＿＿＿＿＿＿＿＿＿＿＿＿＿
(2) 最适合汽车的颜色是＿＿＿＿＿＿＿＿＿＿＿＿＿＿＿＿＿＿＿＿
(3) 拥有汽车时，最感到困扰的是＿＿＿＿＿＿＿＿＿＿＿＿＿＿＿
(4) 将汽车命名为＿＿＿＿＿＿＿＿＿＿＿＿＿＿＿＿＿＿＿＿＿＿
(5) 拥有汽车时，最感到满意的是＿＿＿＿＿＿＿＿＿＿＿＿＿＿＿

下面是限制完成法的调查问题：

(1) 愉悦的旅游，感觉像＿＿＿＿＿＿＿＿＿＿＿＿＿＿＿＿＿＿＿
(2) 家庭主妇的工作是＿＿＿＿＿＿＿＿＿＿＿＿＿＿＿＿＿＿＿＿
(3) 包装良好的月饼是＿＿＿＿＿＿＿＿＿＿＿＿＿＿＿＿＿＿＿＿

16.1.2　广告文案事前测定

广告文案事前测定是指把广告作品提示被测试者，观察他们的反应。这种测定主要考虑的是广告主题和综合因素，通过这种测试，比较、评价候选广告方案，从而在数条广告稿中选出最佳的广告，然后再进行大规模的广告投放，以避免浪费。广告文案测试既可以在实验情境中进行，也可以在自然情境或仿真情境中进行。

1. 自然情境广告文案测定

自然情境广告文案测定包括故事板录像测试、残象测试法、回函测定法和分割测定法。

(1) 故事板录像测试是专门为测试电视广告粗稿而设计的。故事板录像测试通过故事板和配乐声带准备出广告片，然后在受试者通过电视监视器看过故事板广告之后，逐一对他们进行面访。此时提出的问题会涉及到广告的劝服力、喜爱度、可信度以及其他特点。

(2) 残象测试法是将广告作品短暂暴露在被测试者面前，然后拿走文案后立即要求他们回忆看到的内容，询问对该广告作品的印象。由于人在短时间的记忆力是有限的，记住的东西即残留的印象必是刺激强烈的，这也正是广告主要诉求的。如果被测试者描述的印象正是广告要突出的信息，说明广告运用的主题正确；若描述的残留印象与广告主题距离太大，则需要重新提炼广告主题。此种方法多用于主题测试，实际上是利用人的记忆特点完成的。

(3) 回函测定法。是一种邮寄调查法，目的是检测不同的广告作品、不同广告文案的构成要素在不同的广告媒体上刊载的效果。具体做法是：广告主将各种广告同时刊登在不同媒体上，其中有一个广告构成要素（如文字、图画、广告标题等）是不同的。每则广告中都含有两个项目，一是广告主希望消费者对其广告产生反应而做的邀请或提供的商品；二是便于核对的广告及刊登的媒体编号。最常见的提供物是赠券，赠券中含有表格，已备消费者填好寄回索取样品、赠品或其他资料。而编号可以是信箱号码或门牌号,也可以是函索表上的暗记。在一定时间内,有关人员可以凭借消费者寄回的表格和编号来分析哪一个广告最有效,哪一种或几种广告媒介最适合本广告,在哪种媒介上传播广告最容易让消费者接触到并引起他们的兴趣。

(4) 分割测定法。是回函测定法的分支,也属于邮寄调查法的范围。它比回函测定法更加复杂和严格,目的是检测同一媒介上只有某一因素不同时的广告效果差别,从中选择有效的那一个。具体做法是,将同一种所要广告的商品,作出两种广告文案,在同一种报纸或杂志、同一日期、同一版位及同一面积上,交互印刷两种广告文案,由于印刷轮转机之特殊操作,结果印刷出来的两种文案各占总份数的一半,然后将两者平均寄给读者,通过回函统计就可以测定出哪则广告效果好。例如:某报社每日发行100万份报纸,那么假设两种文案为A和B,那么各有50万份,平均分送给每个订户,AB两种文案里均有相同字样,但在回信之收信人或地址处稍加区别,作为两种文案反应之区别。其他如图片、布局、色彩等要素可作不同表现处理。

凡函索者,奉赠精美礼品!

A文案　回函寄×××路××号×××收

B文案　回函寄×××路×××号××收

2. 实验情境广告文案测定

实验情境广告文案测定包括小组讨论法、语句联想法、专家意见综合法、要点采分法和仪器测试法。其中有些方法也可应用于广告心理效果的测定。

(1) 小组讨论法。小组讨论法具有多种功能,所以得到了广泛的应用。在文案测试中,请被测试小组成员就广告表现内容进行评论。例如提供两条表现方式不同的广告,然后请他们对这一对广告进行评论。

(2) 语句联想法。语句联想法是将一幅广告向受试者展示几秒钟,然后收回广告,要求受试者马上讲出或写下他当时想到的几个词汇,测试人再将各个受试者反应的词汇总起来进行心理分析。该测试可以通过受试者受广告刺激所产生的联想,判断受试者看到广告时的心理反应,测定其对作品的好恶。

(3) 专家意见综合法。该方法又称德尔菲法,就是在广告设计完成之后,邀请10~16名广告专家、心理专家和营销专家进行评价,请他们在规定时间内,用书面形式给评审表指标打分,寄回组织者,这是第一轮评审。将各位专家第一次判断意见汇总,列成图表,进行对比,再分发给各位专家,让专家比较自己同他人的不同意见,并修改自己的意见和判断。也可以把各位专家的意见加以整理,或请身份更高的其他专家加以评论,然后把这些意见再分送给各位专家,以便他们参考后修改自己的意见。经过3~5轮反复评审,各专家意见渐趋一致,以最后一轮分值的高低作为最终判定标准。若有几个广告作品也可以用此法选出最佳的一个。运用此法事前要给专家提供一些必要的背景资料,如广告设计方案、产品、企业情况等。

(4) 要点采分法。该方法是将测定标准按细目列成一张表,然后请被测试者对照广告作品进行打分,以分值高低来判断优劣。测定项目如表16-2。

广告效果等于各项权系数与各项评价分数之和　　　　　　表 16 – 2

评价项目	评 价 依 据	权系数	广告效果积分
吸引力	吸引注意力的程度	0.2	
认知性	对广告销售重点的认识程度	0.2	
易读性	能否了解广告的全部内容	0.1	
说服力	广告引起的兴趣及对广告商品的好感	0.2	
行动率	由广告引起的立即购买行为 潜在购买准备	0.2 0.1	
优劣标准	最佳　　　优等　　　中等　　　下等　　　差 80~100　60~80　40~60　20~40　0~20		

(5) 仪器测试法。即运用各种心理—生理测试仪器进行测定的方法。通过测量消费者看到（听到）所提供的广告作品时的生理反应，由此推测消费者的心理反应。仪器测试法又包括视向测定法、瞬间显露测定法和皮肤电气反射测定法。

视向测定法是通过视向器测定被测试者观看广告内容的情况，记录观看广告文案各部分的顺序，时间长短以及瞳孔的大小变化，以此来判断广告作品的吸引力。视向器之原理，是由于人的眼球并非完全是球形的，从侧方向角膜投射光线时，其反射光随眼球之转动而转动，将这种转动情形拍摄记录下来。视向测定法主要作如下测定：直写、横写文字的易读性；人物标志、广告标语的引人注目程度；广告各要素是否按照作者的意图顺序让广告接受者注目；是否把重要的广告要素看漏；原因何在？广告作品的各种视觉效果都能测出。

瞬间显露测定法是让被测试者辨认瞬间闪现的广告作品，借以判定广告作品的辨别度和记忆度。测验时，最先在极短的时间内，呈现广告作品，然后逐渐延长呈现时间，让被测试者将能够确认的东西画在白纸上，这样可以了解被测试者最先看到广告作品的哪一部分，在一定时间内看到哪些部分。按认知内容之时间性变化，可以测出广告作品的性质。

皮肤电气反射测定法（测谎器法，简称 GSR）是通过检流计观察被测试者观看广告作品的情绪对电流变化的影响，据此检验广告作品的可行性。这种技术最大的价值就是可以客观记录下被测试者的无意识反应。

3. 仿真情境广告文案测定

仿真情境广告文案测定包括影视广告测试法、印刷广告测试法和直邮广告测试法。

(1) 影视广告测试。影视广告测试通过分裂式有线传输网络，直接向同一个市场内两组相似的家庭样本分别传输同一条广告的两个不同版本，从而对这两个不同的版本进行测试。这种方法为广告的暴露提供了高度真实的自然环境。调查人员可以控制广告讯息的传输频率、传输时间等因素，然后，调查人员可以根据测量到的暴露度、回忆度以及说服力度等，对广告进行比较。

在影剧院测试方法中,调查人员可以在购物中心内或商业街附近的影剧院中对广告进行测试。参加测试的观众利用一种电子仪器表示他们对放映的广告的好恶。但影剧院测试有一个问题:我们难以判断受试者表示的是他们对广告的真实感受还是对广告产品的真实感受,因此必须靠资深调查人员来解释调查结果。

(2) 印刷广告测试。印刷广告测试使用多胞胎版发行法,即调查人员在两本相同的杂志中分别放入同一条广告的不同版本,在设计广告时附带一份回执卡,以此充当评估广告的依据。另外,也可以采用赠券和免费电话号码的方式。这种测试方法的优点在于,它把即时反应当作一种试验标准。这种方法的真实性反应特性是其另一大优点。

有时,该测试法也会采用仿真的广告载体来展开。例如有一种仿真杂志,它含有各种内容和诸多杂志广告的仿真品。调查人员在仿真载体中插入一条或几条受试广告,然后要求受试者像平常那样阅读。这种测试通常在消费者家中进行,因此具有一定的真实感。一旦阅读完毕,调查人员就向受试者提出与仿真载体内容和广告有关的问题。其中比较典型的问题包括受试广告的回忆度、对广告及产品的感觉。

(3) 直邮广告测试。调查人员准备好直邮邮件的各种版本,然后将它们送到邮寄名录的不同细分组,引起销售最好的版本就是好版本。

16.1.3 广告媒体效果的测定

广告媒体效果的测定,就是调查消费者对于各种媒体的接触情形。广告媒体的调查通常根据三个测定标准进行:一是媒体分布。例如报纸、杂志的发行量;电视广播的到达范围,户外广告的装置情况。二是媒体的受众群。即读者群和收视群。三是广告的受众群。系对各媒体刊播的广告的接触群体。后两者的测量主要是考察媒体受众群与广告受众群之间的关系,以便于作出更精确的媒体计划。广告媒体效果的测定方法根据媒体的不同特质分为两大类:印刷媒体和电子媒体。

1. 印刷媒体效果的测定方法

印刷媒体主要是报纸、杂志以及户外招贴广告。常见的测定内容包括:报刊、杂志的发行量;读者对象;阅读状况。目前国际上对报刊发行量的调查普遍使用的是报刊发行量核查制度(Audit Bureaus of Circulations,简称 ABC 机构)以确保公正。我国目前还未设立 ABC 机构,大都由报刊自身宣称发行情况,也有的通过公证处证实其发行情况。测量读者群和广告阅读状况有利于了解广告的认知效果。目前各类印刷媒体都主动提供本媒体的读者群特征。阅读率指标可以分为注目率、阅读率、精读率。

(1) 注目率是指接触过广告的读者的百分比。这部分接触过测试广告的人,包括对广告信息有点印象的人和浏览一遍或细看的人。注目率可以反映广告最大传播范围,是对广告的广度调查。测定公式为:

$$\text{注目率} = \text{接触过广告的人数}/\text{阅读报纸的读者人数} \times 100\% \qquad 16.1$$

（2）阅读率是指接触过某种广告并能记得部分内容的读者比率。它包括粗略阅读和详细阅读的人数总和，在一定程度上反映广告的深度。表16-3是阅读率调查表的范本。

阅读率调查表 表16-3

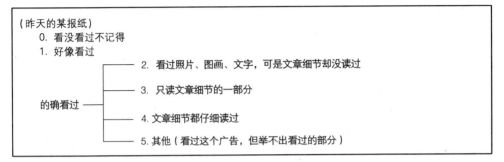

（3）精度率（认知率）是指理解广告内容的人数与注意到该广告的人数之比率。理解广告内容一般指对广告内容细看或至少看过一半广告内容并能复述主要情景。精读率（认知率）是真正意义上的广告深度测定。

2. 电子媒体效果的测定方法

电子媒体效果的测定方法是通过视听率调查来测定广告媒体的接触效果。目前通用的视听率调查的方法包括日记式调查法、记忆式调查法和电话调查法和仪器调查法。

（1）日记式调查法。在调查对象家里留置收视日记（调查问卷），由调查对象填写每天收看或收听的节目名称、台名、日期、时间、视听众年龄等，再由调查者收回。通常调查时间为一周，要准备七张调查问卷。收回问卷，经过统计分析，算出百分比，就是所得的视听率。个人视听率调查问卷格式如表16-4。

个人视听率调查问卷 表16-4

时间	电视台	节目	4~12岁		13~19岁		20~34岁		35岁以上		全体
			男	女	男	女	男	女	男	女	
12:00 | 12:30	CCTV										
	OTV										
	STV										

月　　日　　星期

（2）记忆式调查法。记忆式调查法是在节目播映以后对调查对象的收视情况的询问方法。比如要调查的节目是在下午以及晚间时，须于播映至次日上午进行访问，如果调查上午的节目，须于当日内访问完毕，因为这种调查有赖于调查对象的记忆，播映与调查时间相隔太久,被调查者会遗忘所看过的节目,所以必须立即进行调查。如表 16-5 的问卷及表 16-6 的调查报告实例:

这份表格需要你诚恳地协助,我们请求您花费 1 分钟的时间,帮助我们回答它。谢谢。

收视率调查访问表　　　　　　　　　　　　　　　　　　　　表 16-5

电视台	CCTV		OTV		STV	
年　龄	男	女	男	女	男	女
20 岁以下						
21~35 岁						
36 岁以上						
小　计						

注:请在您所收看的电视台打"√"
　　请在性别、年龄栏记明收看者人数,
　　如未能全部看完,请把您的原因写下＿＿＿＿＿＿＿＿＿＿＿＿＿＿＿＿＿
＿＿＿＿＿＿＿＿＿＿＿＿＿＿＿＿＿＿＿＿＿＿＿＿＿＿＿＿＿＿＿＿＿＿＿

收视率调查报告表　　　　　　　　　　　　　　　　　　　　表 16-6

	CCTV				OTV				STV				未看者
节　目													
台　数													
收视率													
	男	%	女	%	男	%	女	%	男	%	女	%	
20 岁以下													
21~30 岁													
31~40 岁													
41 岁以上													
小　计													
分　析													

　　(3) 电话调查法。由调查者以打电话的方式向调查对象询问他们的收视情况。优点是:经济,比个别访谈花费少;简单、迅速。缺点是:不易获得代表性的调查对象,且与其配合性差,由于交谈时间短,所获资料不够完整。

电话调查记录表　　　　　　　　　　表 16-7

```
×××节目电话调查问卷                              电话号码_____
被调查者姓名_____
1. 请问您现在是否在看电视？
   是                              否
   ↓                              ↓
2. 请问您在看哪个台？              2. 请问您有否看过×××节目？
   CCTV OTV STV……_____              有    没有
                                         ↓
3. 请问您是不是常看这个节目？      3. 您认为那个节目好不好？
   是    否                          好    不好
   ↓
4. 请问现在几个人在看电视？_____
   性别：男_____  女_____
   年龄：20~30岁_____  31~40岁_____  41~50岁_____
```

（4）仪器调查法。仪器调查法使用自动记录器对选定的样本户进行调查。如美国 ARB 公司研制的 ARBITRON，原理是在选出的样本家庭电视机上安装一个记录装置 Transponder，各 Transponder 通过电话线连接到 ARBITRON 本部并与计算机联网，每隔90秒启动这个装置，由本部发出某种信号的电流，就能知道样本家庭的收视状况。这些资料经计算机统计打印出结果或将每刻的视听率显示在电光表示板上，可供广告主选用。ARBITRON 的速报性、正确性在目前各种调查方法中，是无与伦比的。

16.2　广告心理效果的测定

广告的心理效果是广告刊播后对受众产生的各种心理效应，包括广告对消费者的认知、态度和行为等方面的影响。广告的心理效果是一种内在的、能够产生长远影响的效果，其大小取决于广告作品和媒体的综合作用。广告的心理效果测定是广告活动效果的落脚点，在广告效果中属于长远效果，它反映着传播效果的成果，直接影响着经济效果的好坏。本书的《广告受众心理》一章已对广告受众的心理变化过程进行了分析，下面对广告心理效果测定的记忆测定法、态度测定法和影射测定法。

16.2.1　回忆测定法

回忆测定主要测定受众对广告的理解程度，它能了解广告的冲击力和对消费者的渗透程度。这种测试就是要查明消费者能够回忆多少广告信息，更主要的是能够查明他们对商品、品牌名称、创意、广告主等内容的理解和联想能力，甚至他们对广告的确信程度。

回忆测定法分为无辅助回忆测定和辅助回忆测定两种。无辅助回忆测定是让消费者独自回忆广告，调查人员不作提示，只是如实记录。如"您能想起最近十天播过什么样的洗衣粉广告吗？"受访者必须回忆他在十天内是否看过洗衣粉广告？如果看过，是什么牌子的洗衣粉广告？进而做出回答。有时，测试者给予某种辅助提示，如提示被测试的广告中的商标或广告主名称等，请被测试者回忆说明广告信息内容，这就成了辅助回忆测定。例如"您最近七天内看过××牌洗衣粉的广告吗？"这是通过品牌名称帮助受访者回答。又如"这阶段有一个挂错电话情节的广告是不是同一个药品的广告？"这是以情节提示受访者。能够回忆广告的人数的比例越大，说明广告的效果越好。但必须注意，辅助回忆不能给受访者太多的帮助，否则等于替受访者回答，失去调查应有的意义。下面以对 A 可乐电视广告的注意率调查来说明回忆法的具体做法：

1. 确定调查题目：关于 A 可乐电视广告的注意率调查。
2. 从电视机拥有者中抽样。
3. 记录下样本的地址或电话号码。
4. 采用电话或直接询问的方式，了解调查对象的电视收视情况，从中选出 A 可乐的消费者。
5. 派调查员直接访问 A 可乐的消费者，将对方的年龄、学历、职业以及消费特点进行记录。
6. 根据调查需要，将调查对象划分各组，并确定实施调查的时间。
7. 确定调查所用的 A 可乐饮料的电视广告。
8. 调查当天用电话或直接访问，提示昨日 A 可乐饮料的播放广告，询问观众对有关广告的观看情况。比如"昨天的电视看了没有？"对作肯定回答的对象，可继续提问："A 可乐广告看了吗？请在调查卡上选择合适的项目打勾"。调查卡一般设计三个选择项目：确实看到过、似乎看到过、肯定看到过，但没有记住。
9. 向调查对象发送赠品。
10. 回收调查问卷，统计并写出调查报告书。

16.2.2 态度测定法

态度测定主要测试消费者对广告品牌的忠实度、偏爱度以及总体印象。态度测定法常用语意差异试验，就是根据广告刺激与反应之间有一联想传达过程的原理，通过对这种联想进行测定，就可以得知消费者对广告所持态度。它主要是用来判断消费者对广告的印象是否和广告设计者相符。如为测定广告作品中的人物给人的印象如何，可让消费者在一系列相反评语中进行挑选：美丽、丑恶、健康、衰弱、快乐、忧伤等。通过测定结果知晓消费者对广告所持的态度。态度量表（表 16-8）是用于测量消费者的心理反应的尺度，列出广告的各种测量元素，请消费者按量度直接作出评价。也可用态度打分法（表 16-9）测量。

态度量表　　　　　　　　　　　　　　　　表 16-8

评价元素	非常反对	反对	无所谓	赞成	非常赞成
很美的广告	√				
产品优良的广告		√			
有趣的广告				√	
……			√		

态度打分法　　　　　　　　　　　　　　　表 16-9

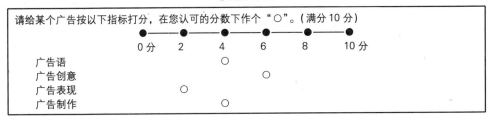

16.2.3　影射测定法

影射法是通过间接手段了解消费者的心理状态的方法，包括文字联想法、文句完成法、漫画测验法和主题统觉测验。

1. 文字联想法

文字联想法（语句联想法）先提出几个词语，请消费者按顺序回答他们所能联想到的情形，多用于商品、企业名称、广告语等的态度调查。例如"宝洁"_____，_____，_____；"多芬"（名字）_____，_____，_____。

2. 文句完成法

请消费者将不完整的句子填充好，如："我认为中央电视台_____"；"_____时，药是必须的"。

3. 绘画联想法

预先画好人物，将其中的一个人的讲话空出来，使受调查者填充空白部分。这一方法可以测量出难以表达的感受。

4. 主题统觉测验

画一幅有购买情况的图片，请受访者将画中购买人的想法说出来，画面上没有任何提示信息，因此，受访者说出的情形就是自己本人的想法。日本舆论科学协会曾用这个方法做过钢笔、钟表、照相机等购买动机的调查，收到很好的效果。

16.3　广告经济效果的测定

广告的经济效果，也称销售效果，是指由广告引发的促进产品或劳务的销售，增加企业利润的程度。广告运用各种媒体把产品、劳务以及观念等信息向目标消费者传达，目的就是刺激消费者购买广告商品或劳务，以扩大销售、增加利润。广告的经济效果是企业广告活动最基本、最重要的效果，是广告主最为关心的效果，也是广告效果测定的主要内容。

16.3.1 实地考察法

实地考察法就是在销售现场进行直接调查。在售场展示 POP 广告，或将广告片在购物环境中播放，请商品推销员或导购员在现场派发产品说明书和附加购买回函广告单，从现场的销售情况可以看出广告的效果。

还有一种方法是将同类商品的包装和商标卸除，在每一种商品中放入一则广告和宣传卡片。观察不同商品的销售情况，以此判断销售效果。不过这种方法用于实验室测验更为合适，在现实生活中，要消费者作出买无商标的生产厂家产品的决定难度较大。

16.3.2 市场实验法

市场实验法包括纵向实验和横向实验两种。纵向实验是指选定某一地区，在特定时间推出广告，对广告推出前后销售状况的对比调查，根据广告商品销售的增加情况来测定广告活动的效果。横向实验，是指选定两个条件相似的地区作为实验地区，同时观察推出广告的实验地区与尚未推出广告的地区的销售情况，经过一个较长时期的实验后，比较两个地区的销售差别，以此测定广告活动的效果。例如，新包装效果的测定。某饮料公司要测定某种碳酸类饮料新包装效果，选定甲地为实验市场，以新包装推销，乙地为比较市场，仍以旧包装推销，该两地市场在实验前的销售量相同，上季度均为 A，经过三个月的实验，甲地为 B，乙地为 C。则新包装实验效果：

$$绝对值效果 = (B-A) - (C-A)$$

$$相对效果（\%） = \left[\frac{B-A}{A} - \frac{C-A}{A}\right] \times 100\% \qquad 16.2$$

市场实验法的优点是简单易行，较为直观地再现了消费者的反应和实际销售情况，为广告主及时有效地调整整个广告活动的方向提供了可靠的依据。缺点是受广告效果滞后性影响，检测广告效果的时间长短难以把握，影响了测定的真实性。同时要求实验市场应具有广泛的代表性，越接近销售区状况，实验数据越有利用价值。这种方法尤其适合于周转率极高的商品，如节令商品、流行商品等。

16.3.3 统计学方法

运用经济学上的统计学原理和运算方式，广告学上也发展了几种测定广告效果的运算方法，这种方法被认为更为科学和准确，也较为普遍实行。常用的测定方法主要有以下几种：

1. 广告费用比率法

$$广告费用比率 = \frac{本期广告费用总额}{本期广告后销售量} \times 100\% \qquad 16.3$$

该公式可以测定每百元销售额所支出的广告费用。从公式可以看出,广告费用比率越小,广告的经济效果越好。广告费用比率的倒数为单位广告费用销售率,它表明每支出一单位的广告费用所能实现的销售额,公式如下:

$$单位广告费销售率 = \frac{本期广告后销售量}{本期广告费用总额} \times 100\% \qquad 16.4$$

2. 广告效果比率法

$$广告效果比率 = \frac{本期销售额增长率}{本期广告费用增长率} \times 100\% \qquad 16.5$$

3. 广告效益(广告费用销售增加率)法

$$单位广告效益 = \frac{本期广告后的销售量 - 未做广告前的销售量}{广告费用总额} \times 100\% \qquad 16.6$$

4. 市场占有率法

$$\frac{市场占有率 = \frac{某品牌产品销售额}{同类产品销售总额} \times 100\%}{市场扩大率 = \frac{本期广告后的市场占有率}{本期广告前的市场占有率} \times 100\%} \qquad 16.7$$

5. 广告有效率法

广告费用占有率是指某品牌产品在某种媒体上、在一定时间内的广告费用占同行业同类产品的广告费用总额的比率。假设下列程序能够依次顺利完成:

$$广告费用占有率 \to 受众占有率 \to 注意占有率 \to 市场占有率 \qquad 16.8$$

即广告主的广告费用占有率产生相应的广告受众占有率(即看到该广告的受众占该媒体所有受众的比率),并因此获得他们相应的注意占有率,而最终决定他们的购买行为,形成相应的市场占有率。美国广告学专家派克·汉姆(Peck Hem)研究了几种消费的若干年的广告费用占有率和市场占有率之间的关系后,发现老产品的这一比例为1:1,而新产品的比例为1.5~2.0:1.0,广告有效率等于市场占有率与广告费用占有率之比。计算公式如下:

$$广告有效率 = \frac{市场占有率}{广告费用占有率} \times 100\% \qquad 16.9$$

6. 广告效果指数法

$$AEI = \frac{1}{N} \left[a - (a+c) \times \frac{b}{b+d} \right] \times 100\% \qquad 16.10$$

AEI——广告效果指数,Advertising Effectiveness Index
  a——看过广告而购买的人数
  b——未看过广告而购买的人数
  c——看过广告但未购买的人数
  d——未看过广告也未购买的人数
  N——被调查的总人数

参考文献

[1] Gerarad J. Tellis. Effective Advertising – understanding When. How and why Advertising Works.

[2] Gerard J. Tellis. 张红霞,王晨土译. 广告与销售战略. 云南大学出版社,2001.

[3] J·Haskins. A·Kendrick(1993). Successful Advertising Research Methods. NTC Business Books,1993.

[4] Russell H. Colley. Defining Advertising Goals for Measured Advertising Results,1961.

[5] (澳)约翰·R·罗西特,(美)拉里·珀西著. 广告沟通与促销管理(第2版). 康蓉等译. 中国人民大学出版社,2004.

[6] (德)库尔特·考夫特. 格式塔心理学原理. 浙江教育出版社,1997.

[7] (法)雅克·郎德维,阿尔诺·德·贝纳斯特. 广告金典. 綦玉宁译. 中国人民大学出版社,2006.

[8] (美)丹·E·舒尔茨等. 广告运动策略新论(下册). 中国友谊出版社,1991.

[9] (美)杰克·西瑟斯著. 闫佳,邓瑞锁译. 广告媒体策划(第6版). 中国人民大学出版社,2006.

[10] (美)汤·狄龙. 怎样创造广告. 中国友谊出版社公司,1991.

[11] (美)特伦斯·A·辛普. 廉晓红等译. 整合营销传播:广告、促销与拓展. 北京:北京大学出版社,2005.

[12] (美)托马斯·C·奥吉恩,克里斯·T·艾伦,理查德·J·塞梅尼克. 程坪,张树庭译. 广告学. 机械工业出版社,2002.

[13] (美)托马斯·奥吉恩等著. 程坪、张树庭译. 广告学. 机械工业出版社,2002.

[14] (美)大卫·奥格威. 一个广告人的自白. 中国物价出版社,2003.

[15] (美)丹·E·舒尔茨等. 广告运动策略新论(下册). 中国友谊出版社,1991.

[16] (美)乔治·E·贝尔齐等. 广告与促销:整合营销传播展望(上册). 东北财经大学出版社,2000.

[17] (美)屈特著. 定位,王思冕. 于少蔚译. 中国财经出版社,2002.

[18]（美）丹·E·舒尔茨．新广告运动——战略性统合传播规划．朝阳堂文化事业股份有限公司，1996．

[19]（美）汤姆·邓肯．廖以臣，张广玲译．广告与整合营销传播原理．机械工业出版社，2006．

[20]（美）汤姆·邓肯．周洁如译．整合营销传播．中国财政经济出版社，2004．

[21]（美）唐·舒尔茨，海蒂·舒尔茨．何西军，黄鹂等译，整合营销传播，中国财政经济出版社，2005．

[22]（美）威尔伯·施拉姆，威廉·波特．传播学概论．新华出版社，1984．

[23]（美）威尔斯等著．张红霞，杨翌昀等译．广告学原理和实务．云南大学出版社，2001．

[24]（美）威廉·阿伦斯著．丁俊杰，程坪等译．当代广告学（通用教材版）．人民邮电出版社，2006．

[25]（美）威鲜阿伦斯著．丁俊杰等译．当代广告学．华夏出版社，2001．

[26]（日）清水公一著．胡晓云等译．广告理论与战略．北京大学出版社，2005．

[27] 布鲁斯·伯格，海伦·卡茨．邓炘炘等译．广告原理：选择、挑战与变革．世界知识出版社，2006．

[28] 陈亮．智略—广告媒介投放实施方法．机械工业出版社，2006．

[29] 陈陪爱．广告学原理．复旦大学出版社，2003．

[30] 陈培爱．广告学概论．高等教育出版社，2004．

[31] 丁俊杰．广告学导论．中南大学出版社，2003．

[32] 丁俊杰．康谨．现代广告通论．中国传媒大学出版社，2007．

[33] 菲利普·科特勒著．俞利军译．市场营销．华夏出版社，2003．

[34] 广告——有关生长动力的问题．哈佛商务研究卷372号，1959（3，4）．

[35] 何辉．当代广告学教程．北京广播学院出版社，2004．

[36] 胡晓云，张健康．现代广告学．浙江大学出版社，2007．

[37] 黄升民，段晶晶．广告策划．中国传媒大学出版社，2006．

[38] 黄晓利．广告创意．西南交通大学出版社，2007．

[39] 纪华强．广告媒体与策划．复旦大学出版社，2003．

[40] 纪华强．广告战略与决策．东北财经大学出版社，2001．

[41] 蒋旭峰，杜骏飞．广告策划与创意．中国人民大学出版社，2006．

[42] 黎青，孙丰国．广告策划与创意．湖南大学出版社，2006．

[43] 马瑞，汪燕霞，王锋．广告媒体概论．中国轻工业出版社，2007．

[44] 马中红．广告整体策划概论．苏州大学出版社，2007．

[45] 迈克尔·波特著，陈小悦译．竞争战略．华夏出版社，2005．

[46] 苗杰．现代广告学．中国人民大学出版社，2004．

[47] 彭聃玲，张必隐．认知心理学．浙江教育出版社，2004．

[48] 饶德江．广告策划与创意．武汉大学出版社，2003．

[49] 丹·E·舒尔茨等. 全球整合营销传播. 中国财政经济出版社, 2004.

[50] 舒咏平. 广告创意思维. 安徽人民出版社, 2004.

[51] 汪涛. 广告管理. 武汉大学出版社, 2003.

[52] 王亚卓. 广告策划实务与文案撰写：如何成为杰出的广告人. 企业管理出版社, 2007.

[53] 王忠诚. 广告策划谋略. 中国财政经济出版社, 1998.

[54] 卫军英. 广告经营与管理. 浙江大学出版社, 2007.

[55] 卫军英. 现代广告策划. 首都经济贸易大学出版社, 2006.

[56] 吴柏林. 广告策划与策略. 广东经济出版社, 2006.

[57] 香港中文大学传播研究中心. 传播与社会学刊. 香港中文大学出版社, 2007.

[58] 徐智明, 高志宏. 广告策划——广告策划的全新范本. 机械工业出版社, 1997.

[59] 严学军, 汪涛. 广告策划与管理. 高等教育出版社, 2006.

[60] 尹春兰, 程桢. 广告与促销. 中国财政经济出版社, 2006.

[61] 尹春兰. 广告战略与策略. 中国时常出版社, 2007.

[62] 余明阳, 陈先红. 广告策划创意学. 复旦大学出版社, 2003.

[63] 余明阳, 陈先红. 广告创意策划学（第二版）. 复旦大学出版社, 2003.

[64] 翟年祥, 邹平章. 广告学教程. 四川人民出版社, 2001.

[65] 张惠辛, 马中红. 广告策划创意. 上海画报出版社, 2006.

[66] 张金海, 龚轶白等. 广告运动策划教程. 北京大学出版社, 2006.

[67] 张雪. 后现代标志设计 [M]. 岭南美术出版社, 2003.

[68] 周茂君. 广告管理学. 武汉大学出版社, 2002.

[69] 易中华. 营销观念的演变对广告策划的影响. 艺术教育, 2006 年第 3 期.